Bevor Jan Beck sich dem Schreiben widmete, arbeitete er als Jurist. Seine Thriller *Das Spiel*, *Die Nacht, Die Spur* und *Das Ende* – die seine Leser tief in die Abgründe der menschlichen Seele blicken lassen – standen auf der SPIEGEL-Bestsellerliste. Wenn Jan Beck nicht gerade schreibt, verbringt er seine Zeit in der Natur, besonders gerne im Wald.

Die Spur – Er wird dich finden in der Presse:

»Jan Beck ist einer der besten Thriller-Autoren, die derzeit auf dem deutschsprachigen Markt sind. Nie wie die anderen, mutig, auch mal schockierend.«
Christian Beisenherz

»Ein perfekter Pageturner!« *Die Presse*

»Von vorne bis hinten gelungen und höchst lohnenswert.« *Krimikiste*

»Hochspannung bis zur letzten Seite – Pageturner mit Suchtpotential.«
meine woche

»Hochspannend, temporeich und äußerst gut durchdacht.«
Salzburger Woche

»Absolut spannend.« *Fränkische Nachrichten*

Außerdem von Jan Beck lieferbar:

Das Spiel. Es geht um dein Leben. Thriller.
Die Nacht. Wirst du morgen noch leben? Thriller.
Das Ende. Dein letzter Tag ist gekommen. Thriller.

Jan Beck

Die Spur

Er wird dich finden

Thriller

PENGUIN VERLAG

FSC
www.fsc.org
MIX
Papier | Fördert gute Waldnutzung
FSC® C014496

Penguin Random House Verlagsgruppe FSC® N001967

1. Auflage 2023

in der Penguin Random House Verlagsgruppe GmbH,
Neumarkter Straße 28, 81673 München
Vermittelt durch die Literarische Agentur Kossack
Redaktion: Verena Zankl
Umschlaggestaltung: bürosüd
Covermotiv: www.gettyimages.de /Daniel Hernanz Ramos/www.buerosued.de
Satz: Buch-Werkstatt GmbH, Bad Aibling
Druck und Bindung: GGP Media GmbH, Pößneck
Printed in Germany
ISBN 978-3-328-11016-3
www.penguin-verlag.de

1 SALZBURG

Die Stadt lag unter einer bleiernen Decke aus Wolken gefangen. Feiner Regen drang unablässig aus dem Himmel und tünchte jedes Gebäude, jede Straße, jeden Menschen und jede Freude in eine dunklere Version ihrer selbst.

Die wenigsten Touristen wussten, dass dieser Regen einen eigenen Namen besaß. *Salzburger Schnürlregen.* Endlose, feine Schnüre aus Wasser, die mehr feucht als nass zu Boden fielen, unterstrichen die Melancholie, die abseits der Festspiele und des Tourismus oft in der Mozartstadt zu spüren war. Der Grund für die häufigen Niederschläge war weniger poetisch: Salzburg lag in einer Nordstaulage, in der sich Wolken länger hielten als anderswo, und so regnete es hier übers Jahr gerechnet doppelt so viel wie in der Bundeshauptstadt Wien.

Für die amerikanische Touristenfamilie, die sich früh am Morgen die Zeit bis zum Einchecken im Hotel vertreiben musste, war das Wetter einfach nur schlecht. Das Kind quengelte und wollte bespaßt werden, während die Eltern gegen ihre Müdigkeit ankämpften wie auch gegen die Desillusionierung, die sich bei der Ankunft an lange herbeigesehnten Reisezielen oft breitmachte. Man kannte das ja: Stand man erst einmal vor den weltberühmten Fotomotiven – dem Eiffelturm, den Pyramiden, der Akropolis oder an beschaulicheren Orten wie hier –, knipste man brav seine Bilder, während man insgeheim dachte: Und das soll alles sein?

Salzburg war klein, überschaubar und wenig spektakulär, und der Regen verschlimmerte diesen Eindruck noch einmal.

Darüber hinaus zeigte sich die Stadt ihren Neuankömmlingen gegenüber nicht gerade von der freundlichsten Seite. Vor wenigen Minuten, als die Familie ihre Handgepäcktrolleys über den Residenzplatz schob, hatte eine Frau aus dem Fenster ihrer Wohnung nach unten krakeelt, sie sollten gefälligst mit dem Gepolter aufhören. Sie hatte sich angehört, als hätte sie Stimmbänder aus Stacheldraht. Leiser spazierten die drei unter ihren Regenschirmen weiter über den berühmten Domplatz zum Kapitelplatz, wo eine riesige goldene Kugel mit Männerfigur obendrauf – die Sphaera – ihre Aufmerksamkeit erregte.

Der kleine Sohn rannte aufgeregt darauf zu. Längst war er patschnass, weil er den Schirm mehr zum Spielen verwendete als zum Abhalten des Regens, aber das schien ihm nichts auszumachen. Er stellte sich zur Kugel und sah erwartungsvoll zu den anderen zurück.

Der Vater holte sein Handy heraus und machte ein Foto vom Sohn mit Goldkugel, aber auch von dem verwitterten Freiluftschach direkt daneben, wo ein einsamer Straßenkünstler dem Regen trotzte. Er mimte die Spielfigur des Königs und schimmerte von Kopf bis Fuß golden, genau wie die riesige Kugel schräg über ihm. Nur an den Augen sah man, dass es ein echter Mensch war und kein Teil eines Gesamtkunstwerks. Er verharrte still auf seinem Podest, umgeben von anderen kniehohen Spielfiguren, die sich in der Grundaufstellung befanden. Der Schachkönig sah aus, als wollte er jeden Moment das Spiel eröffnen.

Das Kind beschäftigte sich noch ein wenig länger mit der wesentlich spektakuläreren Goldkugel, bis der Vater es drängte, sich auch mal auf das Schachbrett zu stellen. Anfangs zierte sich der Kleine noch. Dann, unter sanftem Zureden der Mutter, spazierte er unter seinem Schirmchen zum Schachbrett hin, aber nicht zum goldenen König, sondern auf die gegnerische Seite mit den weißen Spielfiguren.

Der Vater lief um das Schachbrett herum und legte seinen Schirm weg, um mit beiden Händen filmen zu können. Ein altes Pärchen, das die frühmorgendliche Ruhe und den Regen für einen Spaziergang nutzte, blieb stehen und sah ihnen zu. Der Kleine, sichtlich motiviert von der plötzlichen Aufmerksamkeit, hob einen weißen Bauern hoch und stellte ihn zwei Felder weiter ab. Direkt neben seiner Spielfigur blieb er stehen und wartete darauf, dass der König den nächsten Zug machte. Als dieser nichts tat, sah er unsicher zu seinem Vater zurück, der den Daumen hochreckte und ihn mit einer kreisenden Handbewegung zum Weitermachen animierte. Die Alten lachten und sagten etwas zum Vater, das dieser nur mit höflichem Nicken quittieren konnte.

Alle warteten auf eine Regung. Der Kleine tappte ungeduldig mit dem rechten Fuß in eine Pfütze und gestikulierte theatralisch. »It's your turn!«, rief er dem König zu. Der Vater lachte, verwackelte kurz das Bild und suchte den Blickkontakt zu seiner Frau, die ebenso entzückt zu sein schien wie er, bevor er sich wieder auf die Aufnahme konzentrierte.

Schließlich wurde es dem Knaben zu bunt. Er verließ seine Position und trat an den goldenen König heran, ohne sich um das Spielfeld oder die anderen Figuren zu kümmern. Er hob seine Hand und zupfte am Mantel des Königs, zuerst leicht, dann fester, doch der Mann wollte sich immer noch nicht rühren.

Der Kleine ließ nicht locker. Er legte den Schirm weg, sah durch den Regen nach oben und zerrte nun mit beiden Händen am Schachkönig – bis seine Mutter plötzlich rief, er solle damit aufhören. Spätestens an ihrem Tonfall konnte man erahnen, dass hier etwas ganz und gar nicht stimmte.

Der Straßenkünstler wankte. Das amerikanische Touristenkind blieb stehen. Der Vater filmte weiter, während die Mutter ihren Schirm fallen ließ und losrannte, aber zu weit entfernt war, um noch rechtzeitig eingreifen zu können.

Der goldene Schachkönig kippte, stürzte von seinem Sockel und begrub das Kind unter sich.

2

PARIS

Liv Persson, Banque Parisienne

Sie war jetzt die heißeste Aktie der Stadt. Sie wusste es und erkannte es zugleich in den Blicken der anderen. In der Bewunderung. Der Unterwürfigkeit.

Dem Neid.

Binnen weniger Monate hatte sie geschafft, was ihre vorwiegend männlichen Kollegen in ihrer gesamten Karriere nicht erlebten. Was die erlebten, waren graue Haare, Scheidungen und Herzinfarkte.

Liv hingegen war jung, gesund, attraktiv und das größte Talent, das der Pariser Finanzplatz je gesehen hatte. Obwohl sie erst seit einem knappen Jahr in der Banque Parisienne arbeitete, standen ihr nun alle Türen offen. Morgen früh würde sie eine Gehaltserhöhung fordern, die ihren Vorgesetzten garantiert Schweißausbrüche bescherte. Aber das kümmerte sie nicht. Bei dem Gewinn, den die Bank dank ihrer Arbeit absahnte, war selbst das Dreifache ihres bisherigen Gehalts ein Schnäppchen.

Liv schluckte den Champagner und verbarg das Grinsen, das sie kaum noch loswurde, seit sie es ihren Konkurrenten in Frankfurt so richtig gezeigt hatte, vor ein paar Stunden erst. Mehrere internationale Bankhäuser hatten sich im Wettrennen um einen Riesendeal gegenseitig überboten, bis am Ende nur noch sie und die Frankfurter übrig gewesen waren. Doch Liv hatte dank ihres brandneuen Berechnungssystems den Fisch an Land gezogen, der die Banque Parisienne – und mit ihr den ganzen Finanzplatz Paris – auf ein völlig neues Level hob.

Dabei erinnerte sie sich noch gut an die Enttäuschung, als der Brexit sie vor wenigen Jahren nicht in die Mainmetropole, sondern an die Seine geführt hatte. Genauer gesagt, nach La Défense, jenem ultramodernen Hochhausviertel, in dem auch die Banque Parisienne ihren verspiegelten Elfenbeinturm hochgezogen hatte. Paris war eines der großen europäischen Finanzzentren, reichte aber lange nicht an Frankfurt oder London heran. Paris war eine B-Adresse und die Karriere schnell auf dem Abstellgleis. Man musste mit Leistung auf sich aufmerksam machen.

So wie Liv. Sie wettete, dass man die Erschütterungen ihres Erfolgs noch an der Wall Street in New York spüren konnte. Und sie wusste, dass sich nun alles lohnen würde. Die Jahre in Bologna. Der Eintritt in die internationale Bankenwelt, gegen den Protest ihres Vaters, der die Finanzindustrie verabscheute. Die harte Arbeit.

Und, niemals zu vergessen, der unerwartete Rückenwind.

Die anonymen Briefe …

»Je vous félicite«, sagte ein Mann mit schütterem Haar, der plötzlich neben ihr auftauchte. Er stieß seine Sektflöte aufdringlich an ihre, stellte sich als Antoine Irgendwas aus dem Private Banking vor und überflutete sie mit seinem Französisch. Liv hatte ihn noch nie gesehen. In seinen Augen erkannte sie Bewunderung und Neid, und ganz bestimmt träumte er gerade von einem heißen Tête-à-Tête mit jener Frau, die soeben drei Schritte auf der Karriereleiter auf einmal genommen hatte. Sie zwang sich zu einem Lächeln, beeilte sich dann aber, ihn wieder loszuwerden, indem sie zwei Vorstandsmitglieder ansteuerte.

Eine knappe Stunde später saß sie im Taxi nach Hause. Draußen vor der Banque Parisienne hatte sich der viele Champagner bemerkbar gemacht, wie meistens an der frischen Luft. Zum Glück hatte niemand gesehen, wie sie einen Moment lang um ihr Gleichgewicht kämpfen musste. Keiner außer diesem aufdringlichen Antoine. Er hatte ihr aufgelauert, als sie das Gebäude verlassen wollte. Mit Dutzenden Glückwünschen und vollmundigen Versprechungen im Gepäck, hatte sie gar nicht mehr an den aufdringlichen Franzosen gedacht, der sie plötzlich am Arm gepackt hatte, um sie zu stützen. Beinahe hätte sie ihm mit der Polizei gedroht. Aber dann war zum Glück das Taxi gekommen.

Liv sehnte sich nach einer heißen Dusche. Auf der A86 waren es nur wenige Minuten bis zu ihrem kleinen Haus in La Celle-Saint-Cloud. Sie hatte noch nie in einer Wohnung gelebt und schätzte es, wenn die eigenen vier Wände wirkliche Wände und nicht bloß dünne Raumtrenner waren, weshalb sie sich gegen das Pariser Stadtzentrum und für den Vorort hier entschieden hatte. Außerdem liebte sie die Natur und wollte zumindest die Idee von Weite um sich herum haben.

Natürlich war auch das Geld ein Grund gewesen, weswegen sie hier im Vorort lebte. Selbst als Spitzenmathematikerin einer französischen Großbank verdiente man nicht annähernd genug, um sich das Leben in Nobelvierteln wie Saint-Germain-des-Prés oder Marais leisten zu können. Jedenfalls nicht so, wie man sich ein Leben in Paris vorstellte.

Vorbei, rief sie sich in Erinnerung, und eine Welle des Glücks wogte durch ihren Körper. Bald konnte sie sich alles leisten. Ein ganzes Loft. Oder besser noch, eine Villa mit ausreichend Grün drumherum. Eine Landwirtschaft brauchte sie nicht mehr – davon hatte sie als Kind mehr als genug gehabt. Vor allem vom Stallgeruch, den sie für immer hinter sich lassen wollte.

Ihre Eltern zu Hause in Schweden würden ihren Erfolg weder verstehen noch einzuordnen wissen. Aber das machte nichts. Sie waren einfache Leute mit einfachen Problemen – gerade, ehrlich und zu stolz, um fremde Hilfe anzunehmen, selbst damals, als der Hof nach einem Brand vor dem Ruin gestanden hatte.

Liv seufzte, wenn sie daran dachte, dass sie solche Dinge bald mit einem Fingerschnipp regeln konnte. Sie sah in die leeren Straßen hinaus, in den schwarzen Himmel ohne Sterne, in die Welt, die nun ihre sein sollte.

Was würde sie weiter erwarten? Wo würde sie wohnen, wen lieben und wie das Leben auskosten, das ihr jetzt offenstand? Sie hätte es zu gerne gewusst.

Wenig später ließ das Taxi sie im Dunkel der kleinen Seitenstraße zurück, in der ihr Häuschen lag. Sie war zweihundert Meter früher ausgestiegen, um sich noch etwas die Beine zu vertreten. Wie üblich schlief die Gegend hier schon tief und fest, weshalb sie ihre Pumps auszog und barfuß ging.

Der Straßenbelag war kühl. Irgendwo raschelte etwas, und Grillen zirpten, doch im Großen und Ganzen war die Umgebung wie tot. Liv packte die Schuhe in ihre Tasche, holte die Zigaretten heraus und zündete sich eine an. Weil ihr plötzlich danach war. Sie hatte eigentlich aufgehört und die Packung bloß noch bei sich, weil der Entwöhnungsratgeber sie dazu angehalten hatte. Jetzt, mit der brennenden Kippe zwischen den Lippen und dem beißenden Rauch in ihrer Lunge, kam ihr das Abgewöhnen dämlich vor. Sie war jetzt eine Gewinnerin, und Gewinnerinnen taten, wonach ihnen war …

Plötzlich sah sie ihren eigenen Schatten vor sich auf der Fahrbahn. Ein Motor startete. Dann rollte ein Fahrzeug an, das sie vor Kurzem passiert hatte. Sie konnte sich nicht erinnern, jemanden darin gesehen zu haben. Auch hatte sie keine Autotür gehört. Oder hatte sie bloß nicht darauf geachtet? Sie beschleunigte ihre Schritte, bis sie schon fast lief.

Der Fahrer schaltete in den zweiten Gang und gab viel zu viel Gas für die verschlafene Gegend. Liv suchte nach Fluchtwegen und fand keine. So ländlich die Gegend auch sein mochte, die Zäune und Mauern waren massiv und die Hecken zu dicht, als dass sie hätte hindurchschlüpfen können.

Das Fahrzeug war fast da. Nun lief sie wirklich. Sie warf die Zigarette weg und packte die Tasche mit beiden Händen, um schneller vorwärtszukommen. Sie sah ihr Haus, doch sie würde es nicht schaffen. Sie wollte schreien und konnte es nicht. Im letzten Moment sprang sie hinter einen alten, hölzernen Leitungsmast, der viel zu schwach wirkte, um einen Wagen stoppen zu können, presste ihren Rücken an eine Steinmauer, zwängte die Lider zusammen und erwartete den Einschlag …

… der nicht kam.

Das Auto raste an ihr vorbei und beschleunigte weiter, und ehe sie sich das Kennzeichen oder Fabrikat hätte merken können, war es schon fort. Zurück blieben nur Stille, zu wenig Luft und ein Herz, das viel zu schnell trommelte.

Dummkopf, dachte sie, während sie die letzten paar Meter zu ihrem Haus ging und sich plötzlich wieder völlig nüchtern fühlte.

Sie hatte zu viele Krimis gesehen. Schnellen Autos lief man nicht davon, man wich ihnen aus. Weil in der Wirklichkeit keine Mörder darin saßen, sondern dumme Jungs mit zu viel Testosteron in ihrem Blut. Unvermittelt fühlte sie sich wieder wie das schüchterne schwedische Bauernmädchen, das sie mal gewesen war, bevor das Internat und später die Briefe ihr gesamtes Leben umgekrempelt und ganz neue Türen aufgestoßen hatten.

Liv schloss ihre Haustür auf und stellte die Tasche am Eingang ab. Ohne Licht anzumachen, ging sie ins Badezimmer, das zwei Türen weiter lag, drehte, immer noch im Dunkeln, den Heißwasserhahn auf und hörte dem Rauschen zu, bis ihr Puls wieder auf einer normalen Frequenz war. Dann streifte sie ihren Rock ab und die Strumpfhose, zog die Bluse aus, den BH und den Slip und löste die Haarklammer, bevor sie sich unter den Wasserstrahl stellte, der so heiß war, dass er andere in die Flucht getrieben hätte. Ihr hingegen konnte es kaum jemals zu heiß sein. Sie ließ mit geschlossenen Augen das Wasser auf sich prasseln, bis auch der letzte Rest von Anspannung fortgespült war.

Sie drehte den Hahn ab und spürte den Dampf, der sie umgab wie in der türkischen Sauna. Bleierne Schwere erfasste sie. Sie wollte sofort ins Bett, ohne Föhnen, ohne Zähneputzen, ohne Nachthemd.

Als sie ihre Augen öffnete, erstarrte sie.

Weil sie etwas sah.

Etwas, das in ihrem Badezimmer stand. Ohne hierherzugehören. Sie sah es bloß, weil eine fahle Straßenlaterne durchs Fenster leuchtete und seine Umrisse zu erkennen gab. Das Ding war mannshoch und rührte sich nicht. Livs Verstand suchte nach einer harmlosen Erklärung. Sie dachte an etwas, worüber sie unachtsam ihre Kleidung gehängt hatte. Etwas, das sie vor Kurzem hier abgestellt hatte und jetzt in der Dunkelheit ganz anders aussah. Doch da war nichts.

Außer einem Menschen.

Aber niemand gehörte in diese Wohnung. Nur sie.

Liv rührte sich nicht. Atmete nicht einmal. Sie war das Beutetier, das sich tot stellte und hoffte, dass man es nicht fand.

Doch diese Hoffnung war absurd. Jemand stand in ihrem Badezimmer, sie war nackt und schutzlos, und zwischen ihnen lag nur eine Scheibe aus dünnem Glas.

»Was wollen Sie?«, sagte sie mit brüchiger Stimme und klang ganz wie das Opfer aus einem billigen Horrorfilm. Hätte Panik nicht längst ihr Bewusstsein geflutet, hätte sie sich dafür geschämt.

»Qu'est-ce que vous voulez?«, stieß sie aggressiver aus, während sie darüber nachdachte, ob ihr nicht doch jemand einfiel. Aber da war niemand. Kein Freund, kein Ex-Freund, kein Angehöriger, der einen Schlüssel gehabt hätte, und auch keine Nachbarn. Das hier war ihr Platz. Ihrer allein.

Der Weg an die Spitze ist einsam, fiel ihr eine passende Weisheit ein, unmittelbar gefolgt von der nächsten. Sie war das Letzte, woran Liv dachte, bevor die fremde Gestalt sich regte.

Alles hat seinen Preis.

3

DEN HAAG

Inga Björk, Europol

Björk staunte nicht schlecht, als sie Christian Brands Adresse in der Stille Veerkade fand, die in unmittelbarer Nähe des kunstvollen Eintrittstors nach Chinatown lag. Das Wohnhaus überragte seine Nachbarn gleich um mehrere Geschosse. Es wirkte, als sei es – vornehm ausgedrückt – organisch gewachsen. Als hätten sich Architekten unterschiedlicher Herkunft, Epochen und Preisklassen aneinander abgearbeitet und am Ende doch die Chinesen gewonnen.

Dass Brand sich ausgerechnet hier eingemietet hatte und auf die angebotene Dienstwohnung in einem nobleren Stadtteil verzichtete, war typisch für ihn. Die Kunst ließ ihn nicht los. Es war fast, als wollte er Gott und der Welt zeigen, dass die Kunst seine wahre Berufung war, während er als Polizist bloß seine Brötchen verdiente.

Björk trat an die Klingeltafel heran, an der vorwiegend chinesische Namen geschrieben standen. Brands Knopf suchte sie vergebens. Und selbst wenn sie ihn gefunden hätte, wäre sie nicht schlau geworden, wie sie in das Gebäude hineinkommen sollte. Die einzige Tür, die es gab, führte direkt in einen Salon für Fußpflege, der sonntags geschlossen war.

»Brand«, grummelte sie und legte den Kopf in den Nacken, wobei sie eine Frau entdeckte, die gerade ein Tuch aus dem Fenster hielt und ausschüttelte. Als sich ihre Blicke trafen, schien diese kurz zu erschrecken. Sie machte eine entschuldigende Geste, gefolgt von einer weiteren, die bestimmt bedeuten sollte, den Klingelknopf zu drücken und hineinzugehen.

Björk nahm ihre Sonnenbrille ab und zuckte mit den Schultern, worauf die Frau etwas auf Chinesisch herunterrief und Björk bloß den Kopf schütteln konnte.

»Brand?«, rief sie aus einem spontanen Impuls heraus. »Christian Brand?«

Die Frau überlegte. Dann hellte sich ihr Gesicht plötzlich auf, und sie deutete aufgeregt nach oben, was vermutlich hieß, dass Brand über ihr wohnte. Womit immer noch nicht geklärt war, welchen Knopf Björk drücken und wie sie hineinkommen sollte. Die Frau verschwand in ihrer Wohnung.

Als Björk schon kehrtmachen wollte – der Überraschungsbesuch war ihr mittlerweile zu ulkig geworden –, summte die Tür. Björk zog sie auf und betrat den Pediküresalon, in dessen hinterer rechter Ecke die Attrappe einer Überwachungskamera hing. Sie schritt zwischen Hochstühlen, Waschbecken und jeder Menge Dekoration hindurch, immer noch unsicher, wie es denn nun weiterging – als sie im hinteren Bereich des Salons das muffige Treppenhaus entdeckte.

Backstein und billige Fliesen, großteils gesprungen oder scharfkantig abgesplittert, entsprachen Björks erstem Eindruck vom Gebäude. Sie stieg hinauf und hörte ein Radio mit Chinapop. Ein Bewohner schnatterte etwas, ein anderer schnatterte zurück. Alle Türen waren geschlossen, an keiner stand Brands Name, und niemand ließ sich im Treppenhaus blicken. Auch an der letzten Tür stand kein Name.

Björk reichte es. Sie hatte sich extra die Zeit genommen und sogar noch etwas für Brand besorgt. »Kommen Sie mal vorbei«, hatte er gesagt, und es hatte nicht wie die übliche Floskel geklungen, die man so dahinsagte und wo man gleichzeitig wusste, dass es nie passieren würde. Doch hätte er es wirklich ernst gemeint, hätte er ihr wohl irgendeinen Hinweis gegeben, wie sie denn bei ihm vorbeikommen sollte.

Es war der Geruch frischer Farbe, der sie vor der obersten Wohnungstür innehalten ließ. Renovierungsarbeiten hielt sie für unwahrscheinlich. Wahrscheinlicher war, dass Brand gerade malte, sie also tatsächlich vor seiner Wohnungstür stand.

Sie hob ihre Hand und wollte klopfen, als sie sich im letzten Moment zurückhielt und mit ihrer Hand den Messingknauf der Tür umschloss. Eine kleine Revanche musste sein. Sie drehte den Knauf und drückte leicht.

Offen.

Sie machte die Tür nur so weit auf, dass sie mit ihrem Einstandsgeschenk hindurchschlüpfen konnte, und schloss sie wieder. Bestimmt hatte er nichts gehört.

Dafür hörte sie etwas. Pinselstriche auf Leinwand, irgendwo in der Wohnung. Vom Gang gingen mehrere Räume ab, deren Türen alle offen standen. Überall lehnten Bilder, und der Geruch nach Farbe war jetzt beißend.

Björk trug Sneakers, mit denen sie geräuschlos vorwärtskam. Dennoch zwang sie sich, langsam zu machen. Man konnte schließlich immer einen Punkt erwischen, an dem eine Holzdiele knarzte.

Sie betrachtete die Bilder bloß aus dem Augenwinkel, den Blick starr nach vorne gerichtet, auf das Geräusch der Pinselstriche zu. Brands Malereien waren immer noch düster. Als Kunstbanausin konnte Björk sie keiner bestimmten Stilrichtung zuordnen. Immerhin erkannte sie, dass Brand ausschließlich Acrylfarben verwendete und diese auch mal dick auftrug. Genau wie auf jenem Bild, das er von ihr gemalt hatte, nackt, mit ihrem riesigen Baumtattoo, das er so gut getroffen hatte, obwohl er es in der lebensgefährlichen Situation ein paar Tage zuvor nur kurz gesehen haben konnte … Sie verbot sich jeden weiteren Gedanken daran. Was war, das war. Außerdem existierte das Bild nicht mehr. Aber wenn Malen Brand half, seine Dämonen loszuwerden, dann war es eben so.

Seit er ebenfalls in Den Haag lebte und arbeitete, hatten sie sich erst ein paarmal gesehen. Meist nur kurz, in einem der Gänge oder vor der Zentrale von Europol, und immer war es bei Small Talk geblieben. Weitere gemeinsame Einsätze hatte es bisher nicht gegeben. Strukturierte Serienverbrechen waren rar, weshalb Brand und sie ihre Dienstzeit kleineren Fischen widmeten, nach denen sie getrennt voneinander angelten.

Eine Zeit lang war Björk nicht unglücklich darüber gewesen. Ihr letzter Fall hatte viel größere Kreise gezogen, als ihr lieb gewesen war. Mehrere große Printmedien hatten Brand und sie ungefragt zur großen Story gemacht und sie als *das knallharte Europol-Erfolgsduo* hochstilisiert, mit Fotos aus Pressekonferenzen und anderen Schnappschüssen bebildert. Natürlich hatten sie auch Björks optische Auffälligkeit erwähnt, die sie nicht zuletzt ihren Tattoos zu verdanken hatte. Zwar hatten Brand und sie Interviews und Fotoshootings abgelehnt, weil es selten ratsam war, als Ermittler ins Rampenlicht zu treten, aber gegen Berichterstattung im öffentlichen Interesse war kein Kraut gewachsen und gegen kreative Journalisten auch nicht. Erst in den letzten Wochen hatte sie gespürt, dass sie den Nervenkitzel zu vermissen begann, was möglicherweise auch dazu geführt hatte, dass sie hier und heute in Brands Wohnung war.

Immer noch sah sie ihn nicht. Dann räusperte er sich, hustete. Björks Mundwinkel gingen unwillkürlich nach oben. Sie holte tief Luft für eine lockere Begrüßung, als sie erneut innehielt.

Er war nicht allein.

Mit Björks letzten Schritten offenbarte sich eine Frau. Asiatisch anmutend und splitterfasernackt, mit seidigem, pechschwarzem Haar. Ihre Haut war hell und makellos. Alles an ihr war makellos. Sie stand ihm Modell und saß dazu auf einem drehbaren Schemel, den Blick seitlich nach unten gerichtet, die Arme locker in den Schoß gelegt. Sie wirkte wie eine Schaufensterpuppe und schien doch vor Leben zu strotzen. Die Sonne, die durchs Dachfenster schräg einfiel, ließ ihren Körper erstrahlen wie den einer Göttin.

Brand stand mit dem Rücken zu Björk, wodurch sie seine Arbeit betrachten konnte. Er malte schnell und intensiv, wobei Motiv und Umsetzung nicht viel miteinander zu tun hatten.

Erneut wollte Björk auf sich aufmerksam machen – erneut tat sie es nicht. Weil die junge Frau sie plötzlich unverhohlen anstarrte. Einen Moment lang schien ihr Blick Björk durchbohren zu wollen, bevor er an ihr hinabwanderte, an ihr und ihren Tattoos, die sich nie ganz von der Kleidung verdecken ließen. Dann lächelte sie, und fast wirkte es triumphierend, bevor sie wieder entrückt in die Ferne sah. Brand schien nichts davon mitzubekommen.

Mehrere Minuten lang ging alles so weiter. Brand malte, das Aktmodell saß still, und Björk beobachtete die beiden ohne Scham. Sie wollte warten, bis Brand eingefangen hatte, was er einzufangen suchte. Sie hatte keine Eile. Wenn die Frau weg war, hatten sie alle Zeit der Welt.

Da räkelte sich das Modell plötzlich und gähnte.

»Brauchst du eine Pause, Mailin?«, fragte Brand. Seine Stimme klang sanfter, als Björk sie in Erinnerung hatte.

»Nein«, sagte Mailin langgezogen, erhob sich dennoch und ging zu ihm hin. Björk bewunderte ihre geschmeidigen Bewegungen. Mailin legte die flache Hand an Brands Seite. »Ich brauche dich«, säuselte sie ihm ins Ohr. Kurz sah sie noch einmal zu Björk zurück – wieder mit diesem Ausdruck, in dem Triumph geschrieben stand, der Sieg des Makellosen über das Gezeichnete, das Björk repräsentierte.

Als Mailin ihren Kopf drehte und die Nase an Brands Wange legte, ihr nackter Körper nur Zentimeter von seinem, zog Björk sich lautlos zurück und ging.

Erst unten vor dem Haus fiel ihr auf, dass sie ihr Einstandsgeschenk immer noch in Händen hielt. Sie drückte es dem nächstbesten Menschen in die Hand, der so aussah, als könnte er es gebrauchen.

4

UNBEKANNTER ORT

Liv Persson, Banque Parisienne

Sie war wach und doch wieder nicht. Ihr war kalt. Ihr Kopf fühlte sich an, als wollte er jeden Moment explodieren. Ihr rechter Fuß schmerzte. Sie hustete und hatte Mühe, anschließend genug Luft in ihre Lunge zu bringen.

Sie erinnerte sich sofort wieder, was geschehen war. Der Triumph. Die Feier in der Bank. Das Taxi und das Auto, vor dem sie davongelaufen war.

Die Gestalt in ihrem Badezimmer.

Die Gestalt, die sie gepackt und aus der Duschkabine gerissen hatte. Sie hatte noch versucht, sich zu wehren, doch all die Selbstverteidigungskurse, die sie auf Situationen wie diese hätten vorbereiten sollen, erwiesen sich schnell als nutzlos.

Sie hatte sein Gesicht erwischen wollen, die Nase, dann seine Weichteile, doch ihre Schläge waren wieder und wieder ins Leere gegangen, bevor der Mann sie einhändig wie eine Puppe umklammert und ihr mit der anderen Hand etwas aufs Gesicht gedrückt hatte, bei dem sie sofort an Chloroform denken musste. Instinktiv hatte sie den Atem angehalten und sich weiter gewehrt. Sie hatte mit den Fersen nach hinten getreten und bloß die scharfkantige Ecke der Badewanne getroffen. Sie hatte geschrien und sich aufgebäumt, die Wirbelsäule gekrümmt und sie wieder gestreckt, doch nichts half gegen die Urgewalt ihres Angreifers. Sie hatte gewusst, dass das Betäubungsmittel früher oder später seine Wirkung entfalten würde. Weil man nicht einfach so zu atmen aufhören konnte. Reflexe waren stärker als jeder Wille. Sie hatte noch versucht, sich betäubt zu stellen. Es hatte nicht geklappt.

Sie wollte ihren Kopf heben, aber die Schmerzen ließen es nicht zu. Außerdem war etwas um ihren Hals gebunden, das sie sofort würgte. Sie versuchte hinzugreifen, um es zu lockern. Doch sie konnte die Hände nicht frei bewegen – auch sie waren fixiert.

Liv lag auf einer harten, schmalen Fläche, die gegen ihre Wirbelsäule drückte. Sie überlegte, kam aber auf keinen Gegenstand in ihrem Haus oder rundum, keine Mauer und keinen Tisch, der dazu gepasst hätte.

Sie öffnete die Augen und kniff die Lider gleich wieder zusammen, weil es viel zu hell war.

»Hallo?«, krächzte sie.

Keine Antwort.

Seitlich zischte etwas. Liv drehte ihren Kopf nach links und spähte zur Quelle des Geräuschs. Zuerst sah sie nichts. Dann, langsam, wurde das Bild schärfer. Sie erkannte einen großen, dunklen Topf. Darunter standen gleich mehrere Gasbrenner.

Sie drehte den Kopf auf die andere Seite und bemerkte, dass ihre rechte Hand nach oben gestreckt an ein Gestell gebunden war. Sie versuchte, ihre Beine anzuheben, und wusste, dass es aussichtslos war.

Sie war gefesselt. An ein Metallgestell.

»Nein!«, schrie sie mit aller Kraft. Ihre Stimme klang so schrecklich, wie ihr Hals sich anfühlte.

»Sch, sch, sch!«, kam es von irgendwoher. Es musste der Angreifer sein. Sie suchte nach ihm, doch sah ihn nirgendwo.

»Hallo? Bitte … Was wollen Sie von mir?«, krächzte sie, und das Gleiche noch mal auf Französisch.

Keine Antwort.

»Mir ist kalt!«

Da polterte es links von ihr.

Sie riss den Kopf herum und sah den schwarzen Topf, der sich langsam in ihre Richtung bewegte, begleitet vom Rasseln einer Kette und Abrollgeräuschen. Das Gefäß musste an der Decke aufgehängt sein. Direkt über ihrem Gesicht blieb es stehen.

Dann kippte es. Langsam.

Ein einzelner, silbrig glänzender Tropfen kroch an der Außenseite des Topfs herunter, verharrte, wurde größer und löste sich, beschleunigte im freien Fall, traf schwer auf Livs Wange und brannte sich zischend in ihre Haut. Die Schmerzen nahmen ihr den Atem.

Liv versuchte zu schreien. Aber es ging nicht mehr.

Das Letzte, was sie in ihrem Leben sah, war ein Schwall brodelnden Zinns.

ERSTER TAG DER ERMITTLUNGEN

5 Christian Brand, Europol

Brand fuhr mit der Straßenbahn zum Europol-Hauptgebäude in der Eisenhowerlaan 73, wo er nun schon seit einem guten halben Jahr arbeitete. Er nahm die Tram nur an Regentagen wie heute, während er sonst mit dem klapprigen Drahtesel unterwegs war, der in der Miete seiner Wohnung in Chinatown inkludiert war. Per Fahrrad kam er genauso schnell in die Arbeit wie mit dem Auto, das er nicht besaß, und war um einiges schneller als mit den Öffis. Holland war ein Fahrradparadies. Aber nicht nur deshalb kam ihm das Leben hier angenehmer vor als in Österreich. Mit etwas Aufgeschlossenheit und frei von den Schatten seiner Vergangenheit fand er es geradezu leicht.

Und es beflügelte seine Kreativität. Nie zuvor hatte Brand so viele Bilder in so kurzer Zeit gemalt, nie zuvor hatte er so viele davon behalten, statt sie gleich wieder zu übermalen oder in die Tonne zu kippen. Schon in wenigen Tagen würde er hier in Den Haag seine allererste Ausstellung haben. Brand war deswegen seit Wochen nervös. Er arbeitete in jeder freien Minute, verzichtete oft aufs Essen und zweifelte an sich selbst – besonders wenn er an die alten Meisterwerke dachte, von denen er hier in Holland geradezu umzingelt war. Er hoffte bloß, das Vertrauen nicht zu enttäuschen, das ein lokaler Kunstliebhaber in ihn setzte, indem er die Ausstellung ermöglichte.

Dabei war Brand froh, etwas zu haben, was ihn forderte. Die

Arbeit bei Europol tat es nämlich nicht. *Verbindungsbeamter für taktische Unterstützung in den Partnerländern* war die Stelle betitelt, die man extra für ihn geschaffen hatte. Tatsächlich ließen sich Brands Einsätze pro Monat an einer Hand abzählen. Manchmal sprang er kurzfristig als Personenschützer ein, wenn die holländischen Polizeikräfte ausgelastet waren. Hin und wieder wollte man jemanden von Europol bei europäischen Behördentreffen dabeihaben – und wenn es nicht gerade wichtig war, schickte man Brand, der über die Ineffizienz mancher Einrichtungen staunte und langsam glaubte, dass die opulenten Buffets der eigentliche Grund waren, weshalb man sich traf.

Für diesen Tag stand überhaupt nichts auf Brands beruflicher To-do-Liste. Er würde wohl den Schulungskatalog durchgehen, aus dem er passende Fortbildungen aussuchen sollte. Drei Viertel davon hätte er jederzeit selbst abhalten können. Um den Rest, der sich um Verhandlungstaktik, Krisenintervention und ähnlichen Kram drehte, machte er lieber einen großen Bogen. Schon als Einsatzbeamter der österreichischen Spezialeinheit Cobra war er ein Mann fürs Grobe gewesen, und er hatte nicht die Absicht, sich zum Feinmotoriker umschulen zu lassen.

»Statenplein«, schepperte die automatische Ansage aus den Lautsprechern der Tram. Brand drückte den Halteknopf, trat in den strömenden Regen hinaus und lief die letzten dreihundert Meter zu Fuß zur Arbeit.

Anderthalb Stunden später hätte sein Tag nicht unterschiedlicher aussehen können. Die Sonne schien ihm ins Gesicht, fünftausend Meter über Deutschland, im kleinen Privatjet von Europol, der vor wenigen Minuten in Rotterdam gestartet war. Brand blickte auf die geschlossene Wolkendecke unter sich und fragte sich, was er hier machte.

»Also?«, sagte er und schloss die Sonnenblende seines Fensters.

Inga Björk, die ihn ungeduldig am Flughafen erwartet hatte, wirkte angespannt und genervt. Genau wie in den ersten beiden Einsätzen an ihrer Seite. Wie damals übertrug sich die Stimmung sofort auf ihn selbst.

»Hallo? ... Björk?«

»Wir könnten längst in Salzburg sein«, sagte sie, ganz in ihren Laptop vertieft.

»Salzburg? Wozu?«

Bisher wusste er nur, dass es einen neuen Einsatz in Österreich gab, für den er angefordert wurde. Salzburg war neu. Die Stadt lag nur eine gute Stunde Fahrtzeit vom Hallstätter See entfernt, wo Brand aufgewachsen war und wo nach wie vor seine gesamte Verwandtschaft lebte. Was prompt sein schlechtes Gewissen weckte. Seit der Hochzeit seiner Schwester war er nicht mehr dort gewesen. Wenn er noch mehr Zeit vergehen ließ, würde seine Mutter eines Tages bei ihm in Den Haag auf der Matte stehen und eine Erklärung verlangen, die er ihr nicht geben konnte.

»Wozu Salzburg? ... Björk, hallo?«, bestand er auf eine Reaktion.

Sie antwortete nicht, sondern starrte bloß in ihren Computer, der zu ihr gehörte wie die blonde Stehfrisur und die helle hochgeschlossene Kleidung, unter der sich das riesige pechschwarze Baumtattoo verbarg, das ihren ganzen Körper überzog.

Brand hatte sich die Zusammenarbeit mit ihr ganz anders vorgestellt. Wie so vieles, als er sich für Den Haag entschieden hatte. Zwar war von Beginn an klar gewesen, dass Björk und er in unterschiedlichen Abteilungen arbeiten und nur bei Bedarf zusammengespannt würden. Aber dass dieser Bedarf monatelang auf sich warten lassen würde und Björk es obendrein nicht mal der Mühe wert fand, sich nach seinem Wohlergehen zu erkundigen – nach allem, was er für sie riskiert hatte –, hätte er nicht erwartet. Er hatte sie schon mehrmals zu sich eingeladen und sich auch sonst bemüht, den Kontakt nicht abbrechen zu lassen, doch bisher war es stets vergebens gewesen.

»Soll der ganze Mist jetzt wieder von vorne losgehen?«, provozierte er sie weiter. Er hatte keine Lust auf den nächsten dienstlichen Blindflug, der mit Riesenkrach und Medienzirkus endete, in seinem Fall sogar mit Krankenhaus. Unwillkürlich ballte er die Hände zu Fäusten, wie er es in der Therapie bestimmt zehntausendmal gemacht hatte, und streckte die Finger wieder aus.

Endlich sah sie von ihrem Laptop auf. »Wir könnten längst in Salzburg sein, wenn Sie Ihr Diensttelefon eingeschaltet hätten.«

»Verzeihung, dass ich ein Privatleben habe.«

»Ziemlich viel davon, wie mir scheint«, sagte sie.

Brand musste kurz überlegen, wie sie das meinte, und vermutete dann, dass sie auf die Reste von Farbe anspielte, die sich an seinen Händen befanden. Trotz aller Bemühungen bekam er sie während intensiver Malphasen nie sauber. Dafür hätte es wohl Haut aus Teflon und Finger ohne Fingernägel gebraucht.

»Was ist in Salzburg? Wozu brauchen Sie mich? Kommen Sie, Björk«, drängte er.

»Vielleicht hat sich die Direktion daran erinnert, dass Sie aus der Gegend kommen … und dass Sie dringend eine Aufgabe brauchen«, antwortete sie und wirkte, als wäre sie lieber allein geflogen.

»Ich wurde Ihnen aufs Auge gedrückt?«

Sie zeigte wieder keine Reaktion. Fast schien es so, als wolle sie ihn für irgendwas bestrafen, aber ihm fiel beim besten Willen nicht ein, wofür. Björk nahm einen Schluck Energy Drink und tauchte erneut in ihren Laptop ab.

Brand blies geräuschvoll die Luft aus, schob die Sonnenblende hoch und starrte auf die Wolken hinunter, die sich kaum lichten würden. Ganz Mitteleuropa lag unter einem Tiefdruckgebiet, und für die nächsten Tage wurden sogar Überschwemmungen befürchtet.

Salzburg also. Brand erinnerte sich, gestern oder vorgestern etwas in den Nachrichten gesehen zu haben. Ein Straßenkünstler war von seinem Sockel gefallen, direkt auf ein amerikanisches Touristenkind, das eine schwere Gehirnerschütterung samt Schock davontrug. *Der Künstler verstarb noch an Ort und Stelle*, hatten die Medien berichtet. Doch so schlimm die Sache auch war, der Einsatz hatte bestimmt nichts mit diesem Todesfall zu tun.

»Sehen Sie«, sagte Björk, die ihren Laptop nun zu ihm hindrehte.

Brands Augen brauchten ein paar Momente, um sich von den grellen Wolken draußen auf den Inhalt des Bildschirms umzustellen. Es waren die gleichen Aufnahmen von diesem Straßenkünstler, die er schon aus den TV-Nachrichten kannte. Der Mann stand auf dem Freiluftschachbrett neben der goldenen Kugel, einem tonnenschweren Kunstwerk von mehreren Metern Durchmesser, von dem Brand bloß wusste, dass es die Salzburger liebevoll *Mozartkugel* nannten.

In den Nachrichten wurde die Wiedergabe des Videos unterbrochen, sobald die goldene Schachfigur nach vorne kippte. Auf Björks Laptop ging die Aufnahme weiter. Brand sah, wie der König den Kleinen unter sich begrub. Eine Frau – die Mutter des Kinds, wie Brand vermutete – war keine Sekunde später dort und rollte die Statue weg. Dann wackelte das Motiv aus dem Bild, bevor die Aufnahme wieder von vorne losging.

»Das war gar kein Unfall?«, staunte Brand und starrte Björk an.

Sie schüttelte den Kopf. Brand fand einen anderen Ausdruck in ihrem Gesicht. Einen, den er schon kannte. Plötzlich wirkte sie wieder wie die Jägerin, die niemals ein Gesicht vergaß. Wie die Super Recogniserin und Spezialermittlerin, an deren Seite er schon zweimal gewesen war, wenn auch unter völlig anderen Voraussetzungen.

»Aber es hieß doch, die Schachfigur sei …« Brand hielt inne und dachte nach, weshalb die Sache nicht längst schon große Kreise gezogen hatte. Er kam von selbst auf die Erklärung. »Die Medien haben keine Ahnung, was wirklich geschehen ist?«

Björk nickte.

»Aber was haben wir damit zu tun?«, stellte er die nächste Frage. Ein Mord in Österreich ging Europol nichts an. Es sei denn …

»Er war nicht der erste«, vervollständigte Björk seinen Gedanken. »Sieht so aus, als hätten wir eine neue Serie.«

6

PARIS

Amélie Leclerc, Schülerin

Ich stehe an der Tafel und starre die Gleichung an, die ich lösen soll. Ich höre das Getuschel in der Klasse. Sie meinen es böse, sagt meine Schwester Marie immer. Sie versteht so was, obwohl sie erst sechs Jahre alt ist. Keine Ahnung, wie sie das macht.

Die Kreide in meiner linken Hand fühlt sich ekelig an, und vom Geräusch an der Tafel bekomme ich Gänsehaut. Die guten Schulen in Paris haben Computertafeln, wir immer noch Kreide und stinkende Schwämme.

»Nun, Amélie?«, sagt Madame Dubois. Ihre Augenbrauen ziehen sich zusammen – wie zwei dicke Raupen, die aufeinander losgehen. Ich stelle mir vor, wie daraus schillernde Schmetterlinge werden.

Sie hat die Arme verschränkt, ihre Finger trommeln auf ihren Oberarm. Rechnen fällt mir irre schwer und Gleichungen ganz besonders. Ich verabscheue dieses kleine X. Es ist einmal so und einmal so, kann tausend sein oder fünf oder minus hundert Millionen. Es ist genauso rätselhaft wie die Menschen. Um sie zu verstehen, müsste ich komplizierte Gleichungen lösen, was nicht geht.

Hinter mir tuschelt jemand, und ein Mädchen kichert.

Die Kinder in der Schule spielen mir oft Streiche oder lachen mich aus. Ich schaue zu Madame Dubois, die für die letzten zwei Monate des Schuljahres unsere Vertretungslehrerin ist.

»Was gaffst du mich so an? Steht mir die Lösung ins Gesicht geschrieben, Amélie?« Die Raupen auf ihrer Stirn berühren sich fast wieder.

Ich verstehe ihre Frage nicht. Ich stelle mir vor, wie es wäre, das Rechenergebnis von den Wangen oder der Stirn der Lehrerin ablesen zu können. Das wäre praktisch, weil man es bloß noch abschreiben müsste. Mehrere Sekunden lang kann ich an nichts anderes mehr denken.

»Du sollst die Gleichung lösen! Oder ist sie dir zu schwer? Dabei habe ich doch extra Rücksicht auf dich und dein sehr *spezielles* Leistungsniveau genommen.«

Noch mehr Kichern.

Die beneiden dich bloß, sagt Mama immer, wenn ich ihr von der Schule erzähle. Dabei gibt es an mir wirklich nichts zu beneiden. Die anderen Kinder sagen, ich checke nichts und weiß nichts, und egal, wie sehr ich mich bemühe, es wird so bleiben.

Ich schaue auf die Tafel, genauer gesagt, auf die Kreide zwischen meinen Fingern, die sich kein Stück rührt. Ich will das X hinschreiben, aber ich weiß nicht mal, wohin. Links oder rechts?

Ich will fort. Nach Hause oder irgendwo anders hin. Dabei hat die Stunde gerade erst begonnen. Und ich kann nicht dauernd aufs Klo rennen, sondern muss Pluspunkte sammeln. Wenn ich durchfalle, darf ich nicht mit ans Meer, sondern muss in die Ferienschule, zusammen mit den anderen schwachen Schülern.

»Löse die Aufgabe endlich oder du bekommst ein Ungenügend!«, sagt Madame Dubois. Die anderen sind plötzlich still. Ich verstehe nicht, wieso sie manchmal lachen und das nächste Mal nicht, aber ich bin froh, dass sie endlich leise sind.

Ich atme durch, sehe die Aufgabe an und addiere zwei Zahlen links und subtrahiere zwei rechts. Dann schreibe ich die kürzere Zeile hin.

»Grandios«, sagt Madame Dubois.

Ich freue mich und strahle sie an.

»Du verstehst es einfach nicht, oder? Na los, mach!«

Ich drehe mich zur Tafel zurück. Plötzlich will ich es Madame Dubois und der ganzen Klasse zeigen. Mit staubigen Fingern schiebe ich meine dicke Brille ganz hoch auf die Nase. Ich zwinge mich zum Denken und sehe nur noch die Aufgabe. Ich schaffe die Zahlen auf die rechte Seite, reiße die fünf vom X weg und dividiere die rechte Zahl damit, und ich weiß, das Ergebnis ist sieben. Mein X ist sieben, und es ist mir total egal, was es in fünf Minuten für jemand anderen sein wird.

$x = 7$, will ich an die Tafel schreiben – als der Lautsprecher über der Klassentür knackst.

»Amélie Leclerc. Schülerin Amélie Leclerc umgehend ins Direktorat kommen!«

Vor Schreck bricht mir mitten im X die Kreide ab. Ich wurde noch nie ins Direktorat gerufen. Das passiert sonst nur denen, die sich mit anderen prügeln oder verbotene Sachen machen.

Mehrere Schüler tuscheln und kichern wieder. »Ruhe!«, sagt Madame Dubois.

Ich bücke mich runter, um die Kreide aufzuheben, richte mich mit wackeligen Beinen auf, lege eines der Bruchstücke wieder an und will das Ergebnis hinschreiben, als die Lehrerin dazwischenfährt. »Geh schon, Amélie!«

»Aber ich will doch nur …«

»Weißt du denn nicht einmal, was *umgehend* bedeutet?«, schreit sie fast. »Raus mit dir!«

Ich spüre Wut. Aber die nützt mir nichts. Wut macht alles bloß schlimmer. Ich muss die Aufgabe fertig machen, wenn ich zurückkomme.

Ich lege das Kreidestück weg und gehe langsam zur Tür. Mein Herz klopft. Beim Gedanken an die Direktion mache ich mir fast in die Hose.

»Ungenügend«, sagt Madame Dubois, als ich schon halb draußen bin.

Die Direktion befindet sich gleich beim Eingang der Schule, sodass man immer daran vorbeimuss, egal, ob man gerade kommt oder geht. Ich gehe absichtlich langsam, obwohl ich weiß, dass mein Problem davon nicht kleiner wird. Ich grüble, was man von mir wollen könnte, aber ich komme und komme nicht darauf.

Als ich ums Eck biege, sehe ich mehrere Erwachsene am Gang stehen. Einer ist der Herr Direktor, den ich noch nie aus der Nähe gesehen habe. Ein anderer unser Musiklehrer. Den dritten kenne ich nicht. Er hat einen dunklen Bart und dunkle Haare. Zusammen mit der schwarzen Kleidung sieht er aus wie ein Schornsteinfeger.

»Ah, Amélie!«, ruft Monsieur Clement. Ich mag ihn von allen Lehrern am liebsten, weil das, was er sagt, immer zu dem passt, was er tut. Außerdem bringt er mir total viel bei. Besser gesagt, er *hat* mir total viel beigebracht, bis es eines Tages nichts mehr zum Beibringen gab.

»Komm, Amélie, komm!«

Ich bleibe stehen. Irgendwann kommen schließlich die drei Männer auf mich zu.

»Das ist Amélie«, sagt Monsieur Clement. »Amélie, wir gehen ins Musikzimmer. Monsieur Bellini möchte dich spielen hören. Stell dir vor, er ist extra für dich aus Italien angereist.«

Der dunkle Mann räuspert sich und schaut mich an. Dann flüstert er dem Lehrer etwas zu, worauf dieser etwas antwortet. Es klingt italienisch. Ich verstehe es nicht.

Schließlich nimmt mich Monsieur Clement an der Hand und geht einfach los. Ich erschrecke und will sie zurückziehen, aber ich bin viel zu schwach. Monsieur Clements Hand ist schwitzig und drückt fester zu, während er schneller geht.

Wir kommen zum Musikzimmer. Hier bin ich am liebsten. Aber gerade jetzt will ich bloß noch nach Hause oder wenigstens aufs Klo, wo ich mich einsperren kann.

Monsieur Clement schiebt mich rein, setzt mich ans Klavier und macht die Abdeckung hoch.

Der Mann aus Italien steht in der Tür und schaut mich an. Der Herr Direktor redet auf ihn ein.

»Fang an!«, fordert Monsieur Clement.

Ich drehe mich zu den Tasten hin. Ich will überhaupt nicht spielen. Aber ich muss es für meinen Lehrer tun. Er hat sich immer für mich eingesetzt. Einmal hat er sogar die Kinder bestraft, die meine Brille zerbrochen und mich ins Klo eingesperrt haben, aus dem er mich befreit hat.

Ich streiche meine struppigen Haare zurück, weil mir das beim Nachdenken hilft. Aber mir fällt nichts ein, was ich spielen könnte. Ich kann sehr viele Stücke auswendig, aber keines ist jetzt richtig. Ich will auch nicht nach irgendwelchen Noten suchen, die im dicken Stapel auf dem Ständer vor mir liegen.

Ich will bloß meine Ruhe.

Aber weil ich muss, hole ich tief Luft und haue meine Finger in die Tasten. Ich spiele absichtlich so hässlich, wie ich kann. So hässlich, wie die Mathelehrerin im Inneren ist, und so gefährlich, wie der italienische Mann von außen wirkt. Ich spiele laut und schnell und achte nicht auf Harmonien. Das Klavier soll erzählen, wie es mir geht.

Ich spiele lange, mit geschlossenen Augen, und ich spüre die Vibrationen nicht nur in den Fingern, sondern auch in meinem Bauch.

Schnell fühle ich mich besser. Ich bin in einem riesigen Raum aus Tönen, die sich wie ein riesiges Schutzschild um mich legen. Nichts und niemand kann mich mehr lächerlich machen. Oder auslachen. Oder etwas anders meinen, als er es sagt.

Musik lügt nie.

Irgendwann lasse ich es gut sein. Ich ahne, dass ich einen Verweis bekomme, aber das ist mir egal. Ich werde ruhig, ganz ruhig.

Als ich in völliger Stille sitze, ist meine Welt wieder schön. Bis jemand etwas sagt. Direkt hinter mir.

Er flüstert. »Was war das?« Es klingt irgendwie so, als hätte er Angst.

»Das weiß ich nicht«, antwortet Monsieur Clement, der ebenfalls hinter mir steht.

Was war was?, überlege ich. Ich warte darauf, dass jeden Moment jemand losschimpft oder noch was Schlimmeres. Mein Nacken spannt sich an.

»Incredibile«, sagt der italienische Mann plötzlich laut.

Der Herr Direktor entschuldigt sich.

»Silenzio!«, fährt der Italiener fort. Ich kenne das Wort, aber ich verstehe nicht, was er damit meint. Ich weiß nur, dass ich mich besser nicht einmische, wenn Erwachsene miteinander sprechen.

Die nächsten paar Momente passiert gar nichts. Dann spüre ich eine Hand auf meiner linken Schulter. Sie ist kalt.

»Wo hast du das her?«, fragt der italienische Mann nun in schlechtem Französisch und bückt sich nah zu mir runter.

Ich habe zu viel Angst, als dass ich etwas sagen könnte. Außerdem verstehe ich auch diese Frage nicht.

»Antworte Monsieur Bellini!«, sagt der Herr Direktor.

»Aber was denn?«, stammle ich.

»Von wem ist dieses Stück?«, fragt der Italiener.

»Welches Stück?«

7

SALZBURG

Christian Brand, Europol

Angesichts des Wetters verlief der restliche Flug nach Salzburg erstaunlich sanft, sodass Björk von ihrer Übelkeit verschont blieb und bis zuletzt an ihrem Laptop weiterarbeiten konnte. Während der Europoljet auf der Landebahn ausrollte, sah Brand zur linken Seite in die Gischt hinaus und erkannte darin den Hangar-7, vor dem die restaurierte DC-6 der Flying Bulls parkte und wirkte, als wollte sie das Mistwetter und den Zahn der Zeit mit Verachtung strafen. Vor Jahren war Brand mal im Hangar-7 gewesen und hatte sich die alte Technik, aber auch die Formel-1-Boliden angesehen. Alles Schnelle faszinierte ihn. Was bestimmt auch daran lag, dass er aus einem Ort stammte, den man mit dem genauen Gegenteil verband.

Brand spürte eine Nervosität in sich, die nicht vom neuen Fall herrührte – als wollte ihn eine besondere Form der Schwerkraft in seine alte Heimat ziehen, die stärker wurde, je näher er dem Hallstätter See kam. Er wusste, dass er sich zu Hause sehen lassen musste. Er wusste aber auch, dass das nicht ohne Emotionen abgehen würde. Seine Mutter wünschte sich, dass er eines Tages an den See zurückkehrte, das Erbe seines Vaters antrat und Dorfpolizist in Hallstatt wurde – ein weiterer *Inspektor Brand* in einer Reihe von Vorfahren, die zwar angesehen, aber letztlich chronisch unterfordert waren. Weil es bis auf Raufereien, Nachbarschaftskram und touristische

Kleindiebstähle nichts gab, was besondere Fähigkeiten erfordert hätte.

Brand hatte dieses vorgezeichnete Leben hinter sich gelassen, so schnell es ging. Er erinnerte sich nur zu gut an die ersten Jahre danach. Den Schichtdienst in Salzburg. Die Beförderung nach einer *mit besonderer Tapferkeit* erreichten Lebensrettung. Das Auswahlverfahren, die Spezialausbildung. Den Dienst im Einsatzkommando Cobra, Wien. Die fünf Menschen, die er als Cobrabeamter getötet hatte. Weil er hatte handeln müssen, bevor noch mehr passierte. Fünf Menschen, die durch sein Handeln nicht mehr lebten. Einst waren sie ihm am falschen Ort zur falschen Zeit begegnet. Jetzt lagen sie irgendwo begraben. Und immer noch spukten sie weiter in seinen Albträumen und den Bildern …

»Wir sind da«, sagte Björk und sah zu ihm herüber.

Brand hatte gar nicht bemerkt, dass der Jet bereits ans General-Aviation-Terminal herangerollt war und still stand. Schnell schnallte er sich ab, sammelte seine Sachen zusammen und sprang Björk hinterher. Der Copilot öffnete die Tür und wich vorm Regen zurück, der hereinwehte.

»Einen Schirm?«, rief Brand nach vorne.

»Nicht nötig«, antwortete Björk.

Draußen wurden sie bereits erwartet. Ein Mann im Anzug nahm Björk in Empfang, besser gesagt, in die Arme, und hielt dabei einen großen Schirm über sie. Die beiden küssten sich auf die Wangen wie alte Freunde. Einen Moment später erkannte Brand, wer der Mann war.

»Mathias?«, rief er erstaunt und ignorierte den Regen, der ihm übers Gesicht rann.

»Hallo, Christian. Lange nicht gesehen.«

Mathias Lackner. Er wirkte, als hätte er bereits gewusst, dass Brand im Flieger saß. *Logisch* wusste er es. Brand hätte sich gewünscht, einmal, ein einziges Mal über mehr Informationen zu verfügen als jene, die Björk sich aus der Nase ziehen ließ.

Als Brand zuletzt mit Lackner zu tun gehabt hatte, arbeitete dieser als Drogenfahnder am LKA Salzburg und war dabei meistens in Kleidung unterwegs, die man sonst eher Obdachlosen zuschrieb. Inzwischen hatte sich vieles geändert. Offensichtlich auch Lackners Stil.

Björk und Lackner stiegen in den Wagen, der am Vorfeld stand. Brand blieb nur die hintere Bank, auf die er sich warf und sich durch die Haare fuhr. Kalt lief das Wasser in den Ärmel seiner Jacke.

Lackner gab Gas und lenkte scharf linksherum. Brand hielt sich fest, sah nach vorne und versuchte, sich anhand der Fahrzeugausstattung einen Reim darauf zu machen, welcher Gruppe Lackner mittlerweile angehörte.

»Mordgruppe«, sagte dieser, als hätte er Brands Gedanken gelesen. Ihre Blicke trafen sich im Innenspiegel. Lackner wirkte amüsiert. »Seit drei Jahren. Tote Hose, verglichen mit dir in der Cobra … na ja. Du bist jetzt also fix bei Europol?«

Brand sagte nichts.

Dafür sprach Lackner gleich weiter: »Inga und ich hatten vor ein paar Jahren miteinander zu tun.« Er sah kurz zu ihr hinüber, dann wieder nach vorne.

»Habt ihr was Neues? Kamerabilder?«, fragte Björk.

»Stets im Dienst, Inga«, sagte der Fahrer und legte dann allen Ernstes seine rechte Hand auf ihren linken Oberschenkel.

Zu Brands noch größerem Erstaunen ließ sie es einen Moment lang zu, bevor sie seine Hand überdeutlich tätschelte und Lackner damit zum Rückzug brachte.

»Nichts Neues«, sagte Lackner dann. »Auch keine Bilder. Niemand hat gesehen, wie der Tote aufgestellt wurde. Einfach nichts.«

»Fahren wir zum Fundort?«, fragte Brand.

Lackner lachte. »Dort ist schon lange nichts mehr. Was glaubst du, wie schnell uns der Bürgermeister auf den Schlips steigt, wenn wir seinen Touris die Sicht auf die Mozartkugel verstellen?«

»Mozartkugel?«, fragte Björk.

»Die Goldkugel mit der Männerfigur drauf«, grummelte Brand erklärend. »Also, Mathias, im Ernst: Wohin geht's jetzt? LKA?«

»Gerichtsmedizin. Wenn danach noch wer will, Mittagessen.« Lackner lachte, als hätte er den Witz des Jahrhunderts gerissen.

Brand erinnerte sich, mal viel von seinem Kollegen gehalten zu haben. Bevor dieser ein neunmalkluges, anzugtragendes Arschloch geworden war, das seine Hände nicht bei sich lassen konnte.

»Weißt du noch, wie wir mal zusammen den Gaisberg hochgerast sind?«, fragte Lackner ihn dann und zeigte hinauf.

Ja, Brand erinnerte sich, nickte aber nur. Ähnliches Wetter wie jetzt, Alarmfahndung nach einem Drogenkurier, der zwei Verkehrspolizisten über den Haufen gefahren hatte. Lackner und Brand als zufällige Fahrgemeinschaft, Brand am Steuer, Lackner als Navigator. Und ein Mann, der sich eine Panoramastraße als Fluchtweg ausgesucht hatte, an deren höchstem Punkt es zwar eine schöne Aussicht, aber keine Weiterfahrt mehr gab. Der Kurier hatte es dann vorgezogen, seinen Wagen um einen Baum zu wickeln, statt sich schnappen zu lassen. Brand konnte sich noch an den Anblick des Mannes erinnern, der hinter seinem Steuer eingeklemmt war. Keine zwei Euro hätte Brand damals auf sein Überleben gewettet. Aber Lackner und er hatten den Schwerstverletzten gemeinsam reanimiert, bis die Rettungskräfte eingetroffen waren. Am Ende hatte der Kurier überlebt – eine Leistung, die Lackner und Brand mal hatten begießen wollen, wozu es aber nie gekommen war.

»Was wissen wir über den Toten, abgesehen vom offiziellen Bericht?«, fragte Björk.

»Männlich«, antwortete Lackner und lachte wieder.

Brand zog eine Augenbraue hoch.

Björk schüttelte den Kopf. »Nichts weiter?«

»Sie waren dran, aber die Gerichtsmedizin wartet auf euch.«

»Was ist mit dem Toten?«, fragte Brand.

»Cast«, war Lackners kryptische Antwort.

»Jetzt komm«, drängte Brand, der einmal mehr der große Unwissende war. »Was wisst ihr und was wisst ihr nicht?« Er war nur einen winzigen Impuls davon entfernt, kräftig von hinten gegen den Fahrersitz zu stoßen, um seine Stimmung zu verdeutlichen.

Lackner lachte. »Mein Gott, Brand, wer hat dich nur so spaßbefreit? Ich habe dich ganz anders in Erinnerung.«

»Ich dich auch. Also?«

»Also – hör zu, es gibt echt nichts. Außer Cast, landläufig Kunststoffgips, außen aufwendig modelliert. Die Leiche wurde wie ein König dargestellt, mit allen möglichen Details und am Schluss noch vergoldet.«

Brand staunte. Er wusste, dass das Präparieren von Leichen nicht so einfach war, wie man es sich als Laie vorstellte. Selbst das Einbetonieren war längst nicht so endgültig, wie es sich anhörte. Ein Kunststoffgips war bestimmt ausreichend stabil, musste aber dick aufgelegt werden – was sie jetzt aber nicht weiterbrachte. »Irgendwas zur Identität?«, drängte er den Kollegen zum Weitererzählen.

»Da bin ich überfragt«, raunte Lackner. »Ich muss leider gleich weiter zu einem anderen Leichenfund.«

Brand horchte auf.

»Nichts, was euch betrifft«, wiegelte Lackner gleich ab. »Junge Kollegen, du verstehst?«

Brand nickte. Er wusste nur zu gut, wie schnell man als frisch ausgebildeter Polizist an Mord und Totschlag glaubte, sobald man an den Fundort einer Leiche gerufen wurde. In den meisten Fällen rief man das LKA umsonst hinzu und holte sich einen Rüffel von den erfahreneren Kollegen ab.

»Also, Mittagessen?«, fragte Lackner.

»Wir sehen uns im LKA«, sagte Björk.

»Dann Abendessen?« Allein der Tonfall in Lackners Stimme verriet Brand, dass der Vorschlag nur an Björk gerichtet war.

Björk, die schon am Aussteigen war, sah noch einmal zu Lackner zurück. Wieder wirkte sie viel weniger spröde, als Brand sie kannte, und sagte dann: »Vielleicht.«

Keine fünf Minuten später standen sie vor jenem kunstvoll präparierten Menschen, von dem sie bloß wussten, dass er männlich war. Brand rätselte allerdings, wie sie das herausgefunden haben wollten. Der Tote lag unberührt in seiner prachtvollen Hülle auf dem Seziertisch. Einzig die Augen lagen frei und wirkten so echt, dass man nur annehmen konnte, dass ein Mensch im Kunststoff steckte.

»Wer auch immer das getan hat … er hat sich große Mühe gegeben«, begann Doktor Egger mit seinen Ausführungen und berichtete von den bisherigen Untersuchungen, die sich auf nichtinvasive Verfahren beschränkten. Da die Verpackung der Leiche bildgebende Verfahren erschwerte, hatten eine DNA- und eine Gewebeprobe erste Auskünfte über den Leichnam geliefert – dass er männlich war, aber auch, dass sie es mit einem etwa Dreißigjährigen zu tun hatten, der keine Anzeichen auf irgendwelche Krankheiten aufwies. »Zumindest keine genetischen«, ergänzte Egger.

Brand staunte immer wieder, wozu gentechnische Untersuchungen heute in der Lage waren. Dass man damit sogar das Alter einer Person feststellen konnte, war ihm neu. Andererseits hatte er gehört, dass man bald schon das Aussehen eines Verdächtigen anhand winzigster Spuren rekonstruieren konnte. Ein

Phantombild aus einem Haar – Brand fand diese Entwicklung faszinierend und bedenklich zugleich.

»Unwichtig«, sagte Björk in einer Art, die Brand so viel vertrauter war als jene, in der sie mit Mathias Lackner kommuniziert hatte. »Machen Sie ihn auf.«

Der Pathologe nahm seine Brille ab und sah drein, als hätte er sich verhört. »Wie hätten Sie's denn gern? Längs oder quer? Und wer kriegt das Scherzerl?«, gab er staubtrocken zurück und setzte die Brille wieder auf. »Das Zeug pickt wie Pech auf der Haut. Ist ja auch Kunstharz, nicht wahr, und leider ohne den üblichen Schlauchverband als Zwischenschicht zur Haut. Egal, mit welcher Methode wir rangehen, es werden garantiert jede Menge Spuren vernichtet.«

Björk sah sich die Figur an und wirkte unschlüssig, wie sie weiter vorgehen sollten. Sie fuhr mit dem Zeigefinger über die Konturen des königlichen Gewands, über die Knöpfe, die Zierlinien und Kordeln. Brand glaubte, in der Vielfalt der Details die Kunstfertigkeit des Präparators zu erkennen. Aber noch mehr. Er hatte den Eindruck, dass den Täter geradezu missionarischen Eifer antrieb. Als ginge es hier nicht bloß darum, einen Menschen umzubringen und dann zur Schau zu stellen.

Björk blieb an einer Kante hängen, die kaum zu sehen war. Sie fuhr daran entlang ein Rechteck ab, bevor sie den Mediziner um eine Fräse ersuchte. Der Doktor ließ sie erst loslegen, nachdem sie Schutzhandschuhe angezogen, sich eine Brille aufgesetzt hatte und Brand zwei Schritte zurückgetreten war.

Björk arbeitete nach vorne gebeugt und konzentriert. Von hochfrequentem Dröhnen begleitet, fräste sie eine Linie, knapp an der langen Kante des Rechtecks entlang. Dann fuhr sie mit einem Skalpell hinein, versuchte etwas zu erkennen, sägte eine weitere Seite auf und fingerte an der Ecke herum, bis sich diese einen Spalt weit hochheben ließ.

»Helfen Sie mir damit«, sagte Björk zu Brand. In dem Spalt steckte etwas. Brand bedeutete Doktor Egger, ihm eine Zange oder Ähnliches zu reichen, und bekam etwas in die Hand, das so aussah, als könnte man damit Zähne ziehen.

»Machen Sie schnell!«, drängte Björk, die es sichtlich anstrengte, den Spalt offen zu halten.

Brand fuhr hinein, bekam eine Ecke zu fassen und zog einen Briefumschlag heraus. Er wirkte leer und unberührt, als sei er erst ganz am Ende in die fertig präparierte Statue geschoben worden. Bevor Brand den Umschlag in der Nierenschale ablegte, die der Doktor ihm entgegenstreckte, wendete er ihn und sah, dass etwas draufgeschrieben war.

Magnus.

8

BOLOGNA

Amélie Leclerc, Schülerin

Draußen ist es dunkel.

Den ganzen Tag über habe ich im Zug gesessen, in die Ferne gestarrt, Masten gezählt, Musik gehört und mich mithilfe meines Notizzettels und der Armbanduhr bemüht, keinen Umstieg zu verpassen. In Basel hätte ich es beinahe vermasselt. Vom Schaukeln des Zuges und meinem Jausenbrot bin ich müde geworden und eingeschlafen. Zum Glück hat der Schaffner noch gewusst, wohin ich muss. Tausende Male habe ich rausgeschaut, die Felder und Wiesen und Bäume und Städte und Flüsse und Autos und Menschen gesehen, und es war mir egal. Irgendwie ist mir alles egal, seit ich im Gare de Lyon losgefahren bin.

Dabei will ich überhaupt nicht weg. Ich will nach Hause, in mein Zimmer. Ich will, dass alles so bleibt, wie es ist. Ich will Musik machen und Marie beim Basteln zusehen und versuchen, ein aufmerksamer Mensch zu sein.

Natürlich weiß ich, dass die neue Schule in Italien mit Musik zu tun hat und dass man mich dort fördern will, wie Monsieur Clement gesagt hat. Weil ich so gut bin. Aber obwohl ich das weiß, kapiere ich es nicht. Bisher wurden nur die schwachen Kinder weggeschickt, zur Sommerschule für die Sitzenbleiber zum Beispiel. Außerdem ist das Klavierspielen bisher immer total unwichtig gewesen, verglichen mit Mathe oder Französisch. Jetzt soll es plötzlich gefördert werden.

»Es ist ja nicht für lange«, hat Mama am Bahnsteig gesagt.

Als der Schaffner gepfiffen hat, haben sie mich einfach in den Zug reingedrückt, und schon war die Tür zu. Erst nach den Vororten von Paris habe ich es geschafft, mir einen Platz im Waggon zu suchen und mich halbwegs zu beruhigen.

Ich weiß, dass ich zu Mama zurückkann, wenn alles schiefgeht. Das hat sie mir versprochen. Aber dafür muss ich es wenigstens versuchen.

Mama hat mir ein Buch mitgegeben, in dem es um einen Jungen geht, der auf Reisen die tollsten Abenteuer erlebt. Ich verstehe nicht, wie mir das helfen soll. Ich bin ein Mädchen, und Abenteuer erlebe ich auch keine. Außerdem fällt mir das Lesen ähnlich schwer wie das Rechnen. Also bleibt das Buch zu.

Die Stimme im Lautsprecher ist schnell und total schwer zu verstehen. Trotzdem höre ich jetzt *Bologna Centrale* raus. *Endstation*, lese ich von meinem Notizzettel ab, der schon ganz weich ist, weil ich ihn ständig in der Hand halte und darauf herumstreiche.

Irgendwer soll mich am Bahnhof abholen kommen und in die Schule bringen, in der man auch wohnen kann. Ich weiß nicht, wie es ist, rund um die Uhr in einer Schule sein zu müssen. Ich will im Zug bleiben und weiterfahren, immer weiter, und ich weiß sogar, wie das als Musik klingen müsste.

»Bologna Centrale«, kommt es aus dem Lautsprecher.

Ich stehe auf und schnappe meinen Riesenkoffer, da steht der Zug schon im Bahnhof, und ich muss mich beeilen, rechtzeitig rauszukommen.

Draußen sehe ich niemanden, der auf mich warten würde. *Bologna Centrale* lese ich auf einem großen, blitzblauen Schild. Die Uhr an der elektronischen Anzeigetafel zeigt 22:45 Uhr. Es ist trotzdem warm, viel wärmer, als es zu Hause war.

Ich schiebe meinen Koffer einer Frau hinterher, die ebenfalls ausgestiegen ist, und folge ihr bis zum Ausgang. Der Bahnhof ist alt und dreckig. In einer Ecke liegt jemand in einem Schlafsack. Irgendwo grölen Männer und stoßen ihre Bierdosen aneinander, Fußballfans vermutlich, weil sie alle die gleichen Trikots tragen. Ich mag keinen Fußball. Eigentlich mag ich generell keinen Sport. Ich bin sogar richtig schlecht darin, egal, ob beim Laufen oder Werfen oder Springen oder Irgendwofestklammern. Ich werde schon ausgelacht, bevor ich richtig losgelegt habe. Ich finde es schade, dass Sport für die meisten Menschen so viel wichtiger ist als Musik.

Ich komme mir fremd vor. Eigentlich müsste ich jetzt weinen, aber das geht irgendwie nicht.

Am Bahnhofsvorplatz setze ich mich auf die Bank eines Wartehäuschens, streiche meinen Rock zurecht und schaue mich vorsichtig um. Immer noch sehe ich niemanden, der wirkt, als würde er auf mich warten. Ein paar Meter weiter steht eine riesige runde Steinbank mit Gras in der Mitte. Sie sieht aus wie ein gigantischer, flacher Blumentopf. Rundum sitzen noch mehr Fußballfans, die lachen. Einer pinkelt auf den Rasen. Sie singen so falsch, dass mir ganz kalt wird und ich mich schütteln muss. Alles hier ist laut und stinkig, und ich weiß automatisch, dass ich hier nichts verloren habe.

Ich sehe zwei Polizisten mit dicken Westen, die über den Platz spazieren. Die Fußballfans sind ihnen komplett egal. Ich nicht. Einer der beiden entdeckt mich, rempelt den anderen an und zeigt mit dem Finger auf mich. Dann kommen sie auf mich zu.

Mein Herz rast plötzlich. Ich umfasse den Griff meines Koffers, stehe auf und gehe los. Vielleicht glauben sie, dass ich Drogen nehme oder noch Schlimmeres. Außerdem kann ich nichts erklären. Nicht auf Italienisch jedenfalls.

»Ehi, tu!«, ruft mir einer hinterher, und ich gehe schneller.

»Stai fermo!« Es klingt gemein.

Ich überlege, wohin ich rennen soll. Dabei weiß ich genau, dass ich mit dem Gepäck zu langsam bin. Ich lasse meinen Koffer los und laufe, so schnell ich kann, komme aber kaum über den Platz hinaus. Eine Hand packt mich und reißt mich von der Straße zurück. Knapp vor einem vorbeirasenden Auto. Ich stürze mit dem Hintern auf den Boden, und ehe ich mich versehe, spüre ich schon wieder Hände, die mich in die Höhe reißen. Meine Brille sitzt ganz schief.

»Cosa fai, eh?«

Ich wage es nicht, die beiden anzusehen. Irgendwo scheppert eine Stimme aus einem Funkgerät. Werde ich jetzt verhaftet? Das ist der schlimmste Tag in meinem Leben.

Da höre ich eine weitere Stimme. »Gentiluomini!«, ruft eine Frau. Sie ist plötzlich bei uns und redet mit den Polizisten. Ich sehe sie an und staune, weil sie so schön ist. Sie trägt ein weißes Kleid und einen weißen Hut. Sogar Parfüm rieche ich. Wenn sie ein Tier wäre, wäre sie ein Schwan.

Der Polizist lässt mich los. Die Frau zeigt den beiden etwas. Dann schauen sie abwechselnd zu mir. Schließlich lachen sie, genau wie meine Mitschüler oft.

»Komm, Amélie«, sagt die schöne Frau plötzlich und streckt mir die Hand entgegen.

Ich schaue die Polizisten an, die mit den Schultern zucken und dann zur Frau hin nicken.

Diese dreht sich zu mir und spricht jetzt auf Französisch: »Ich bin Claire Weidemann, Direktorin des Instituts für Hochbegabung. Bitte verzeih, dass ich mich verspätet habe, aber der Verkehr hier ist eine Zumutung. Ich wollte dich persönlich abholen. Ich freue mich sehr, dich endlich kennenzulernen. Willkommen in Bologna, Amélie!«

Ich sage nichts.

»Enzo!«, ruft die Frau jetzt und schnippt mit den Fingern.

Ein Mann mit weißen Haaren kommt auf uns zu. Er geht zu meinem Koffer, nimmt ihn und trägt ihn zu einem großen, dunklen Wagen, der links und rechts zugleich blinkt und mitten auf der Straße steht. Die Autos, die vorbeifahren, hupen, und ein Fahrer lehnt sich aus dem Fenster raus und schimpft irgendwas. Alles hier ist mir zu viel.

»Komm, Amélie«, sagt die Frau und reicht mir die Hand. »Wir bringen dich jetzt ins Castello.«

9

SALZBURG

Christian Brand

Eine knappe Stunde nach Entdecken des Briefumschlags fuhr eine Streife sie ins Landeskriminalamt Salzburg, wo Björk die weiteren Ermittlungen mit den hiesigen Behörden koordinieren sollte. Genau genommen hatte die Leiterin des LKA, Oberstleutnant Anna Bilgeri, sie zu sich zitiert und keine Widerrede geduldet. »Sie spricht seltsam«, war der einzige Kommentar gewesen, den Björk sich nach dem Telefonat hatte entlocken lassen.

Brand hatte noch nie von der Frau gehört, obwohl er mit so gut wie jedem Karrierepolizisten der Region irgendwann zu tun gehabt hatte – und sei es nur, dass ihm der Name in irgendwelchen Berichten untergekommen war. Doch Anna Bilgeri war noch nicht lange in Salzburg. Sie stammte aus dem äußersten Westen Österreichs – aus Vorarlberg, einem Bundesland, das für Brands Empfinden mindestens so sehr zur Schweiz gehörte wie zu Österreich. Brand kannte einige Vorarlberger, auch aus seiner Zeit in Wien, die allesamt ein Merkmal verband, das man gerne den Schotten zuschrieb: dass sie ihren Dialekt zeitlebens beibehielten, auch in der Ferne, ob man sie nun verstehen konnte oder nicht. Vielleicht war es ein Vorurteil, aber in Gestalt von Oberstleutnant Bilgeri bestätigte es sich ein weiteres Mal.

»Also waren Sie in der Gerichtsmedizin und haben diesen Umschlag gefunden?«, fragte Bilgeri in breitem Vorarlbergerisch, und Brand war sonnenklar, dass Björk nur Bahnhof verstehen konnte. Er grinste in sich hinein und überließ sie noch kurz ihrem Schicksal, hörte sich ihre Rückfragen und ihre Ratlosigkeit an, bevor er das Reden im Namen von Europol und nötigenfalls auch das Dolmetschen übernahm.

»Exakt«, griff er zu einem Wort, das Björk sonst gerne benutzte.

Bilgeri, deren knallrote Brille ihr hervorstechendstes Merkmal war, drehte ihren Kopf zu ihm und wirkte kurz irritiert. Brand war froh, dass sie ihn nicht zu kennen schien. In der österreichischen Polizei war er untendurch, und er hatte keine Lust, sich dafür bei irgendjemandem zu rechtfertigen. »Geht's auch ein bisschen ausführlicher?«

Brand seufzte und setzte sie ins Bild, was den Fund betraf und den Schriftzug, der sich darauf befand. Er informierte sie auch darüber, dass die Königskleidung und alles Weitere nachträglich auf die Leiche modelliert wurden, was Brands Verständnis nach auf eine hohe Kunstfertigkeit schließen ließ.

»Jaja, ersparen Sie mir Ihre Expertise als Hobbykünstler«, sagte die LKA-Leiterin und strafte damit Brands Eindruck Lügen, sie würde ihn nicht kennen. »Was mich viel mehr interessiert: Wer ist das, und wer hat ihn umgebracht?«

»Dafür sind wir hier«, antwortete er.

Bilgeri schwieg ein paar Sekunden, bevor sie fortfuhr: »Glauben Sie nicht, Sie könnten sich in meinem Zuständigkeitsbereich so aufführen wie in der Cobra in Wien, Brand. Ich dulde keine Eigenmächtigkeiten, und mir ist es auch völlig egal, was irgendwer in Den Haag davon hält, wenn ich Sie beide zum Flughafen eskortieren und den Abflug machen lasse. Haben wir uns verstanden?«

Brands Abneigung gegen die Frau sprang auf ein Level, das selten jemand in so kurzer Zeit erreicht hatte. Er dachte nicht im Traum daran, klein beizugeben. »Wer fehlt?«, fragte er deshalb.

»Wie meinen Sie das?«

»Na, wer fehlt. Abgängige aus der Region. Männliche Personen, Schachspieler, Königskinder, Adelige, Menschen, die Magnus heißen, oder was weiß ich. Haben Sie das abgeglichen?«

»Glauben Sie, wir sind blöd? Es gibt keinen Abgängigen im Umkreis von hundert Kilometern, den wir in die engere Auswahl bringen könnten. Weil die Gerichtsmedizin die Leiche nicht aufmachen durfte – auf Frau Björks ausdrücklichen Wunsch hin übrigens –, bin ich genauso schlau wie Sie. Deswegen habe ich Sie hierherbestellt. Sie sollen mich mit Ihrer Weisheit erhellen.«

Björk übernahm so plötzlich wie überraschend: »Der Täter gibt sich große Mühe. Das Töten ist nur der kleinste Teil seiner Arbeit. Der Tote könnte von überallher kommen. Hundert Kilometer sind viel zu klein gedacht. Dafür sind wir hier, Frau Bilgeri. Im Übrigen würde ich es vorziehen, auf Englisch zu kommunizieren, wenn Sie kein verständliches Deutsch sprechen können.«

Anna Bilgeri verschlug es glatt die Sprache. Dann schob sie ihre rote Brille höher auf die Nase. Brand konnte die Blitze zwischen den beiden Frauen förmlich zucken sehen. Er wusste, worauf dieses Kräftemessen hinauslaufen würde: Björk würde niemals klein beigeben. Er hoffte bloß, nicht gleich dazwischengehen zu müssen, wenn die beiden übereinander herfielen. Andererseits kam ihm das langsam wie eine willkommene Abwechslung vor.

Björk sprach gemäßigter weiter: »Wie ich Ihnen bereits gemailt habe, ist Ihr Toter nicht das erste Opfer. Also reden wir nun wie vernünftige Leute oder nicht?«

»Bitte«, gab sich Bilgeri zerknirscht.

Was folgte, war auch für Brand Neuland. Björk zeigte ihnen die Fotos der ersten Toten, die exakt zwei Tage vor dem Mann hier in Salzburg gefunden wurde. Auch bei ihr gab es keine Hinweise oder Kamerabilder, die verrieten, wer sie am Fundort aufgestellt hatte. Im Unterschied zum Schachkönig klebte dort nichts an der Leiche. Sie war bloß in gebrannten Ton gehüllt. Die Tote hatte die Arme flach an die Seite gelegt, und ihre Pose war gestreckt. Die Bilder ließen darauf schließen, dass es den Pathologen nicht schwergefallen war, sie aus dem Ton zu befreien. Die Außenseiten der Hülle waren völlig glatt, innen sah man die Aussparungen, in denen die Leiche Platz gefunden hatte. Die Tote war offensichtlich erst nach dem Brennen des Tons in die Verpackung gekommen, sonst hätte sie garantiert anders ausgesehen. Brand vermutete, dass die Hülle in mehreren Teilen gebrannt worden war, weil der Täter kaum über einen Ofen verfügt haben konnte, in dem ein ganzer Mensch Platz hätte.

Was für ein Aufwand, dachte er.

»Lissabon«, informierte Björk sie nun auch über den Fundort.

»Es gibt also eine sehr aufwendige Präsentation«, sagte Bilgeri in beinahe makellosem Deutsch und ging näher an Björks Laptop heran. Das Interesse der LKA-Leiterin war geweckt – wie auch jenes von Brand, dessen Kunstsinn von den Taten angesprochen wurde, auf ziemlich makabre Art. Und doch bestätigte sich der Eindruck, dass ihr Gegner sein Handwerk verstand.

Björks Laptop gab ein akustisches Signal von sich, das Brand bestimmt schon Dutzende Male gehört hatte. Es nervte. Björk drehte das Gerät weg, um allein aufs Display sehen zu können, und fuhr auf ihrem Trackpad herum. An ihrem Gesicht konnte man nichts ablesen, aber was sie gerade sah, schien wichtiger zu sein als Brand oder Oberstleutnant Bilgeri, die sich hinter ihren Schreibtisch begab, nach der Maus fasste und in ihren eigenen Computermonitor hineinstarrte.

Brand wartete kurz und räusperte sich dann lautstark, was aber zu nichts führte. *Machtspielchen*, dachte er, als er die beiden Frauen beobachtete. Eben noch unterhält man sich, und – *Bing!* – hat der Monitor alle Aufmerksamkeit. Seit seinem Wechsel nach

Den Haag war auch Christian Brand Besitzer eines Smartphones, zwangsläufig, doch die meiste Zeit über lag es gut verstaut in seiner Hosentasche, klingelte so gut wie nie, und Daten verbrauchte es auch kaum. Brand fand nach wie vor, dass das Offlineleben genug Spannendes zu bieten hatte, um den größtmöglichen Bogen um das World Wide Web machen zu können.

»Ich will Sie ja ungern von Ihren Computern weglocken, aber wie geht's jetzt weiter? … Also im *richtigen Leben?*«, drängte er deshalb.

Bilgeri drehte den Kopf zu ihm. Er rechnete mit der nächsten hochnäsigen Abfuhr, doch die LKA-Leiterin gab sich nun offener – und frustrierter. »Wir werden sehen. Ihr Fall ist bei Weitem nicht der einzige, und wir sind notorisch unterbesetzt. Nicht jeder hat ein Budget europäischen Ausmaßes und kann mit dem Privatjet herumdüsen, wie er will.«

Hörte er da Neid heraus? Dass sie viel zu tun hatten, hatte Mathias Lackner schon erwähnt.

Lackner und Björk … drängte sich kurz in Brands Bewusstsein.

»Wir werden die Obduktion abwarten müssen«, sagte Björk, klappte ihren Laptop zu – und schwieg.

»Irgendwas Neues?«, fragte Bilgeri.

»Nein, wieso?«

»Was ist mit dieser Tonfigur in Lissabon?«, bohrte die LKA-Leiterin nach. »Ich habe keine Infos zu der toten Frau. Wäre aber hilfreich.«

Björk antwortete nicht gleich, als müsste sie abwägen, was sie sagen sollte und was nicht. »In Lissabon sind wir schon etwas weiter, stehen aber vor der gleichen Situation: Frau um die dreißig, gesund, unbekannt. Keine Übereinstimmung bei den Fingerabdrücken oder in den DNA-Datenbanken, keine passenden Vermisstenmeldungen. Keine Identifikation.«

»Todesursache?«, fragte Bilgeri.

»Vermutlich Strangulation.«

»Fremd-DNA? Spuren? ... Oder ein weiterer Briefumschlag?«

Björk blies die Luft aus und schüttelte den Kopf. »Kein Briefumschlag, aber eine Art Signatur.«

»Und?«, drängte Brand.

»In die Tonhülle war *Albert* eingeritzt.«

Brand überlegte, kam aber auf die Schnelle weder auf einen Albert noch auf eine Botschaft, die sich hinter dem Namen verbergen könnte.

»Offensichtlich geht es also nicht um die Identität des Opfers. Aber bringt uns das irgendwie weiter?«, fragte Bilgeri.

»Bisher leider nicht.«

»Er spielt mit uns«, sagte Brand. Wer auch immer diese Statuen aufstellte, gab sich nicht nur riesige Mühe mit der Inszenierung, sondern auch damit, seinen Gegnern Rätsel aufzugeben.

Bilgeri klappte demonstrativ ihre Akte zu. »Ich beneide Sie nicht um die Sache. Sie halten mich informiert, verstanden? Und bauen Sie hier in Salzburg keinen Mist. Also, Wiederschauen!«

Draußen am Gang murmelte Björk einen schwedischen Fluch, der keiner Übersetzung bedurfte. Brand wollte etwas drauflegen, als Mathias Lackner mit einem »Ah, da seid ihr ja!« auf sie zukam und irgendwie wirkte, als hätte er sie abgepasst. »Und? Habt ihr schon Bekanntschaft mit unserer *Gsibergerin* gemacht?«, sagte er leiser und grinste.

Brand kannte die leicht spöttische Bezeichnung für Vorarlberger natürlich, und auch Björk schien nicht entgangen zu sein, dass die Silbe *gsi* überproportional häufig in dem Dialekt vorkam. Sie zog nun ebenfalls die Mundwinkel nach oben. Hatte Brand sie jemals so leicht zum Lächeln gebracht? Er glaubte, kaum.

»Und, später schon was vor?«, fragte Lackner Björk.

»Nein … nichts«, sagte sie wieder so anders, als Brand sie kannte.

»Na dann, Abendessen im *Esszimmer*?«

Brand brauchte einen Moment, um sich zu erinnern, dass es in Salzburg ein Nobellokal namens *Esszimmer* gab. Björk schien es schon zu kennen.

»Und danach noch ein bisschen zocken im Casino?«

»Warum nicht?«, antwortete sie.

Lackner strahlte. »Ich habe gerade eine Glückssträhne, weißt du?«

Brand wurde schlecht von Lackners Gesäusel.

»Und was ist mit dir, Christian?«, fragte Lackner. Neun von zehn Menschen hätten erkannt, dass es nur aus Höflichkeit geschah.

»Geht ihr nur. Ich schaue zu Hause vorbei. Ist ja schon länger her.«

»Wird dir sicher guttun. Schönen Gruß an die Schwester. Sie ist jetzt verheiratet, habe ich gehört?«

»Sie ist nicht dein Typ«, sagte Brand mit gespielter Lässigkeit und stahl sich davon.

10 BOLOGNA

Amélie Leclerc

Ich sitze hinten in dem großen Auto und schaue zum Seitenfenster raus. Neben mir ist die wunderschöne Frau, die mich eben am Bahnhofsvorplatz abgeholt hat.

Claire Weidemann.

Ihr Parfüm steigt mir wieder in die Nase. Bei dem Geruch höre ich eine Melodie. Für mich ist alles irgendwie Musik. Jeder Vogel, jedes Wasser, jeder Mensch, jeder Stein und jeder Geruch, jede Angst und jede Freude. In Musik verpackt verstehe ich die Welt. In Worte verpackt nur manchmal, wenn ich mir riesige Mühe gebe.

Frau Weidemann legt ihre Hand auf meinen Arm. »Wir sind gleich da«, sagt sie.

Doch der Verkehr draußen auf der Straße ist richtig dicht. Wir kommen höchstens im Schritttempo vorwärts. Links und rechts stehen Menschen vor Lokalen, viele von ihnen wieder mit Fußballtrikots.

»Mag jemand?«, fragt der Fahrer und reicht ein Sandwich nach hinten, das in einer Plastikhülle steckt.

»Nein«, sagen Frau Weidemann und ich gleichzeitig. Ich mag Frau Weidemann.

»Na dann«, sagt der alte Mann, öffnet die Verpackung und beißt rein.

Ich merke, dass ich ruhiger werde. Ich lehne mich in die weiche Ledersitzbank zurück und schließe für einen kleinen Moment die Augen …

»Schau, Amélie, da ist es!«

Ich schrecke hoch, schaue nach vorne – und staune. Dort, wo eben noch hupende Autos und unzählige Menschen waren, ist plötzlich eine unbeleuchtete, freie Straße. Wir fahren auf ein riesiges, hell erleuchtetes Schloss zu. Türme, Mauern mit Zinnen und Efeu und hohe, schmale Fenster. Keine Hängebrücke, die ich mir automatisch dazu vorstelle.

Castello heißt Schloss, begreife ich. »Das da?«, frage ich zur Sicherheit und zeige hin.

»Das da«, antwortet Frau Weidemann, und der Fahrer vorne lacht.

Wir rollen durch ein Eisentor, das sich erst knapp vor uns öffnet. Links und rechts bleibt kaum Platz für den dicken Wagen, aber der weißhaarige Fahrer – *Enzo*, erinnere ich mich an seinen Namen – steuert schnell hindurch, ohne dass wir irgendwo anstreifen.

Und es wird noch beeindruckender. Wir kommen auf einen großen Innenhof mit Springbrunnen in der Mitte. Rundum ist ein Weg aus hellem Kies angelegt, der unter den Reifen knirscht. In der Mitte liegt ein sehr gepflegter Rasen, der von kniehohen Leuchten angestrahlt wird. Menschen sehe ich keine, was bestimmt daran liegt, dass es schon viel zu spät ist. Dafür aber Statuen, manche davon nackt.

Ehe ich mit dem Beobachten fertig bin, stehen wir schon und steigen aus. Enzo hält uns die Tür auf, ich schlüpfe auf Frau Weidemanns Seite raus, dann geht er zum Kofferraum und holt mein Gepäck.

»Bei Tag ist alles noch viel schöner«, sagt Frau Weidemann, und ich glaube ihr sofort.

Das Wasser im Brunnen plätschert, und ich spüre die Wärme,

die in den dicken Mauern steckt. Alles hier wirkt freundlich. Aber ich will trotzdem bloß nach Hause.

Wir folgen Enzo in einen Arkadengang, an dessen Ende er uns die Tür aufhält. Ich mache einen Schritt rein. Frau Weidemann zieht mich weiter, bis ich ganz drinnen bin – und die Tür hinter uns zufällt.

Das Licht ist gedämpft, und es ist deutlich kühler als draußen. Es ist still und riecht modrig nach alten Mauern und Teppichen und anderen Sachen, zu denen ich mir lieber keine Musik vorstellen möchte. Überall hängen Bilder, große und kleine, alte und neue, alle völlig verschieden. Der Steinboden sieht aus wie ein riesiges Schachbrett.

Wir steigen über eine breite Treppe in den ersten Stock rauf, wo Frau Weidemann an die zweite Tür links klopft und sie aufzieht.

»Komm, Amélie, komm! Nur Mut!«

Sie macht Licht. Ich trete ein und sehe ein Mädchen, ungefähr in meinem Alter, das sich im Bett aufsetzt und die Augen reibt. Auch sie ist schön und so blond, wie ich es noch nie gesehen habe.

Frau Weidemann redet auf Englisch mit ihr, zu schnell für mich. Das Mädchen nickt und steht auf, um mich zu begrüßen.

»Das ist deine Zimmerkollegin, Amélie. Sie kommt aus Schweden und ist ein Mathematikgenie. Ihr Name ist Liv.«

ZWEITER TAG DER ERMITTLUNGEN

11 HALLSTATT

Christian Brand

Es hatte aufgehört zu regnen. Eine vorübergehende Besserung, sagte die Wetterprognose. Brand lag in seinem alten Kinderzimmer und wartete darauf, einschlafen zu können. Er starrte in das Schwarz des Raums. Er war überrascht von der Stille, die ihm in diesen vier Wänden noch nie so deutlich aufgefallen war. Warum hatte er niemals hinterfragt, wie es war, hier in Hallstatt zu sein? Wie es *wirklich* war, hinter all den Plattitüden und Tourismusklischees, die man irgendwann als gegeben hinnahm?

Hallstatt war Stille. Besonders bei Nacht.

In Brands späteren Wohnungen in Salzburg, in Wien und auch in Den Haag war er immer von Lärm umgeben. Lärm bedeutete Ablenkung, aber auch Inspiration und Lebendigkeit. Stille war Qual. Stille konnte lauter sein als jeder Schall.

Er räusperte sich, warf sich auf die eine Seite, dann auf die andere. Doch immer wieder nahm ihn dieses stumme Nichts gefangen.

Wie habe ich das nur ausgehalten?, fragte er sich. Als Kind hatte Brand darauf vertraut, dass nichts Schlechtes die dicken Wände durchdringen konnte. Das Brand'sche Haus stand hier schon seit mehr als hundert Jahren. Es war ebenso dicht an den Felsen gedrängt wie die meisten anderen und stellte ein beliebtes Fotomotiv für die Heerscharen von Tagestouristen dar, die für wenige Stunden über die kleine Marktgemeinde am Hallstätter See herfielen und pittoreske Glückseligkeit mit nach Hause trugen, die wieder neue Menschen hierherbrachte. Hallstatt war ein touristischer Dauerbrenner, ein sich selbst verstärkender Menschenmagnet, der seinen ursprünglichen Bewohnern nur zwei Optionen ließ: Entweder man arrangierte sich mit dem ständigen Wechsel zwischen Menschenflut und stiller Kulisse – oder man lief davon.

Brand war satt, angetrunken und hundemüde – und konnte doch nicht einschlafen. Seine Mutter und er hatten ihr Wiedersehen gefeiert, wie es sich gehörte: mit Essen. Brands schwangere Schwester Sylvia war hinzugekommen, und sogar die Nachbarn hatten den verlorenen Sohn in Beschlag genommen, bis sie alles Nötige voneinander wussten. Wobei *China Town* und *Den Haag* ein guter Gesprächskiller zu sein schien – man konnte die Fragezeichen in den Köpfen der anderen förmlich aufpoppen sehen. Die Nachricht von Brands Anwesenheit hatte sich schnell verbreitet. Als dann Lukas Oberprantacher auftauchte, der Brands Vater nach dessen Ableben als Postenkommandant nachgefolgt war – eine Stelle, auf die Christian Brand schon fast ein Geburtsrecht gehabt hatte –, war klar, wie der Abend enden würde: mit zu viel Alkohol, konsumiert im *Grünen Baum*, den einer von Brands anderen Jugendfreunden vor Kurzem von seinen Eltern übernommen hatte. So war es eben auch in Hallstatt: Die, die blieben, taten das, was ihre Eltern getan hatten, und verstanden nur selten diejenigen, die es für sich anders wollten.

Irgendwann war es dann zu spät geworden, der Alkohol zu viel und die Neuigkeiten im aktuellen Fall zu wenig, um noch nach Salzburg zurückzufahren. Also war er hiergeblieben.

Diese Stille …

Brand begriff, dass es keine gute Idee gewesen war, sich in seinem alten Zimmer einzuquartieren. Seine Mutter hielt es stur für ihn frei, als könnte er eines Tages unter ihr Dach zurückkehren.

Dabei war das ausgeschlossen. Er wusste, dass er angetrunken war und seinem Urteilsvermögen nur bedingt trauen konnte, umso mehr überraschte ihn die Klarheit seiner Gedanken. Nichts hier fühlte sich so an, als würde es zu ihm gehören. In diesem Haus hatte er die ersten Jahre seines Lebens verbracht. Diese waren so verlaufen wie bei den allermeisten: gesäumt von zahlreichen kleinen Triumphen und Katastrophen und ganz viel Dazwischen, das längst vergessen war, ohne dunkle Flecken oder Ereignisse, denen man später in Psychotherapien auf den Grund gehen musste. Es gab hier nichts aufzuarbeiten.

Nur Stille.

Er hatte hier auch niemals gemalt. Erst in der Ferne, in der Internatszeit in Salzburg, hatte er damit begonnen. Seine Kunst passte nicht hierher. Sie brauchte Lärm. Unruhe. Schönes wie Hässliches. Vergänglichkeit und Tod.

Als Brand merkte, dass er immer wacher wurde, statt endlich einschlafen zu können, zog er seine Sachen an und verließ das Elternhaus, so leise er konnte. Er wankte hinunter zum See, über die zahlreichen Stufen, für die er kein Licht brauchte, weil sie sich für immer in sein Gedächtnis gebrannt hatten – wie auch der Schleichweg zum Brand'schen Bootshaus. Nach dem Herztod seines Vaters war die Mutter kaum noch dort, ließ es aber intakt halten. Sie hatte Brand erzählt, welche Unsummen Immobilienfirmen dafür boten – wie auch für das Wohnhaus, bei dessen angeblichem Wert er nur noch den Kopf schütteln konnte. Für ihn war die Überhitzung der Immobilienmärkte ein weiteres Indiz dafür, dass die Welt den Verstand verloren hatte.

Er schaffte es ins Bootshaus hinein, ohne das Vorhängeschloss öffnen zu müssen. Den Trick hatte er nie verraten, nicht mal seiner Schwester.

Manchmal hatte er sich hier drin vor der Welt versteckt. Alles hier war ihm vertraut. Er roch das Wasser, die Algen, das verwitterte Holz. Er hörte das Gluckern. Schwach schimmerte der Mond zwischen Wolkenfetzen hindurch und spiegelte sich im See, der sich vor ihm ausbreitete.

Brand stieg ins Ruderboot, band es frei und stieß sich ab. Trotz des Alkohols in seinem Blut gelangte er aus dem Bootshaus, ohne irgendwo anzustoßen. Schnell hatte er ein paar Dutzend Meter zurückgelegt und ruderte immer weiter auf den See hinaus, bis er seine Heimatgemeinde zur Gänze sah, die nun, weit nach Mitternacht, endgültig schlief.

Brand legte die Ruder ins Bootsinnere und streckte sich aus. Der Mond war wieder hinter der Wolkendecke verschwunden. Er spürte das sanfte Schaukeln und hörte das Wasser, das gegen die Bootsseite stieß.

Der Schlaf begann nun, seine Hände nach ihm auszustrecken.

Endlich …

Da gab sein Handy einen Ton von sich. Eine Textnachricht. Aber um diese Uhrzeit? Allzu viele Absender kamen dafür nicht infrage. Seine Mutter vielleicht, die bemerkt hatte, dass er fort war. Lukas Oberprantacher, der ebenfalls nicht schlafen konnte.

Björk?

Spätestens beim Gedanken an sie beeilte er sich, das Gerät aus der Hosentasche zu bekommen und nachzusehen.

I am not some sort of freak.

Die Textnachricht kam von einem anonymen Teilnehmer.

Brand steckte das Gerät kopfschüttelnd wieder weg. Dauernd landete irgendwelcher Spam auf seinem Smartphone. Er hatte alle Messengerdienste bis auf den dienstlichen hinausgeworfen und die Mitteilungen, die Störgeräusche und Vibrationen auf ein Minimum reduziert. Dennoch schien es immer neue Wege zu geben, ihn zu belästigen.

Ein Königreich für mein altes Nokia, dachte er und streckte sich wieder aus.

I am not some sort of freak.

Irgendetwas an dem Spruch kam ihm seltsam vor. Aber was sollte er damit anfangen? Und was hätte ein Spammer davon gehabt? Außerdem sah er nicht wie typischer Spam aus.

Egal, dachte er, schloss die Augen und spürte, wie sich bleierne Müdigkeit in ihm breitmachte.

I am not some sort of freak.

»Vergiss es einfach«, sprach er sich selbst zu und gähnte herzhaft.

Eine Minute später spürte er einen Regentropfen und hörte schnell weitere, die um ihn herum ins Wasser fielen.

Auch das noch …

Wieso konnte er nicht einfach mal seine Ruhe haben?

I am not some sort of freak.

Der Satz bohrte sich wie ein Ohrwurm in sein Bewusstsein. Die Grübelei darüber nervte mindestens so sehr wie der Regen, der immer deutlicher einsetzte.

Schließlich gab Brand sich einen Ruck, kramte sein Smartphone wieder heraus und googelte nach dem Satz, der zu unzähligen Ergebnissen führte. In manchen davon wurde auch der Urheber des Satzes angeführt.

Magnus Carlsen.

Schachweltmeister Magnus Carlsen.

Magnus …

Schlagartig wurde es Brand viel kälter, als es der Temperatur nach angemessen gewesen wäre. *Magnus – wie auf dem Briefumschlag.* Und sofort fiel ihm eine weitere anonyme Botschaft ein, die er kürzlich auf seinem Handy erhalten hatte. Er hatte sie ebenfalls als Spam abgetan und nicht weiter beachtet. Er fürchtete schon, sie gelöscht zu haben, fand sie aber mit etwas Suchen.

In der Hoffnung, den Mond zu erreichen, vergisst der Mensch, auf die Blumen zu schauen, die zu seinen Füßen blühen.

Brand suchte im Netz auch nach diesem Zitat und kam auf Albert Schweitzer. *Albert* … der Name, der in die Tonhülle in Lissabon eingeritzt war, begriff er, und mehr noch: Die Morde und die Botschaften an ihn hingen zusammen …

Brand schnappte sich die Ruder und legte sich ins Zeug, um schnellstmöglich zum nächstbesten Steg zu gelangen. Dort band er das Boot achtlos fest, stieg auf die Straße hoch und lief los, das Handy bereits ans Ohr gehalten, um Björk zu informieren.

Der Taxifahrer, der ihn gegen 03:00 Uhr früh vor den Einfahrtsschranken zum Ortskern einsteigen ließ, schien erstaunt vom nächtlichen Auftrag, aber auch erfreut über das Geld, das die gut einstündige Fahrt nach Salzburg versprach.

Brand war egal, was es kostete oder was der Fahrer von ihm dachte. Er musste schnellstmöglich zu Björk, die nicht an ihr Handy ging. Inzwischen hatte er es schon zehnmal probiert. Bestimmt schlief sie tief und fest wie jeder normale Mensch zu dieser Uhrzeit. Nur er saß in einem Taxi, um vom absoluten Nirgendwo ins Irgendwo zu kommen, um dort irgendwem hinterherzujagen, der ihm anonyme Botschaften aufs Handy schickte.

Sein Gegner musste ihn kennen. Aber woher? Und welche Rolle gedachte er ihm zu?

Es geht wieder los, dachte Brand. Und die Sache fühlte sich genau so an wie die beiden Male zuvor. Brand war wie ein Spieler, der ein ums andere Mal auf ein neues Spielfeld gestellt wurde, dessen Funktionsweise er sich zuerst mühsam erarbeiten musste.

War es das, womit er seine Zeit verbringen wollte? Stets auf Achse sein und Tätern hinterherjagen, die einen ausgeprägten Hang zu morbiden Spielchen zu haben schienen?

Er brauchte keine Sekunde, um sich selbst die Frage zu beantworten. Der Hallstätter See lag kaum hinter ihm, da ahnte er bereits, dass er für lange Zeit nicht mehr hierher zurückkehren würde.

12 PARIS

Der Verkehr in der Metropole kam niemals ganz zur Ruhe, auch nicht in den frühen Morgenstunden. Und besonders nicht an den wichtigen Knotenpunkten, zu denen der Place de la Nation zweifellos gehörte. Zahlreiche Straßen führten darauf zu und mündeten in einen breiten Kreisverkehr, in dem sich oft ähnliche Szenen abspielten wie auf dem Place Charles de Gaulle, wo der Arc de Triomphe stand.

Der Place de la Nation war weniger spektakulär und deshalb auch weniger besucht. In erster Linie erfüllte er seine verkehrstechnische Funktion. Der unterirdische Bahnhof Gare de Nation war gut frequentiert und bis auf die Zugänge unsichtbar. Zahlreiche Bäume, Sträucher und Wiesen machten den Platz darüber zu einer grünen Insel, in deren Zentrum ein zwar beeindruckendes, für Touristen aber wenig bedeutendes Denkmal stand. Suchte man im Internet nach den Sehenswürdigkeiten von Paris, musste man sehr weit hinunterscrollen, um es zu finden – wenn es überhaupt angeführt war.

Wie in allen großen Städten gab es auch hier die Routinen, die mit dem frühen Morgen verbunden waren. Städtische Dienste nutzten die freien Straßen, leerten Abfalleimer und beseitigten die Spuren der Nacht. Lieferanten brachten verderbliche Waren zu den Hintereingängen der Bistros, die in wenigen Stunden öffneten. Die wenigen Bäckereien, die es noch gab, holten die ersten Brötchen aus dem Ofen. Straßen wurden gereinigt, Zeitungen ausgeliefert, Nachtschwärmer in die Betten getrieben und andere aus ihnen heraus, um den frühen Morgen für sportliche Aktivitäten zu nutzen.

Es regnete an diesem Morgen, wie es auch die Morgen zuvor und meistens auch den ganzen Tag über geregnet hatte. Es war, als wollte der Wettergott all die grandiosen Sommer der letzten Jahre vergessen machen. Doch das Leben ging weiter, *musste* weitergehen, und so begaben sich auch die Freiluftsportler wieder in ihre gewohnte Umgebung zurück, egal, ob sie dabei nass wurden oder nicht.

Einer dieser Morgensportler lief die Avenue Philippe Auguste hinunter, direkt auf den Place de la Nation zu. Er hatte seine Bluetoothhörer in den Ohren und das Smartphone in einer Tasche um den Oberarm. Seine Trainingskleidung war hochwertig und exakt den Wetterverhältnissen angepasst. Er trug eine Sportbrille mit Klarglas. Seine grauen Haare ließen auf einen Mann fortgeschrittenen Alters schließen, seine Bewegungen auf ein regelmäßiges Training. Man konnte ihn für einen Arzt halten oder einen Banker, vielleicht auch für einen höheren Beamten oder Anwalt.

Der Mann erreichte das Ende der Avenue Philippe Auguste. Am Abgang zur Haltestelle Paris Nation hielt er an, trabte im Stand weiter und sah auf die Smartwatch an seinem Handgelenk. Er zögerte kurz, sah sich um – und überquerte dann die Straße, um auf den Place de la Nation zu kommen, wo er einmal um den Platz herumlief und dabei Arme und Schultern locker kreiste und ausschüttelte.

Dann steuerte er die Mitte des Platzes an. Zunächst nahm er keine besondere Notiz von dem riesigen Denkmal Le Triomphe de la République, einer überdimensionalen Figurengruppe aus Bronzeguss. Mächtige Löwen zogen den Wagen, auf dem die Nationalfigur Marianne als Sinnbild der Republik stand. Weitere, um den Wagen platzierte Figuren von Frauen, Männern und Kindern repräsentierten die Freiheit, die Arbeit, die Gerechtigkeit, den Frieden und andere Werte der Republik.

Der Jogger schien die Figuren schon zu kennen und nutzte den Betonsockel des Monuments für seine Dehnübungen. Er zog die linke Ferse zum Gesäß, während er den rechten Unterschenkel an den Sockel lehnte. Er schloss die Augen, hielt die Position eine halbe Minute lang, drehte sich um und vollführte die gleiche Übung auf der anderen Seite – als er seinen Fuß plötzlich ausließ und drei Schritte zur Seite stolperte. Er fing sich wieder, sah zurück und fasste sich an den Mund, als hätte er etwas gesehen, das ihn zutiefst erschreckte. Dann, sehr zögerlich, näherte er sich der Figurengruppe wieder, genauer gesagt, einer Statue, die im Vergleich zu den anderen viel zu klein geraten wirkte, wie eine Sterbliche unter Göttern, dabei aber mindestens so streitlustig und voll Feuer wie die anderen. Aus der Ferne betrachtet fiel vor allem der Gegenstand auf, den sie in den Himmel streckte: ein Speer. Ihr Gesicht war verzerrt, als schrie sie sich selbst den Mut zu, den sie für die Schlacht brauchte. Man hätte sie für eine Kriegerin halten können oder eine Göttin der Rache, und tatsächlich hätte sie in der richtigen Größe gut in die Figurengruppe gepasst.

Den Morgensportler aber kümmerten weder Speer noch Gesicht noch Maßstab. Er hatte bereits das Handy am Ohr und sprach aufgeregt hinein, während er auf jenes Detail der Figur starrte, das überhaupt nicht dazupasste – das aus der Nähe gesehen grotesk wirkte, beinahe lächerlich, hätte es nicht so lebensecht ausgesehen.

Es waren die blonden Haare, die frei lagen und nass an der Metallfigur herabhingen. Beim genaueren Hinsehen erkannte man, dass Hinterkopf und Nacken zu einem echten Menschen gehörten.

13 SALZBURG

Christian Brand

Um 04:17 Uhr kam Brand in Salzburg an. Er wusste, in welchem Hotel Björk untergebracht war, weil auch er ein Zimmer dort hatte. Gehabt *hätte*. Es wäre die weitaus bessere Option als Hallstatt gewesen – aber was nützte es jetzt?

Er bezahlte die Taxifahrt mit seiner Europol-Kreditkarte, lief ins Hotel hinein und fand niemanden an der Rezeption, den er nach Björks Zimmernummer hätte fragen können. Also entschloss er sich, das Naheliegende zu versuchen, indem er hochfahren und an die Türen links und rechts neben seiner eigenen Zimmertür klopfen wollte, bis jemand öffnete. Er hatte Glück und erwischte auf Anhieb die richtige.

»Was ist?«, kam von drinnen. Brand erkannte Björks Stimme sofort.

»Einsatz«, sagte er und freute sich fast darüber, so früh in einem neuen Fall einen Wissensvorsprung zu besitzen. »Der Täter hat sich gemeldet.«

Björk stieß zunächst das englische Universalschimpfwort aus und legte einen ihrer schwedischen Flüche drauf. Dann hörte Brand noch etwas, was sich wie ein Dialog anhörte. Telefonierte sie etwa?

Oder hatte sie …?

Weiter konnte Brand nicht überlegen, weil sich die Tür einen Spalt weit öffnete und eine ziemlich zerzauste wie auch ziemlich nackte Inga Björk heraussah. Sie trug ein schlampig zugeknöpftes Hemd, das Brand ein paar Stunden zuvor noch an jemand anderem gesehen hatte.

Mathias Lackner.

Ihr Tattoo, das überall aus dem Hemd herauszukriechen schien, trat völlig in den Hintergrund. Brand spürte, wie ihm die Hitze ins Gesicht stieg. Er wollte nicht peinlich berührt sein und war es doch. »Bitte verzeihen Sie …«, stammelte er.

»Was gibt's?«, rief Lackner von hinten. Aus den weiteren Geräuschen schloss Brand, dass er sich gerade seine Hose anzog. »Christian, bist du das?«

Björk starrte ihn weiter nur an, bevor sie sagte: »Werden Sie nicht gleich rot, Brand … Reinkommen?«

»Nein, nein. Äh …« Er kam sich vor wie ein verklemmter Schuljunge. Dabei war er selbst kein Kind von Traurigkeit und hielt sich für ziemlich aufgeschlossen, was Sex betraf. Aber Björk und Lackner?

»Haben Sie getrunken, Brand?«, fragte Björk.

Er schloss eine Sekunde lang die Augen und schüttelte den Kopf. »Das ist es nicht.«

»Was ist es dann? Der Täter hat sich gemeldet?«

»Ja«, sagte er knapp. Der Gedanke an die Textnachrichten half ihm wieder zum eigentlichen Thema zurück – und zu der Überzeugung, dass sich Hotelflure nicht als dienstliche Besprechungsorte eigneten. »Ich warte in meinem Zimmer. Kommen Sie rüber, wenn Sie …« Er sah einen winzigen Augenblick an ihr herunter.

Björk nickte ausdruckslos und schloss wieder die Tür.

Ein paar Meter weiter benutzte Brand zum ersten Mal die Zimmerkarte, die ihm am späten Nachmittag von einem jungen Bediensteten des LKA Salzburg ausgehändigt worden war. Er hatte sie eingesteckt, obwohl er bereits den Plan mit Hallstatt gefasst hatte.

Er trat in das unberührte Zimmer ein und wusste nichts mit der Wartezeit anzufangen. Wieder war es stiller, als gut für ihn war. Er überlegte, die Minibar zu suchen – da klopfte Björk an seine Tür.

Sie trug, was sie immer trug: hell, lang, eng. Nur ihre Haare würden noch etwas Zuwendung brauchen. Lackner stand neben ihr – in jenem Hemd, das vor Minuten noch Björks Nachthemd gewesen war.

Einen Moment lang stellte Brand sich die beiden beim Vögeln vor. Lackners eine Hand in ihren Haaren, die andere an ihren Brüsten …

»Also?«, drängte Björk.

Brand zeigte ihr die Textnachricht, die er vor anderthalb Stunden empfangen hatte, draußen auf dem Hallstätter See, angetrunken und schwer mit sich selbst beschäftigt – Details, die er aussparte.

I am not some sort of freak.

»Warum soll das vom Täter kommen?«, fragte Lackner und grinste blöd.

Brand konnte sein Aftershave riechen. Und seinen Schweiß. Die Intensität, mit der er es mit Björk getrieben hatte, vielleicht sogar bis eben noch …

»Es ist eines der bekanntesten Zitate von Magnus Carlsen … wie Magnus auf dem Briefumschlag«, erklärte Björk. »Es könnte aber Zufall sein.«

»Kein Zufall«, sagte Brand und zeigte ihr auch das zweite Zitat. »Das habe ich vor zwei Tagen bekommen. Es stammt von Albert Schweitzer.«

Björks Augen wurden größer. Plötzlich wirkte sie hochkonzentriert und wischte auf Brands Handy herum. »Die Nachricht wurde anonym verschickt. Vielleicht lässt sich trotzdem etwas erfahren. Ich informiere die Spezialisten in Den Haag. Irgendeine Idee, warum ausgerechnet Sie diese Nachricht bekommen haben?«

Brand schüttelte den Kopf. Das Gleiche fragte er sich auch schon die ganze Zeit.

»Ich schlage also vor, wir fahren ins LKA und nutzen die Systeme dort, bis wir wissen, wie wir weiter vorgehen sollen«, sagte Björk.

Lackner schnaubte. Er wirkte wenig begeistert, sagte: »Muss das sein?«, und gähnte wie ein Löwe, der soeben den Sex seines Lebens gehabt hatte und es alle potenziellen Widersacher wissen lassen wollte. Er legte seine flache Hand auf Björks unteren Rücken und wollte etwas zu ihr sagen, als sie zurückwich und demonstrativ Haltung einnahm.

»Abfahrt in zehn Minuten?«

»Von mir aus in fünf«, antwortete Brand.

Eine Stunde später waren sie in einem Besprechungszimmer, das Lackner für sie aufgetrieben hatte. Brand trank seinen dritten Kaffee und verschlang ein Schokohörnchen, während Björk ihre üblichen Energydrinks hinunterstürzte. Ihre Augenringe verrieten, dass auch sie kaum geschlafen hatte.

Lackner hatte sich vor ein paar Minuten entschuldigt, weil er etwas Dringendes zu erledigen hätte – vielleicht musste er ja neben seiner Frau aufwachen oder den Kindern Frühstück machen, wie Brand mutmaßte. Er wusste, dass Lackner Familie hatte oder zumindest mal gehabt hatte. Aber auch ohne komplizierten Hintergrund war Lackners Desinteresse an ihrem Fall überdeutlich zutage getreten.

Brand hingegen tat es gut, sich nicht mehr mit den Gefühlen auseinandersetzen zu müssen, die Hallstatt in ihm geweckt hatte. Ausdrucke der beiden aufgetauchten Toten hingen an einem großen Whiteboard, darüber die Fundorte, dazwischen Schlagworte wie *Ton, Plastik* und *Gold,* darunter die Sprüche, die Brand aufs Handy bekommen hatte.

In der Hoffnung, den Mond zu erreichen, vergisst der Mensch, auf die Blumen zu schauen, die zu seinen Füßen blühen – Albert Schweitzer.

I am not some sort of freak – Magnus Carlsen.

Björk hatte aus Den Haag bereits Informationen zu den Textnachrichten erhalten. Leider konnten die Spezialisten nichts Neues beitragen. Wer auch immer die Nachrichten geschickt hatte, wusste anscheinend, wie man seine Anonymität dabei wahren konnte.

Brand überlegte laut: »Der tote Schachkönig und Magnus Carlsens Zitat – könnte es sein, dass es bei all dem um Schach geht? Schachspieler, Schachregeln, Schachbrett oder so?«

Björk murmelte etwas in ihren Laptop, das er nicht verstand.

»Was?«

»Was ist mit Lissabon? Und Albert Schweitzer? Was hat der mit Schach zu tun?«

»Keine Ahnung. Vielleicht soll die Figur einen Bauern darstellen?«, schlug Brand vor. Schließlich war die Tonhülle, in der die Tote gewesen war, ähnlich unspektakulär ausgeführt wie die entsprechenden Spielfiguren – und vielleicht war der berühmte Mediziner ja auch ein begnadeter Schachspieler? Er merkte selbst, dass diese Theorie kaum Sinn machte. »Oder er will uns seine Morde erklären«, sprach er die nächste Überlegung aus.

Björk verzog den Mund. »Ich glaube eher, dass er uns damit durcheinanderbringen will.« Sie klickte sich durch die Bilddatenbanken, die Brand schon mehrmals auf ihrem Rechner gesehen hatte. Die Tote aus Portugal war in einem Fenster links, rechts davon poppten immer neue Gesichter von Frauen auf.

Als Super Recogniserin hatte Björk einen fast übernatürlichen

Vorteil beim Abgleich von Menschenbildern. Dennoch gab es wohl deutlich zu viele Frauen, die der Leiche aus Lissabon ähnlich sahen, als dass Björk zufällig über den richtigen Menschen stolpern könnte. Ihre einzige Hoffnung waren die Vermisstenmeldungen, die ausgedruckt auf dem großen Arbeitstisch lagen. Doch selbst Brand erkannte, dass es keinerlei Ähnlichkeiten zur Toten aus Lissabon gab. Was hieß: Sie waren im Blindflug, wodurch die weiteren Hinweise bloß Verwirrung stifteten.

Um Punkt 06:00 Uhr platzte Oberstleutnant Anna Bilgeri herein und ließ sich auf den neuesten Stand bringen.

»Sie waren es, der die Nachrichten bekommen hat, Brand?«, staunte sie anschließend. »Weshalb denn ausgerechnet Sie?«

Brand lag eine launige Antwort auf der Zunge, doch er zuckte bloß mit den Schultern.

»Vermutlich weiß der Täter es nicht besser«, stichelte Bilgeri weiter und legte dann den Bericht der Obduktion der Salzburger Leiche auf den Tisch.

Brands robuster Magen erleichterte es ihm, sich die Fotos anzusehen. Wie Doktor Egger aus der Gerichtsmedizin angekündigt hatte, hatte sich der Harzverband nicht einfach so von der Leiche ablösen lassen. Nun lag der Tote frei, war durchleuchtet und weiter untersucht worden, und man kannte mittlerweile auch die Todesursache.

»Strangulation?«, riet Brand, der annahm, dass ein und derselbe Täter auch in ein und derselben Weise tötete.

Björk schüttelte den Kopf und tippte auf eine Stelle am Brustkorb der Leiche, die man bei all den oberflächlichen Verletzungen durchs Entfernen der Hülle leicht übersehen konnte.

Bilgeri, die inzwischen ihre knallige Brille geputzt hatte, nickte anerkennend. »Ein feines Auge. Der Mann wurde erstochen.«

Brand kam nicht dazu, über die unterschiedlichen Todesarten nachzudenken, weil Björks Handy im selben Moment klingelte –

in einem Ton und einer Lautstärke, die er so noch nicht gekannt hatte. Sie ging sofort ran und sprach auf Englisch, zu schnell, als dass man es locker hätte verstehen können. Brand hörte Passagen heraus, die sich um einen neuen Fund drehten. Björk verlangte, ein Foto zu sehen, und nahm das Handy vom Ohr, als es eintraf.

Gleich darauf zeigte sie es Brand.

»Wo ist das?«, fragte er.

»In Paris«, sagte Björk.

14 BOLOGNA

Amélie Leclerc

Ich warte in der ersten Reihe, bis ich dran bin. Obwohl ich erst seit wenigen Wochen hier bin, soll ich heute schon etwas vorspielen. Es ist nämlich Elterntag, und es sind ziemlich viele gekommen. Auch Mama und Marie sind hier. Leider dürfen wir nicht zusammensitzen, aber später wollen wir in die Stadt gehen, und Marie will unbedingt ein Eis.

Maestro Arturo hat mir ein Stück von Schumann ausgesucht, das ich ganz einfach herunterspielen kann. Monsieur Clement an meiner alten Schule sagte immer, so etwas sei viel zu langweilig für mich und dass ich schon viel, viel weiter sei. Aber mein neuer Lehrer meint, es sei gut, wenn ich zu Beginn etwas spiele, das alle Leute kennen. Außerdem hätten die meisten hier ohnehin keine Ahnung von Musik.

Maestro Arturo ist nur für mich am Institut. Ein ganzer Lehrer für eine einzige Schülerin! Mama konnte es gar nicht glauben, als ich es ihr am Telefon erzählt habe. Inzwischen finde ich den Maestro viel weniger schlimm als beim ersten Treffen. Vielleicht auch deshalb, weil er sich über den Sommer den Bart abrasiert hat und jetzt viel weniger Furcht einflößend aussieht. Aber ich habe immer noch Respekt vor ihm und mache immer, was er sagt.

Es ist okay hier in Bologna, obwohl ich so weit von zu Hause weg bin. Enzo und seine Frau Rosa kümmern sich um das ganze Drumherum im Castello. Enzo ist Fahrer und Hausmeister und so was alles, Rosa kocht und putzt. Beide sind schon ziemlich alt und lachen viel.

Dann sind da noch die Schüler. Liv aus Schweden natürlich, mit der ich mir das Zimmer teile, und einige andere. Alle Namen kenne ich noch nicht, obwohl es viel weniger sind als an meiner alten Schule. Dadurch haben die Lehrer viel mehr Zeit für uns, und das ist toll.

Das Publikum raunt. Gerade ist Reto auf der Bühne und spielt gegen vier Leute gleichzeitig Schach. Das nennt man Simultanschach, wie Frau Weidemann vorhin erklärt hat. Alles geht total schnell, und Reto überlegt kaum, bevor er eine Figur anfasst und auf einen neuen Platz stellt. Innerhalb weniger Minuten hat er den ersten Gegner besiegt, was man daran erkennt, dass dieser seinen König umwirft, aufsteht und die Bühne verlässt. Dabei ist der erste Besiegte der Beste von allen und italienischer Meister oder so, und er sieht wütend aus. Bald darauf ist der zweite dran und jetzt auch der dritte. Nur einer der Gegner scheint Reto schwerer zu fallen. Aber dann verliert auch dieser und kippt seinen König um. Als er aufsteht, lacht er und klatscht, als hätte er nicht gerade gegen einen total jungen Gegner verloren, und die Leute im Saal stimmen mit ein. Reto verneigt sich vor dem Publikum und verlässt die Bühne, auf der eilig für den nächsten Auftritt umgebaut wird.

Reto setzt sich neben mich. Er riecht ein bisschen nach Schweiß oder Angst oder alten Klamotten, vielleicht auch nach allem zusammen. Reto ist das, was man an meiner alten Schule einen *Intello* genannt hätte. Dort hätte er es so schwer wie ich gehabt, mit dem Unterschied, dass Intellos wenigstens in der Schule gut sind. Sie werden verprügelt, rennen mit zerbrochenen Brillen und blauen Flecken herum und werden nicht bloß ins Klo gesperrt, sondern auch in die Schüssel getaucht. Hier in Bologna ist Reto ganz normal, und das gefällt mir.

Frau Weidemann kündigt den Nächsten an. Sie sagt alles zuerst auf Englisch und dann noch in der Muttersprache des jeweiligen Schülers. Das mit den Sprachen ist hier ziemlich verrückt, weil alle irgendwo anders herkommen. Reto zum Beispiel ist aus der Schweiz, wo es ohnehin schon mehrere Sprachen gibt.

Florentin Heintz, der nun dran ist, passt perfekt dazu. Er kommt aus Deutschland. Angeblich spricht er neun Sprachen fließend und unterhält sich zum Beweis gleich mit Eltern aus England, aus Lettland, aus Portugal und Italien und so weiter. Er sagt auch was auf Französisch, und ich muss zugeben, dass es total gut klingt.

Dann betritt ein Mädchen namens Maarja Lubarska die Bühne. Ich habe noch nie mit ihr gesprochen, weiß aber von Liv, dass sie Medizinerin werden möchte und bald mit dem Studieren fertig ist. Ihre Vorführung ist ganz speziell. Sie liegt auf einer Matte zwischen zwei Sichtblenden aus Holz, sodass sie nur nach oben sehen kann. Zwei Lehrer werfen sich über Maarja hinweg menschliche Skelettknochen zu, die sie nur ganz kurz sehen kann. Trotzdem ruft sie sofort die lateinischen Namen. Die Lehrer nicken, und das Publikum klatscht.

Intello, denke ich und muss fast darüber lachen. Ich bin nicht gut mit Späßen. Nur hin und wieder, in Momenten wie jetzt, passt eines zum anderen, und dann glaube ich fast, die ganze Welt verstehen zu können – bevor sie mir im nächsten Moment schon wieder entgleitet.

Der nächste Schüler heißt Matteo Bianchi und kommt hier aus der Nähe. Sein Lehrer hat das Publikum aufgefordert, etwas zu bestimmen, das Matteo innerhalb einer Stunde malen sollte. Jemand sagte: »Die ganze Welt!«, und alle haben gelacht und applaudiert. Ich konnte mir überhaupt nicht vorstellen, wie das gehen sollte, weil so eine Leinwand ja schrecklich wenig Platz bietet. Doch Matteo fand offenbar einen Weg. Er malte einen

Menschen mit Affenkopf und Pferdeschweif und Fischhaut, umgeben von Wasser, Erde, Stein und Grünzeug, und das Wesen sieht aus, als könne es jederzeit aus der Leinwand springen. Matteo steht breitbeinig neben seinem Werk und starrt ins Publikum, scheinbar ohne jede Scheu und Zweifel. Es dauert eine Weile, bis sich was tut, aber dann klatschen alle begeistert, und eine Frau will das Bild unbedingt kaufen. Sie wedelt mit Geldscheinen, was zu neuem Gelächter führt.

Auf Matteo folgt meine Zimmerkollegin Liv, die schneller im Kopf rechnen kann als ein Mann aus dem Publikum mit seinem Taschenrechner. Ich glaube, ich mag Liv, obwohl sie meistens nicht freundlich wirkt. Direktorin Weidemann sagt, das sei oft so in den nordischen Ländern, aber wenn wir uns mal mögen, dann für immer.

Nach Liv kommt Serena Philips, mit der ich auch noch nie gesprochen habe. Sie ist mir bloß aufgefallen, weil ihre Augen besonders sind. Die stehen ziemlich weit auseinander, wodurch sie irgendwie fremd wirkt und doch wieder nicht. Serena ist Tänzerin. Sie lässt die schwierigsten Sachen total einfach aussehen. Ihre langen Arme und Beine sind beweglicher, als ich es je bei irgendwem gesehen habe, und ihr Gesicht strahlt, als würde sie nichts etwas angehen, nicht mal die Schwerkraft. Bei den höchsten Sprüngen hört man kaum, wie sie wieder auf der Bühne landet. Nur die Musik, die sie begleitet, passt überhaupt nicht. Ich weiß, wie sich Serenas Musik anhören müsste, und könnte sie jederzeit aufschreiben. Als Serena von der Bühne geht, klatsche ich, so laut ich kann.

Je mehr Schüler auftreten, umso weniger glaube ich, etwas Ähnliches bieten zu können. Vor allem wegen meines Programms. Schumanns *Kinderszenen*, Opus 15, Nummer eins. Das Stück war mir schon vor vier Jahren zu leicht. Ich wünschte, ich könnte es wenigstens anders spielen, weil zwischen den Noten noch genügend Platz für ein anderes Stück bleibt. Aber ich darf nicht.

»Amélie Leclerc!«

Ich schrecke auf, als ich meinen Namen höre. Die Leute klatschen, und ich gehe auf die Bühne. Ich setze mich ans Klavier, rücke meine Brille zurecht und ziehe kurz an meinen Haaren. Dann spiele ich das Stück runter. *Das ist was für Anfänger*, denke ich. Ich spiele es perfekt und weiß dabei, dass ich verloren bin. Direktorin Weidemann hätte mich nicht zum Auftritt zwingen dürfen. Maestro Arturo hätte mir was Besseres aussuchen müssen.

Als ich fertig bin, ist es im Saal total still.

Logisch.

Ich muss aufstehen und mich verneigen, obwohl ich viel lieber wegrennen würde. Ich schaue über die Leute hinweg an die Hinterwand.

Da klatschen ein paar. Bestimmt Mama und Marie. Vielleicht noch Maestro Arturo. Ich hoffe, dass er sich von nun an genauer überlegt, was er mich spielen lässt.

Dann plötzlich klatschen mehr als drei, schließlich alle, und dann stehen sie auch noch auf, und ich höre »Bravo!« raus, links und rechts und weiter hinten. Ich kann es nicht glauben. Ich sehe mich um, aber ich bin wirklich die Einzige auf der Bühne, und sie klatschen für mich und Schumanns Kinderkram!

Ich verneige mich, weil sich das so gehört. Aber als ich von der Bühne gehe, frage ich mich, was mit den normalen Leuten eigentlich los ist.

15 PARIS

Christian Brand

Der Flug in die französische Hauptstadt war deutlich unruhiger als jener tags zuvor nach Salzburg. Björk und Brand redeten nicht viel miteinander. Das, was sie wussten, war besprochen und führte zu keinen neuen Ergebnissen.

Trotz der Turbulenzen wurden Brands Augenlider bald schwer. Die Nacht ohne Schlaf forderte ihren Tribut, und er war froh, wenigstens für ein paar Minuten abschalten zu können. Richtig einschlafen konnte er nicht, weil zu viel durch sein Bewusstsein geisterte: Die kunstvoll inszenierten Toten. Der Briefumschlag. Die Textnachrichten. *Albert. Magnus.* Inga Björk und Mathias Lackner. Am eindrücklichsten aber war das Foto jener Leiche, zu der sie gerade unterwegs waren. Genauer gesagt, was sie in den Himmel streckte.

Brand erschrak, als der Pilot über die Lautsprecher ankündigte, dass die Landung ruppig werden würde und sie sich besser anschnallen und alles verstauen sollten. Auch Björk wirkte irritiert und war noch blasser als beim Start. Ihre Blicke trafen sich kurz. Als ein gewaltiger Ruck durch die Maschine ging, sah Brand die Angst in ihren Augen aufblitzen. Angst, die sie sonst niemals zeigte. Niemals – und niemandem …

Sie packte ihren Laptop weg, schloss die Augen und kaute an ihrem Kaugummi. Die Blende ihres Fensters war zu. Als würde ein Unwetter davon erträglicher, dass man es ignorierte.

Brand sah den Dingen lieber ins Auge. Dabei sah er draußen nichts als endloses Grau und schweren Regen, der über Zelle, Flügel und Leitwerke peitschte und durch die Turbinen hindurch, deren sonores Brummen in all dem Trubel noch die größte Ruhe ausstrahlte. Brand war ein Adrenalinjunkie und setzte sich ohne Bedenken in die wildesten Fahrgeschäfte jedes Vergnügungsparks hinein. Dennoch war er jetzt froh, als er die ersten Vororte der Stadt unter sich sah.

Wenige Minuten später setzten sie hart auf der Landebahn von Le Bourget auf, ziemlich quer und reichlich spät, was zu einem beeindruckenden Bremsmanöver führte. Noch während sie zum Terminal rollten, drückte der Sturm mehrmals mit Gewalt gegen die Kabine, als wollte er den Jet nochmals in die Lüfte heben, um es in einem neuen Versuch besser hinzukriegen. Doch sie waren unten, und Brand machte sich mehr Sorgen darum, halbwegs trocken aus dem Jet heraus- und irgendwo unter Dach zu kommen.

»Wir sind da«, sagte er zu Björk, als es ans Aussteigen ging, und freute sich über die kleine Retourkutsche für gestern.

Sie antwortete nicht, stand aber ebenfalls auf und hielt sich zur Sicherheit an den Sitzlehnen fest.

Nicht nur das Wetter in Le Bourget war wesentlich unfreundlicher als in Salzburg, auch der Empfang. Wie befürchtet, waren sie schon durchnässt, bevor sie im Terminal ankamen. Dort folgte eine Sicherheitskontrolle, die Brand so noch nicht kannte und ihm alles abverlangte, was er an Ausweisen und Genehmigungen bei sich hatte. Dass er kein Französisch sprach, machte die Sache nicht besser und gab ihm einen kleinen Vorgeschmack auf das, was folgen würde.

Als lokalen Kontaktbeamten bekamen sie einen mürrischen Kerl, der viel zu jung für den Frust war, den er schob. Er zeigte noch weniger Verständnis für Brands mangelndes Französisch als die

Leute am Flughafen, duldete keine Rückfragen und sagte niemals mehr als drei Wörter hintereinander, während er jeden Blickkontakt zu den Europol-Leuten mied und fuhr, als wäre der Teufel hinter ihm her. Brand glaubte nicht an Klischees, doch der Kerl hier schien sie alle mit Gewalt bestätigen zu wollen. Schließlich gab auch Björk jeden Gesprächsversuch auf und sah teilnahmslos in den Sturm hinaus.

Kurz nach dem Stade de France, das Brand aus Fernsehübertragungen kannte, gerieten sie in einen Stau, den der Fahrer mit Blaulicht und Martinshorn sowie mit haarsträubendem Vertrauen in die Reaktionsschnelligkeit seiner Landsleute durchpflügte.

Am Ende der Horrorfahrt lag ein großer Kreisverkehr, in dessen Mitte ein noch größeres Durcheinander herrschte, mit vielen Leuten, Einsatzwägen und einem provisorisch errichteten Zelt, das nicht so aussah, als würde es dem Sturm noch viel länger standhalten können. Brand wusste, was sie dort erwartete: die neue Statue. Die nicht angerührt werden durfte, bis sie sie gesehen hatten. Weswegen garantiert alle hier Björk und ihn dafür verantwortlich machten, stundenlang ausharren zu müssen.

»Alors!«, raunte der Kollege, nachdem er dicht am Zelt angehalten hatte. Demonstrativ sah er auf die Uhr. Das Zucken seiner Mundwinkel verriet, dass er mächtig stolz auf die Fahrzeit war.

Der Mann begleitete sie ins Zelt, das von vier Männern im Inneren an Ort und Stelle gehalten werden musste. Es war ein Konstrukt aus Kunststoffplanen und nutzte das riesige Denkmal zum Teil als Verankerung. In der Mitte aber, auf dem Sockel des Denkmals und angestrahlt von drei Scheinwerfern, stand die neue Figur.

Die Frau mit dem Speer.

Brand war völlig gebannt. Es mochte mit dem Licht zu tun haben, mit dem Unwetter und der damit verbundenen Reizflut und bestimmt auch mit seiner Übermüdung. Aber was er sah, was er hörte und fühlte, war aus der Perspektive eines Künstlers das Beeindruckendste, was er jemals erlebt hatte.

Die Statue in ihrem Metallkleid wirkte gespannt wie ein Bogen, den Speer fest mit der Hand umschlossen und kurz vorm Abschuss, dazu noch dieser Schrei im erstarrten Gesicht, von dem Brand ahnte, dass kein Künstler ihn jemals so formen konnte – dass nur das Leben selbst ihn hervorbrachte. Wenn es dem Tod begegnete.

Brand versuchte, sich die Kälte aus dem Leib zu schütteln, die ihn immer neu durchströmte. Die nassen, blonden, eindeutig menschlichen Haare machten den Anblick der Statue noch schwerer erträglich.

Auch den Speer sah sich Brand näher an. Es war ein Symbol, so viel war ihm schon auf dem Foto klar geworden. Aber wofür?

Björk schien sich anderen Details zu widmen. Sie hatte sich eine Taschenlampe ausgeborgt und beleuchtete jeden Quadratzentimeter der Oberfläche. Brand glaubte, dass sie nach Linien suchte, hinter denen sich der nächste Umschlag verbergen könnte. Sie schüttelte immer wieder den Kopf, wandte sich schließlich ab und sprach mit einem Beamten, der älter war als der von vorhin und so aussah, als hätte er die Verantwortung für die Ermittlungen. Doch er schien ihr nicht helfen zu können. Und es kam noch schlimmer: Plötzlich schimpfte er auf sie ein.

»Gibt es Probleme?«, fragte Brand und trat an Björks Seite.

»Keine Probleme«, antwortete sie, behielt den Alten aber im Blick. Dieser übergoss sie beide mit einem Schwall von Französisch, in dem Brand nicht mal Bahnhof verstanden hätte. Björk wartete, bis der Mann fertig war, und erwiderte dann etwas, das ihn zu besänftigen schien. Dann wandte sie sich ab.

»Was war das denn gerade?«, fragte Brand.

»Wir haben noch fünf Minuten.«

»Was hat er denn?«

»Einen Mord aufzuklären«, antwortete sie.

Brand verstand, was sie meinte. Keine Behörde dieser Welt ließ sich gerne auf den Schlips treten. Was allerdings schwer zu vermeiden war, wenn man über Ländergrenzen hinweg ermittelte.

»Zurück zu ihr«, sagte Björk, als sie wieder bei der Leiche waren. »Was denken Sie, Brand?« Normalerweise interessierte sie sich wenig dafür, was er dachte. Bestimmt tat sie es nur, um dem französischen Beamten zu zeigen, dass sie die Sache genauso ernst nahmen wie alle anderen hier.

»Es ist irgendwie … beeindruckend«, sagte er.

Björk sah ihn groß an. »Was meinen Sie?«

»Alles. Es ist wie für uns gemacht.«

»Für … uns?«

Eine Böe erfasste das Zelt und verlangte den Männern an den Planen alles ab. Brand musste brüllen, um sich verständlich zu machen: »Die Nachrichten an mich. Der Täter will nicht bloß, dass die Leute gefunden werden, er will, dass wir sie sehen. Das hier ist seine Show.«

»Und wir sind sein Publikum?«

Brand verzog den Mund. Was waren sie? Publikum oder Spieler? Und wie kam der Täter überhaupt auf sie? Seit Hallstatt grübelte Brand darüber nach und konnte sich aber an nichts erinnern, das auch nur irgendwie mit der Sache zu tun haben könnte.

»Hier!«, rief Björk plötzlich aufgeregt und winkte ihn nach unten, wo sie etwas an der Ferse der Toten entdeckt hatte. »*S-t-e …*«

»Was?«

»Hier steht der nächste Name. Helfen Sie mir mal!«, sagte sie, ergriff die Statue am linken Arm und wollte sie kippen.

Sofort protestierten die französischen Kollegen lautstark und kamen zu ihnen.

Björk ließ sich von dem Gezeter nicht abbringen. Sie sprach auf die Beamten ein und zeigte auf die Ferse, gestikulierte und wirkte wie eine Furie – wie eine sehr lebendige Version der Toten neben ihr.

Man einigte sich darauf, die Leiche so weit zu kippen, dass ein Handyfoto von der Sohle gemacht werden konnte. Zwei Feuerwehrleute führten die Anweisungen aus. Björk schoss das Bild und kam wieder hoch.

»Stephen«, sagte sie dann.

Brand sah sich das Bild an und hob die Augenbrauen. Tatsächlich hatte jemand den Namen *Stephen* auf die Sohle geschrieben, als hätte er damit sein Kunstwerk signiert.

Albert in Lissabon, *Magnus* in Salzburg, *Stephen* hier … und weiter? Brand sah auf sein Handy, hatte aber keine weitere Nachricht bekommen. Er ahnte, dass es nur eine Frage der Zeit sein würde. Aber würde eine Nachricht ihnen weiterhelfen?

Hinter ihnen wuchs plötzlich die Aufregung. Der ältere Kripobeamte telefonierte und musste dabei schreien. Björk drehte ihren Kopf zur Seite, als hätte sie etwas Wichtiges aufgeschnappt. Sie starrte den Beamten an und wirkte wie eine Jägerin. Sobald er sein Telefonat beendet hatte, war sie schon bei ihm. Es folgte der übliche Zank, bevor der Alte sie widerwillig zu informieren schien.

Björk nahm ihr Handy und winkte Brand zu sich.

»Was ist?«

Sie antwortete nicht, sondern suchte etwas im Internet und hielt den Bildschirm dann in Richtung der Toten – vergleichend, wie es schien. Sie machte zwei Schritte zur Seite und führte ihr Handy näher an sich heran. Brand konnte nicht sehen, was genau sie da machte, doch augenblicklich hellte sich ihr Blick auf.

»Was ist?«, wiederholte Brand.

Björk zeigte ihm das Foto einer jungen hübschen Frau, umringt von Anzugträgern, mit einem Champagnerglas in der Hand, sie lachte ausgelassen. Selbst Brand, der kein Super Recogniser war, erkannte sofort, dass die Frau auf dem Foto und die Tote sich ähnlich sahen – ganz ohne die blonden Haare in Betracht zu ziehen. Beide Gesichter waren grimassenhaft verzerrt, das eine vom Lachen, das andere vom Anblick des Todes. Trotzdem passten sie überraschend gut zusammen.

»Wo ist das her?«, fragte Brand.

»Facebook«, sagte Björk. »Jemand hat die Statue fotografiert und hochgeladen. Die Community hat sie entdeckt.«

»Wer ist es?«

»Wissen wir nicht. Aber sie war letzten Freitag auf einer Feier in dieser Bank hier«, sagte Björk und zeigte ihm die Facebookseite der Banque Parisienne.

»Sie glauben, es ist dieselbe Person?«

Björk schüttelte den Kopf. »Ich sehe es.«

16

BOLOGNA

Amélie Leclerc

Ich sitze in der Wiese im Innenhof des Schlosses, und die Sonne scheint auf meinen Rücken. Im Schatten vor mir liegen große Notenblätter, die ich von Maestro Arturo habe. Er sagt, es sei ein Rätsel, und ich solle zu ihm kommen, sobald ich es gelöst hätte.

Ich brauche weder Kopfhörer noch elektronische Geräte, um die Musik zu hören. Die Noten reichen. Aber ein Rätsel erkenne ich nicht.

Maestro Arturo versteht richtig, richtig viel von Musik und Komposition, mindestens zehnmal so viel wie Monsieur Clement zu Hause. Das meiste davon muss er mir nur ein einziges Mal zeigen, bis ich es kann. Ich bin ein Wunderkind, sagt er. Obwohl ich ja gar kein Kind mehr bin.

In letzter Zeit machen Maestro Arturo und ich hauptsächlich Musik, reden darüber, lesen Partituren oder kritzeln wild darin herum. Letzte Woche haben wir Mozarts Klavierkonzert in A-Dur in Teile zerlegt und modernisiert, und hinterher war es dann viel besser. Maestro Arturo meinte, ich solle das lieber genauso für mich behalten wie er seine Abneigung gegen den weltberühmten Komponisten, den er für überschätzt hält.

Heute lache ich über die Angst, die ich hatte, als er als *Monsieur Bellini* in meine alte Schule gekommen ist und ich für ihn spielen musste. Irgendwann hat er mal versucht, das Stück aufzuschreiben, das ich damals in der Schule erfunden habe. Die

Wutmusik, die ihn vertreiben sollte. Er hat sich erstaunlich gut daran erinnern können, auch wenn er ziemlich viele Fehler eingebaut hat.

Das Klavierstück, vor dem ich nun in der Sonne sitze, ist mies. Richtig mies. Die meisten Sachen sind geklaut und schlecht zusammengemixt. Ich erkenne Gestohlenes sofort, weil ich mir jede Musik merken kann, die ich einmal gehört habe. Ich werde traurig, wenn ich die Blätter hier sehe, weil ich merke, wie viel Mühe sich jemand gegeben hat, um am Ende doch nichts zustande zu bringen. Viele Stellen sind so oft ausradiert und überschrieben worden, dass das Papier kaputt ist.

Da merke ich, dass sich jemand an mich heranschleicht. Von hinten. Dann sehe ich seinen Schatten neben meinem auftauchen, aber ich weiß auch so, dass es Matteo ist. Er ist der Star hier, wobei er sich auch tausendmal mehr rausnimmt als die anderen. Manchmal zerstört er die Bilder, die er malt, einfach weil er Lust dazu hat. Meistens rennt er mit einer Lederjacke herum, egal, wie heiß es ist, und seine Locken wachsen ähnlich wild aus dem Kopf wie meine.

»Buh!«, macht er. Er freut sich immer, wenn er jemanden erschrecken kann. Aber meinen Ohren entgeht nichts.

»Psch!«, mache ich, ohne ihn anzusehen, und konzentriere mich weiter auf das Rätsel.

»Manchmal bist du ganz schön spooky, Brillenschlange!«, sagt er und lacht. Für einen italienischen Jungen kann er ziemlich gut Französisch. Natürlich nicht so gut wie Florentin Heintz, aber der ist ja auch ein Sprachengenie.

Ich blase die Luft aus und schaue zu ihm zurück. Um seinen Kopf herum ist ein Kranz aus Licht, weil die Sonne genau dahintersteht. Das erinnert mich an einen Engel, was so ziemlich das genaue Gegenteil von den Tatsachen ist. Es heißt, Matteo habe schon Verweise bekommen, weil er sich nicht an die Hausregeln hielt, und rauchen soll er auch. Gerade jetzt setzt er sich aber neben mich ins Gras und starrt auf die Blätter.

»Ich sehe da nur Ameisen. Nichts als Ameisen!«

Das kenne ich. Die meisten sehen bloß Ameisen oder Käfer, wo ich Musik hören kann.

»Wollen wir spazieren gehen?«

»Ich muss das Rätsel hier lösen.«

»Das ist doch ein einziges Rätsel!«

Einen Moment später habe ich eine Pusteblume vor der Nase. »Na los!«, sagt er.

Ich puste und sehe, wie die Fallschirme durch die Luft tanzen. Ich schaue Matteo an, forme ein Lächeln – und er lächelt zurück.

Ich mag Matteo. Er kann nicht nur Bilder malen, sondern auch praktische Sachen. In seiner Freizeit hilft er oft Enzo oder Rosa. Letzte Woche hat er ganz allein am großen Tor herumgeschweißt, weil es kaputt war.

Die meisten hier sind total ungeschickt, was Handwerksarbeiten angeht. Wir brauchen diese Dinge auch nicht zu können, sagt Professor O'Leary, bei dem wir Einzelstunden für Allgemeinbildung bekommen. Mit ihm kann ich über alles reden. Er gibt mir viele Ratschläge und lässt alles einfach wirken, besonders die Zukunft, vor der ich am meisten Angst habe. Ich kann mir einfach nichts darunter vorstellen. »Dein Weg wird sich fügen«, sagt er dann. Ich solle mich einfach auf das konzentrieren, worin ich *herausragend* bin. Genau wie die anderen auch. Wie Liv in Mathematik, Matteo mit seinen Kunstwerken oder Serena beim Tanzen.

Ich mag auch die anderen Schüler. Inzwischen bin ich hier sogar lieber als zu Hause. Ich habe es gemerkt, als ich nach den letzten Ferien zurückgekommen bin. Mama soll es nicht wissen, aber hier kann ich zum allerersten Mal so sein, wie ich bin.

Hier bin ich normal und werde in Ruhe gelassen. Nur mit Liv habe ich öfter Kontakt – logisch, wenn man im selben Zimmer wohnt. Manchmal zeigt sie mir eine komplizierte Rechnung, und ich singe ihr eine ebenso komplizierte Melodie vor. Aber es macht überhaupt keinen Sinn. Genau wie sie Schwedisch spricht und ich Französisch, spricht sie fortgeschrittene Mathematik und ich fortgeschrittene Musik – ohne Übersetzungsmöglichkeit. Musik und Mathematik hätten viele Gemeinsamkeiten, heißt es. Ich finde das völlig absurd.

»Amélie?«, fragt Matteo. »Bist du schon wieder am Träumen?«

Ich schüttle den Kopf. »Nein, ich bin wach.«

»Huhu? Erde an Amélie?«

Ich schaue ihn an. »Wie meinst du das?«

»Na, dass du schon wieder hinterm Mond lebst.«

Ich denke nach. »Aber ich lebe doch hier auf der Erde!«

Er lacht. Ich erkenne, dass ich gerade wieder auf eine Sache reingefallen bin, die man anders sagt als meint.

Die große Uhr am Eckturm schlägt vier. Ich will jetzt endlich dieses Rätsel lösen! Also schaue ich noch einmal auf die Notenblätter, denke an das Missverständnis eben – und kapiere es plötzlich.

Sofort raffe ich die großen Blätter zusammen und sause los.

Matteo ruft mir noch irgendwas hinterher, das ich nicht verstehe. Und schon bin ich unter den Arkaden und laufe auf das Musikzimmer zu.

»Ich hab's«, sage ich stolz, während ich die Tür aufreiße – und erschrecke, weil Maestro Arturo nicht allein ist.

Serena Philips steht eilig von der Sitzbank des Klaviers auf und wirkt ebenso erschrocken – obwohl die beiden öfter zusammen sind, hauptsächlich bei Proben für neue Aufführungen und so weiter. Logisch, denn Tanzen ohne Musik geht schwer.

Serena trägt einen langen, viel zu weiten Pulli und die dicken Wollsocken, in denen sie meistens herumläuft, wenn sie nicht tanzt. Sie weicht meinen Blicken aus und zupft an ihrem Pullover herum.

Mir fällt ein, dass Maestro Arturo mich schon mehrmals gebeten hat, vor dem Hereinkommen anzuklopfen, ohne dass es dafür einen logischen Grund gegeben hätte.

»Entschuldigung«, sage ich deshalb.

»Schon gut. *We are ready, Serena.* Komm herein, Amélie«, sagt der Maestro und nickt noch einmal zu Serena, die an mir vorbeiläuft, und selbst das sieht nach Tanzen aus.

Dann sind wir allein. Einen Moment lang sagt niemand was. Ich denke wieder an Serenas Vorstellung neulich zurück, bei der, außer der Musik, alles richtig war.

»Ich hab's mit dem Rätsel!«, sage ich mit neuer Energie.

Maestro Arturo zittert. Er schaut durchs Fenster raus auf die Dächer von Bologna, die in der Ferne liegen. »Nun?«, sagt er dann, und seine Stimme klingt kratzig. Schließlich dreht er den Kopf in meine Richtung, schaut aber an mir vorbei.

»Es ist ein Witz! Dieses ganze Stück ist ein Witz über all die Sachen, die ich immer missverstehe. Es ist von vorne bis hinten genauso schlecht wie ich darin, normale Menschen zu verstehen.«

Er starrt auf einen Punkt an der Wand. Ich schaue ebenfalls hin, sehe aber nichts.

Jetzt zittert er noch mehr.

Ich will, dass er sich freut, und setze mich schnell neben ihn ans Klavier, dorthin, wo vorhin Serena gesessen hat. Ihr Platz ist noch warm. »Wenn man es schön machen will, müsste es genau so klingen«, sage ich und spiele es einmal runter, an den geschriebenen Noten entlang, aber kreuz und quer daran vorbei. »Oder?«, frage ich, als ich fertig bin.

Er nickt langsam.

Ich bin schon richtig stolz auf mich, bis ich merke, dass es kein Nicken ist.

Maestro Arturo weint.

17 LA CELLE-SAINT-CLOUD

Christian Brand

Sie kamen in eine Gegend, die nach dem typischen Vorort einer Metropole aussah, ohne in Brands Kopf die Assoziation *Speckgürtel* auszulösen. Die Häuser waren alt und hatten teils noch terrestrische Antennen auf den Dächern, die Straßen waren halbwegs in Ordnung, die Autos bestenfalls Durchschnitt. Unzählige Hochdachkombis verrieten, dass hier viele Familien wohnen mussten, die die Nähe der Stadt mit den Vorzügen und der Freiheit des Ländlicheren verbanden. In Wien wären Grundstücke so nahe am Zentrum längst mit teuren Wohnanlagen zubetoniert worden – günstig konnte die Gegend hier aber auch nicht sein.

Brand saß auf dem Beifahrersitz des französischen Polizeiwagens, sah hinaus und empfand keine große Freude bei der Vorstellung, gleich wieder in den Regen zu müssen. Er war mittlerweile völlig durchnässt, und das Wetter blieb mies.

Der junge Kollege, der sie zum Place de la Nation gebracht hatte, saß erneut am Steuer. Er hieß Dupasquier und wirkte nun deutlich motivierter. In der Banque Parisienne, wo sie eben erst gewesen waren, hatte er maßgeblich dazu beigetragen, schnell auf die Spur der Frau von dem Facebookbild zu kommen.

Schon am Empfang der Banque Parisienne hatten sie Glück gehabt. Der Mann am Schalter hatte sie als Liv Persson erkannt, zum Hörer gegriffen und kurze Zeit später gesagt, dass sie nicht hier sei. Auf weiteres Nachfragen waren sie an einen englischsprechenden Herrn aus der Wertpapierabteilung weiterverwiesen worden, der nach einigem Bohren und Vorzeigen ihrer Dienstmarken berichtete, dass Liv Persson bereits den zweiten Tag nicht zur Arbeit erschienen sei, was aber niemanden beunruhigte. Persson sei Mathematikerin und habe der Bank vergangene Woche zu einem Riesenerfolg verholfen, weshalb man ihr ein paar Tage Auszeit nicht krummnahm.

Erst da hatte der Mann kapiert, dass es kein gutes Zeichen war, wenn Europol hier auftauchte und nach seiner Kollegin fragte. »Ihr ist doch nichts passiert?«, fragte er, und es klang, als hätte er es nur aus Höflichkeit getan.

»Wissen wir noch nicht. Hat sie Angehörige?«, antwortete Björk mit einer Gegenfrage.

»Darüber weiß ich nichts.«

»Gibt es hier in der Bank jemanden, der sie besser kennt?«

»Das glaube ich nicht. Sie war nicht sehr …«

»Beliebt?«, fragte Brand, der es herausgehört zu haben glaubte.

»Sie war meistens für sich allein«, antwortete der Mann.

»Wo wohnte sie denn?«

»Das … weiß ich leider auch nicht. Aber die Personalabteilung kann Ihnen da sicher weiterhelfen.«

So waren sie schließlich an die Adresse gekommen, an der Dupasquier den Wagen jetzt mit einem scharfen Bremsmanöver und stotterndem ABS zum Stillstand brachte.

Das Haus, auf das er zeigte, war unscheinbar und klein. Dachte man sich eine alleinstehende Bankmitarbeiterin hinein, war es bestimmt mehr als ausreichend. Aber es wollte nicht in Brands Vorstellung von der Frau mit dem Speer passen, von der sie nun wussten, dass sie aus Schweden stammte und vor dem Wechsel an die Banque Parisienne einige Jahre in London verbracht hatte – bis der Brexit den Finanzplatz niedergestreckt und Tausende Bankmitarbeiter aus London vertrieben hatte.

Und dann wohnt sie hier … ausgerechnet hier, dachte Brand, stülpte den Kragen seiner Jacke hoch und rannte gebückt zum Haus, unter dessen Eingangsdach er auf Björk wartete. Auch Dupasquier kam zu ihnen gerannt und sah zu, wie sie klingelten.

Es schrillte im Inneren, gefolgt vom immergleichen Regen, dem Gluckern und Tropfen und Rauschen, das der Sturm der üppigen Vegetation ringsum entlockte. Schon diese Geräuschkulisse reichte, um zu frieren.

Brand sah sich die Nachbarschaft an. Die Fensterläden waren bunt bemalt, hier rosa, dort himmelblau, noch weiter in zartem Violett, dazwischen weiß. Die meisten Erdgeschosse waren mit erdfarbenen Steinplatten verkleidet, die Gärten gepflegt und Zäune und Gartentore in Ordnung. Aber nirgendwo waren Menschen zu sehen. Nicht mal hinter den Fenstern, was Brand wunderte – schließlich traten sie hier nicht gerade dezent auf und schnüffelten herum …

Nichts gehört, nichts gesehen, konnte er sie schon reden hören. Die Anonymität der Großstadt war förmlich zu greifen, mochte die Straße hier noch so nach Land aussehen.

Dupasquier hämmerte mit der Faust gegen die Tür. Björk sagte etwas und schüttelte den Kopf. Dann griff sie zum Türknauf, drehte ihn – und drückte die Tür nach innen auf.

Sofort trat sie ein.

Dupasquier wollte ihr mit ausgestrecktem Arm hinterher, doch Brand hielt ihn zurück. *Hierbleiben*, gestikulierte er und bestand darauf, als der Franzose protestierte.

Björk rief nach ihm, und Brand ging hinein. »Wo sind Sie?«

»Hier … im Bad!«

Er fand den Raum und trat neben sie.

»Nichts anfassen!«

»Glauben Sie, ich will duschen? … Was haben Sie gefunden?«

»Sehen Sie«, sagte sie und zeigte auf den Boden, wo ein Handtuch lag, ebenso die Kleidung einer Frau. Rock, Strumpfhose, Bluse, BH, Slip.

Brand schauderte bei der Vorstellung, dass es das Letzte war, was Persson getragen hatte, bevor sie offensichtlich hier im Badezimmer überwältigt worden war. Er sah eingetrocknetes Blut am Rand der Badewanne und auf dem Boden. Wer auch immer Liv Persson getötet und am Place de la Nation ausgestellt hatte, hatte sich hier überhaupt keine Mühe gegeben, seine Spuren zu verwischen.

»Sie sollen das schnellstmöglich untersuchen«, sagte Brand und deutete auf die Blutspuren. Er hoffte, dass man Täter-DNA sicherstellen konnte. *Sie finden bestimmt was*, wurde er noch optimistischer. In Zeiten moderner Forensik war es beinahe ausgeschlossen, irgendwo zu sein, ohne DNA-Spuren zu hinterlassen. Speichel, Haare, Blut, sogar Hautschuppen konnten Ergebnisse liefern. Wenn man dann auch noch mit einem anderen Menschen kämpfte, worauf alles hier hindeutete, war das für die Spurensicherung wie ein Jackpot.

Wir haben ihn, dachte Brand also, konnte sich aber nicht richtig darüber freuen. Weil es zu einfach war. Viel zu einfach.

Björk murmelte etwas auf Schwedisch. Auch sie schien irritiert zu sein.

»Was?«, sagte Brand, während das Smartphone in seiner Hosentasche das Eintreffen einer Textnachricht signalisierte. Sofort holte er das Gerät heraus, las die Nachricht, überlegte – und hob langsam seinen Blick. Keine Sekunde später packte er Björk am Oberarm, riss sie mit sich in den Gang, auf den verdutzten Franzosen zu – und raus, raus, raus.

Dann knallte es.

18

BOLOGNA

Amélie Leclerc

»Hallo, Amélie. Komm rein!«

Ich betrete das Zimmer von Professor O'Leary, das sich im Dachboden des Schlosses befindet. Am Anfang habe ich es für eine Rumpelkammer gehalten, die der Professor vielleicht deshalb benutzt, weil er kein eigenes Büro hat. Aber dann hat er mir die ersten Sachen vorgeführt, und mir wurde klar, dass er das Zeug bewusst um sich haben will. »Ich kann mich nicht davon trennen«, hat er mit englischem Akzent gesagt.

Professor O'Leary sieht aus wie ein englischer Lord: elegante Frisur, blond, mit Seitenscheitel, toller Anzug und eigentlich viel zu blass für Italien. Dazu spricht er richtig gut Französisch. Außerdem kann er fließend Deutsch, Italienisch, Spanisch und sogar Chinesisch und Japanisch. Wobei ich das nicht überprüfen könnte. Abgesehen von etwas Italienisch und meinem Schulenglisch, in dem ich mich mit Liv unterhalte, verstehe ich nämlich gar nichts.

Ich gehe an einem Globus vorbei, auf dem die Kontinente noch ganz falsch eingezeichnet sind, so alt ist er. »Ein Meilenstein für seine Zeit«, hat Professor O'Leary ihn bei meinem ersten Besuch genannt und mir von Weltentdeckern und Geografen erzählt und davon, wie schwierig es ist, die Oberfläche eines dreidimensionalen Körpers wie der Erde auf die zwei Dimensionen einer Landkarte zu reduzieren. Einen Augenblick später redete er von alten, afrikanischen Bräuchen und der Wiege der Menschheit, bevor er mich durch ein Teleskop schauen ließ, mit dem er nachts Sterne guckt, von denen es Milliarden und Abermilliarden gibt. Jeder dieser Sterne ist eine Sonne und wird oft von Planeten umkreist.

Professor O'Leary weiß über alles Bescheid und erzählt es so, dass ich mich hinterher klüger fühle. Es ist unglaublich, wie viel ich mir bei ihm merken kann, obwohl es selten mit Musik zu tun hat.

»Hast du deine Hausaufgaben erledigt?«

»Ja«, sage ich und grinse. Weil er einen Witz gemacht hat. Ich kriege nie Hausaufgaben, sondern soll bloß über dieses und jenes nachdenken. Zum Beispiel, wie ich beweisen könnte, dass die Erde rund ist. Oder warum die meisten Menschen nie genug bekommen, egal, wie viel sie schon haben. Oder was ich tun würde, wenn ich eine Königin wäre und bestimmen könnte, was in Europa geschehen soll. Solche Dinge. Nur nachdenken zu müssen, ist viel schöner als schriftliche Aufgaben zu bekommen. Schließlich könnte ich immer behaupten, nachgedacht zu haben, auch wenn ich es nicht getan hätte. Trotzdem denke ich nach, sogar länger und genauer, als müsste ich richtige Hausaufgaben machen.

»Und?«, sagt er und sieht von seinem Buch auf. In diesem Raum sind mehr Bücher als in einer Bibliothek, und sie stehen nicht etwa ordentlich in einem Bücherregal, sondern sie stapeln sich überall, sodass man ständig darübersteigen oder drumherum gehen muss. Manchmal muss ich von all dem Staub und der trockenen Luft niesen. Und dann reden wir plötzlich über Medizin und Krankheiten, bevor wir von dort aufs nächste Thema kommen.

Ich weiß von Liv, dass sie die Stunden bei Professor O'Leary genauso schön findet wie ich, und bestimmt geht es den anderen Schülern gleich. Manche nennen ihn Indiana Jones, keine Ahnung, wieso. Jedenfalls ist er für mich der beste Lehrer auf der Welt.

»Also, zu welchem Ergebnis bist du gekommen? Welchem Zweck könnte die Kunst noch dienen, abgesehen davon, die Menschen zu erfreuen?«

»Vielleicht, um den Tod zu ... um länger zu leben als ...«, stammle ich.

»Den Tod zu *überdauern*, ganz recht«, sagt der Professor, als hätte ich selbst das Wort benutzt, und kommt sofort in Fahrt. »Ewiges Leben.«

»Wie Mozart«, fällt mir ein, und ich muss lachen.

»Wie Mozart, in der Tat. Seine Musik ...«

»Lebt!«

»Du sagst es, Amélie! Und wie sie lebt! ... Die Unsterblichkeit ist es, die jeden Künstler antreibt. Die Vergänglichkeit zu überwinden, die Ketten des irdischen Seins zu sprengen. Was mich zu meiner nächsten Frage führt, Amélie: Wodurch willst du unsterblich werden?«

»Ich?«, frage ich erschrocken zurück.

Er antwortet nicht.

Ich schweige, weil ich noch nie darüber nachgedacht habe. Und weil es eine Erwachsenenfrage ist.

»Wie mir dein Maestro berichtet, bist du ein außerordentliches musikalisches Talent. Du sprühst vor Musik.«

Ich finde die Vorstellung lustig, vor Musik zu sprühen. Es soll ein Kompliment sein, kapiere ich. »Kann sein.«

»*Kann sein?* Niemand landet versehentlich hier. Sieh dich um. Du bist von den größten Talenten deiner Generation umgeben. Menschen, die Europa eines Tages maßgeblich mitgestalten werden. Politik, Sport, Wirtschaft, Wissenschaft, Kunst. Vieles, was unser Leben ausmacht, wird schon bald durch euch beeinflusst werden. Was willst du verändern, Amélie? Was wird dein Beitrag sein? Und wie willst du unsterblich werden?«

19 BERLIN

Florentin Heintz, Politiker

»Fünf Minuten«, sagte der Fahrer und steuerte den Wagen zügig Richtung Messegelände, wo man Florentin Heintz bereits sehnsüchtig erwartete. Heute war der große Höhepunkt, der Abschluss seiner zweiwöchigen Tour durch Deutschland mit anschließender Wahl des Parteivorsitzenden.

Und es sah gut für ihn aus. Richtig gut. Die führenden Köpfe der Partei hatten sich allesamt mit breiten Schultern hinter ihn gestellt. Nicht nur zum Schutz, sondern weil auch sie etwas von dem Rückenwind abbekommen wollten, der der Partei seit Heintz' Antreten deutlich gestiegene Umfragewerte beschert hatte. Er war das Gesicht, die Stimme und Erneuerungskraft, die der Politik gefehlt hatten wie ein Bissen Brot. So und so ähnlich sahen es die Kommentatoren der deutschen Medien.

Alle mussten ihm zugestehen, dass er seine Partei in den Griff bekam wie selten jemand zuvor. Natürlich gab es auch Gegenwind. Die anderen Parteien wurden nicht müde, ihre Anhänger gegen ihn aufzuhetzen. Jeder seiner Schritte wurde mit Argusaugen beobachtet, jedes Husten zur Krankheit hochstilisiert, jeder Satz in seinem Mund verdreht. Leider ließen sich viele Menschen davon anstecken.

Andere bekamen es mit der Angst zu tun. Manche hielten ihn gar für eine Bedrohung und hatten Angst vor ihm. Kein Tag verging ohne neue Hassbotschaften, keine Woche ohne Morddrohung. Anfangs war Heintz darüber erschrocken, mittlerweile sah er es als Preis des Erfolgs. Dazu gehörten auch die Personenschützer, ohne die er nirgendwo mehr hingehen konnte.

Heintz legte seinen Kopf schief und sah zwischen den Vordersitzen hindurch nach vorne. Das Polizeimotorrad, das ihn eskortierte, blinkte rechts. Obwohl Heintz sich noch nicht gut in Berlin auskannte, merkte er, dass sie gleich da sein mussten. Dutzende Menschen, die nicht aufs Messegelände vorgelassen wurden, standen entlang der Straße. Sie hielten Schilder mit Slogans hoch, die er schon kannte. Sie gehörten genauso zu seinem Alltag wie der Hass im Netz – Witze mit seinem Namen, deftige Beschimpfungen, Fotomontagen und computergenerierte Videos, die ihm Dinge in den Mund legten, die er niemals gesagt hatte. Unterm Strich hatten ihm bisher weder die *Memes* noch *Deep Fakes* geschadet. Im Gegenteil. Alles, was ihn ins Gerede brachte und dort hielt, nützte seiner Popularität.

Polizisten, die an einer großen Absperrung standen, machten ihm den Weg frei. Einer von ihnen salutierte sogar. Als sie die Stelle passierten, warf jemand etwas auf ihr Fahrzeug. Heintz erschrak, bis er sah, dass es ein Strauß roter Rosen war.

Der Personenschützer rechts neben dem Fahrer machte eine ironische Bemerkung, die Heintz zum Grinsen brachte. Viel öfter noch als Hassnachrichten bekam er nämlich Liebesbekundungen, manche davon explizit. Die Klatschblätter hatten Florentin Heintz längst zu einem der begehrtesten Junggesellen Deutschlands gekürt. Und er genoss diesen Status – zumal er ohnehin keine Zeit für eine feste Partnerschaft hatte.

Der schwere Wagen rollte an den Eingang der Messehalle heran. Heintz steckte den Brief weg, den er wieder und wieder gelesen hatte, bis er ihn auswendig kannte. Nun würde er ihn so schnell vernichten, wie er konnte. Genau wie die vielen anderen zuvor, von denen er wusste, welchen Anteil sie daran hatten, dass er war, wer er war. Den Absender kannte er nicht. Aber ihm war klar, dass es in dieser Welt keine Leistung ohne eine Gegenleistung gab.

Heintz verjagte die Gedanken an seine einzige Schwachstelle, als er sah, dass man extra für ihn einen roten Teppich ausgerollt hatte. Rot entsprach weder der Parteifarbe, noch erschien es ihm angemessen. Er ärgerte sich.

Deutschland hatte wenig zu feiern und seine Partei noch weniger. Vor ihnen allen lag harte Arbeit. Man musste den Leuten die Angst nehmen, die sich in der Gesellschaft festgefressen hatte, statt Stereotypen und Klischees über *die da oben* zu befeuern. Noch mehr aber sorgte er sich um die Außenwirkung der Aktion. Er ahnte, was die Medien daraus machen würden. Auf dem Fahrrad hätte er kommen sollen, statt im Benz zum roten Teppich chauffiert zu werden.

Wie konnte man so etwas nicht verstehen? Wie konnte man bloß solche Fehler machen? Er wurde fast wütend darüber, bis er sich wieder in Erinnerung rief, dass genau diese Fehler ihn hierhergebracht hatten. Hätten die Parteileute es verstanden und würden sie nicht von einem Fettnäpfchen ins nächste springen, bräuchten sie ihn nicht.

Der Wagen hielt an. Der Berliner Parteivorsitzende kam persönlich zum Wagen gelaufen und hielt den Schirm über Heintz' Tür.

Auch das noch, dachte er, stieg aus und begrüßte den Gastgeber mit freundlichem Gesicht. Kameras blitzten, Scheinwerfer leuchteten ihn aus, als wäre er auf einem Filmset. Heintz lächelte, während sich der rote Teppich unter seinen Füßen nach glühenden Kohlen anfühlte.

Da kam ihm eine Idee: Was wäre, wenn er genau dieses Gefühl spontan in seiner Rede aufgreifen und die Partei damit auf eine neue Bescheidenheit einschwören würde? Er würde von den

Anweisungen im Brief abweichen. Aber wie wäre es, wenn er aus der Schwäche der Organisatoren eine Stärke für sich machte? Plötzlich stand Heintz' Lächeln ganz von selbst im Gesicht. Der rote Teppich war wie ein Offenbarungseid. Ein Geschenk, ein Elfmeter ohne Tormann und zudem eine Möglichkeit, sich von den Briefen zu emanzipieren. Seinen eigenen Weg zu gehen.

Nicht einmal die einzelnen Buhrufe, die von irgendwoher zu ihm durchdrangen, konnten ihm die Zuversicht nehmen. Er würde seine Gegner um den Parteivorsitz in diesen verdammten roten Teppich wickeln und nach Hause schicken.

Vor dem Eingang zur Messehalle sah Heintz Reporter mit Mikrofonen und Kamerateams. Er hörte ihre Fragen, ging aber nicht auf sie ein. Höflich nickend passierte er die Medien, die seine wichtigsten Verbündeten waren und gleichzeitig sein bedrohlichster Feind.

Taktische Spielchen gehörten längst zu seinem Repertoire. Er hatte sich bewusst eine halbe Stunde verspätet, sodass alle auf ihn warten mussten. Als aussichtsreichster Kandidat war er als Letzter dran, der Höhepunkt der Veranstaltung, wodurch die Spannung immer weiter stieg. Man konnte es damit kaum übertreiben.

Jetzt allerdings, wo er eingetroffen war, musste alles schnell gehen. Reden, wählen, siegen. Keine fünf Minuten nach seiner Ankunft stand er bereits auf der Bühne und sprach zu einem Publikum, das an seinen Lippen hing und jedes seiner Worte aufsaugte, als käme es direkt aus der Quelle der Erkenntnis.

Eine Stunde später wurde das Abstimmungsergebnis verkündet. Auf Heintz' erste Gegenkandidatin, eine farblose EU-Mandatarin mit halbwegs passabler Rhetorik, entfielen vier Prozent. Nummer zwei, ein ehemaliger General des Heeres, der vor allem die alte Garde der Partei überzeugen konnte, kam auf zehn Prozent.

Der Rest – satte sechsundachtzig Prozent – ging an Heintz, der sein Glück offiziell kaum fassen konnte. Inoffiziell, mit dem Blumenstrauß noch in der Hand und dem Applaus der Delegierten im Ohr, dachte er längst an seinen nächsten Schritt. Die Kanzlerkandidatur. Vielleicht schon in wenigen Jahren?

Gleich nach Bekanntgabe des Sieges präsentierte er sich den Medien in einer Pressekonferenz. Er wiederholte die besten Passagen aus seiner Rede, die er nur zum Teil dem Brief seines unbekannten Gönners entnommen hatte. Doch auch der rote Teppich, auf dem er hier und heute zum letzten Mal gelaufen sein wollte, *so wahr ihm Gott helfe*, kam wieder vor. Ab sofort wollte er die Zügel in die Hand nehmen und der Partei, darüber hinaus aber auch ganz Deutschland zu neuen Höhenflügen verhelfen. Er sprach von einer neuen Einigkeit und der Stimme der Vernunft, die er in die Politik zurückbringen wollte. Er skizzierte seine Vision einer Allparteienregierung, in der alle Stimmen gehört und alle Menschen ins Boot geholt werden sollten. Vorbei sein würde die Zeit, in der man Porzellan zerschlug und politische Gegner ruinierte, bloß weil man es konnte.

Er schloss die Pressekonferenz mit den Worten: »Die großen Krisen unserer Zeit lassen sich nur gemeinsam bewältigen. Niemand wird zurückgelassen, niemand bleibt stehen, niemand braucht mehr Angst vor der Zukunft zu haben. Zusammen gehen wir mutig voran. Das neue Deutschland wird ein glückliches, wohlhabendes und dabei klimaneutrales sein – und der ganzen Welt ein Vorbild sein.«

Zwar klatschte hier niemand, weil sich das auf PKs nicht gehörte, aber Heintz sah in den Gesichtern der Medienleute, dass sie ihm genauso an den Lippen hingen wie die Delegierten vorhin.

Auch die Frau, die vor ihm saß, in der ersten Reihe. Er hatte sie sofort bemerkt. Sie machte sich weder Notizen noch stellte sie Fragen, und doch zog sie seine Aufmerksamkeit auf sich. Er mochte selbstbewusste Frauen, die ihren eigenen Stil hatten. Und noch mehr mochte er es, wenn diese Frauen Interesse an ihm zeigten. Ihr Beinüberschlag war eine Spur zu lasziv und zu langsam, um nicht auf Sharon Stone in *Basic Instinct* anzuspielen. Er starrte nicht hin und merkte trotzdem sofort: *Die will was.*

Heute ist mein Glückstag, dachte er grinsend und verließ den Presseraum, wissend, dass …

»Entschuldigen Sie?«, hörte er sie auch schon.

»Die Pressekonferenz ist vorbei«, blaffte der Berliner Parteivorsitzende, der sich zwischen sie stellte und sich dabei aufspielte wie ein weiterer Personenschützer.

»Ist schon in Ordnung«, sagte Heintz und wandte sich der Frau zu. Sein Eindruck hatte ihn nicht getäuscht: Die wollte was. *Ihn.*

Er zwinkerte seinem Parteikollegen und den Personenschützern zu – ein Signal, das die Männer nur allzu gut verstanden und das dafür sorgte, dass sie ihm den Rücken freihielten, während er sie in eine stillere Ecke führte. »Wie kann ich Ihnen helfen, Frau …?«

Sie holte langsam Luft und schlug die Wimpern auf. Ihr Lippenstift versprach pures Vergnügen, ebenso wie ihr Duft, der ihn betörte.

20 LA CELLE-SAINT-CLOUD

Christian Brand

Wenige Minuten, nachdem es in Liv Perssons Wohnhaus eine Detonation gegeben hatte, war im Vorort hier die Hölle los. Feuerwehr, Rettung und Polizei hatten sich im Übermaß eingefunden, genau wie die Medien und Schaulustigen auf der Straße, in den Vorgärten und an den Fenstern. Plötzlich waren überall Menschen.

Auch die Kripo schien sich vollzählig eingefunden zu haben. Der ältere Ermittler, der schon am Place de la Nation so unfreundlich zu ihnen gewesen war, nahm Björk und seinen Mitarbeiter Dupasquier gleichzeitig in die Mangel. Brand konnte sich vorstellen, worum es ging. Um eigenmächtige Ermittlungen, um Kompetenzüberschreitungen und um Allgemeingefährdung bestimmt auch. Je länger Brand ihm zuhörte, desto glücklicher war er damit, niemals Französisch gelernt zu haben.

Dabei wäre es viel sinnvoller gewesen, die Energie in die Befragung der Leute zu stecken, die sich geradezu als Zeugen anboten. Irgendwer musste irgendwas beobachtet haben, und das brennende Haus in der Nachbarschaft konnte genau die richtige Motivation sein, damit herauszurücken. Oder würde man sich auch hier hinter dem Wunsch verstecken, bloß nicht involviert zu werden, wie es weltweit in Mode kam? Umso mehr, als man Bomben stets mit Terror in Verbindung brachte?

Brand dachte an die Explosion zurück. Nur wenige Sekunden, nachdem sie aus dem Haus gewesen waren und sich hinter eine halbhohe Mauer geduckt hatten, war die Hölle losgebrochen. Fenster zerbarsten, Scherben schossen wie Gewehrkugeln in alle Himmelsrichtungen, Hitze schob sich mit Urgewalt aus dem Haus – die Hitze eines Feuers, das Brand staunen ließ. Beim Hinsehen musste er sich die Hand schützend vors Gesicht halten. Sofort war ihm klar gewesen, dass die Feuerwehr hier gar nichts mehr ausrichten konnte, und noch weniger die Forensiker. Jede Spur von DNA war verloren.

Er spielt mit uns, dachte Brand wieder und wieder. Ihr Gegner schien jeden ihrer Schritte vorauszusehen. Und er kannte Björk und ihn. Umstände, die die Ermittlungen deutlich komplizierter machten.

Der Franzose beendete seinen Vortrag und trug Dupasquier irgendetwas auf, was dieser knapp bestätigte, bevor er sich entfernte. Auch der Alte wandte sich ab – grußlos und doch überdeutlich in seiner Körpersprache: Sie sollten sich verziehen.

»Alles okay?«, fragte Brand. »Sorry dafür«, sagte er und deutete auf Björks rechten Oberarm, an den sie immer wieder fasste. Er hatte ihn gepackt, um sie schnellstmöglich aus dem Gebäude zu bringen.

»Jaja.«

»Was hat der Alte gesagt?«

»Nicht so wichtig. Zeigen Sie mir endlich die Textnachricht.«

Brand seufzte. Zählte es denn gar nicht, dass er ihr das Leben gerettet hatte … schon wieder? »Warten Sie«, sagte er, wollte sein Smartphone aus der rechten Hosentasche ziehen – und merkte, dass er es nicht mehr hatte. Er musste es losgelassen haben, als er nach Björks Arm gegriffen hatte. Wie so oft in brenzligen Situationen hatte er auch dieses Mal instinktiv gehandelt, mit dem schlechteren Ende für sein schickes Europol-Handy. Er sah zum brennenden Inferno hinüber.

»Nicht im Ernst«, sagte Björk, die es ebenfalls kapiert haben musste.

»Doch.«

Sie richtete sich gerade, zog die Ärmel ihres Rollkragenshirts über das Tattoo und streckte ihre Nase kurz in den Himmel, aus dem es wieder regnete. Brand tat es ihr nach.

»Wir sollten nach oben schauen«, sagte er.

»Was?«

»Die Textnachricht. *Look up at the stars and not down at your feet.* Wir sollten nach oben schauen. Er hat gewusst, dass wir hier sind. Haben Sie die Kamera gesehen?«

»Welche Kamera?«

»Die neben dem Sprengsatz. Im Bad, in der Ecke oben rechts.«

Björk hob die Augenbrauen. »Mit dem Kamerabild wusste er, dass wir hier sind.«

»Ja. Aber warum ausgerechnet wir?«

»Das frage ich Sie. Sie bekommen ja die Nachrichten. Warum?«

Brand schüttelte den Kopf. Egal, wie sehr er darüber nachdachte, er kam auf nichts und niemanden, der sich ihn ausgesucht haben könnte – ihn oder sie beide –, um auf irgendeine Weise Teil dieses Falls zu werden.

»Er spielt mit uns«, dachte er nun laut. »Er sieht alles voraus. Er legt fest, wann wir die Toten finden, und dann lässt er uns tanzen.«

»Uns?«, provozierte Björk ihn weiter. »Bisher lässt er vor allem Sie tanzen, Brand. Also, warum?«

Er runzelte die Stirn. Grübelte. Versuchte sich in den Kopf des Täters hineinzuversetzen. Wenn dieser sie nicht irgendwie überwachte, konnte er nur dann mit ihnen spielen, wenn sie sich vorhersehbar verhielten …

»Wir müssen ihn überraschen«, schlug Brand vor. »Wir sollten uns irrational verhalten.«

Björk sah ihn fragend an. »Und was wäre irrational? Nach Hause fahren und Urlaub machen?«

»Ich sage nur, wir sollten nicht genau das tun, was er von uns erwartet.«

»Sondern?«

Brand merkte selbst, dass es sinnlos war. Wollten sie ermitteln, mussten sie zwangsläufig bestimmte Dinge erledigen. Fundorte untersuchen, Identitäten feststellen, Verbindungen zwischen den Opfern suchen, Verdächtige finden und überführen. Was sie hier in Paris jetzt allerdings vergessen konnten. Jede Wette, dass der Alte sich bei nächster Gelegenheit in der Europol-Direktion über sie beschweren würde. Was weder sie noch die Police judiciaire einen Schritt weiterbrachte. Doch was nützte es? Hier in Paris konnten sie wohl nur noch eines tun: verschwinden.

Sie konnten den Fall auch abgeben. Aber das kam für Brand nicht infrage, und für Björk bestimmt auch nicht. Spätestens mit dem Bombenanschlag war die Sache persönlich geworden.

»Liv Persson kam aus der Nähe von Göteborg«, sagte Björk plötzlich.

»Und jetzt wollen Sie dorthin?«, fragte Brand, der es mehr im Scherz meinte.

Weil sie ernst blieb, dachte er darüber nach. Wie es schien, war Liv Persson eine karriereorientierte Einzelgängerin gewesen, über die sie hier oder in London, wo sie vorher gearbeitet hatte, nicht viel herausfinden würden. Gleichzeitig war sie die einzige Identifizierte unter den Toten. Das eine Puzzlestück, das der Täter sie hatte finden lassen. In Schweden auf Spurensuche zu gehen, war unkonventionell. Aber war es auch unkonventionell genug?

»Einen Versuch ist es wert«, sagte Brand, so überzeugt er konnte.

Björk nickte und rief ein Taxi.

Keine Stunde später ließen sie Frankreich hinter sich.

21

BOLOGNA

Amélie Leclerc

Ich stehe am Fenster meines Zimmers und schaue in den Hof hinunter. Wie meistens, wenn Vollmond ist, kann ich nur schwer einschlafen. Liv gibt bereits ruhige, manchmal rasselnde Atemgeräusche von sich.

Ich bin oft hier an diesem Platz, schaue und warte stundenlang, bis ich müde werde. Liv hat einmal gesagt, ich sei wie eine Eule, die über das Castello wacht. Das gefällt mir, obwohl es nicht stimmt. Eulen sehen alles, weil sie Augen haben, die selbst aus dem schwächsten Licht ein gestochen scharfes Bild machen. Ich mit meiner dicken Brille tue mich schon tagsüber schwer damit.

Was ich aber sehen kann, ist, dass bei Enzo und Rosa noch Licht brennt. Ob sie auch nicht schlafen können? Bestimmt würde Rosa mir eine Tasse Kakao machen, wenn ich jetzt käme. Sie kümmert sich um alles und jeden, und ich habe sie noch nie böse erlebt.

Grillen zirpen irgendwo, und ich weiß, dass hier jede Menge Fledermäuse unterwegs sind, um in der Dunkelheit nach Insekten zu jagen. Hin und wieder verdunkeln sie für einen klitzekleinen Moment ein Licht oder huschen an einer angeleuchteten Wand vorbei, doch meistens bleiben sie unsichtbar. Eine Nacht hat Abertausende Geheimnisse, und allein darüber nachzudenken, erzeugt Töne, Geräusche und Melodien in meinem Kopf.

Ich bin froh, endlich wieder hier zu sein. Früher waren die Sommerferien das Einzige, worauf ich mich in der Schule gefreut habe. Weil ich dann für mich sein konnte oder wenigstens weit genug von allem entfernt, irgendwo am Strand, zusammen mit Mama und Marie, bei denen mir nichts passieren konnte. Niemals hätte ich gedacht, dass dieses Gefühl auch noch woanders entstehen könnte.

Enzo hat mich vorgestern mit dem großen Wagen vom Bahnhof abgeholt. Rosa hat extra für mich meinen Lieblingsnachtisch gemacht: Crème Caramel. Es freut sie, dass ich immer gut esse, genau wie sie selbst. Zu Hause meinte meine kleine Schwester, ich müsse aufpassen, dass ich nicht bald so viel wiege wie ein Elefant, und als ich mir das vorstellte, musste ich so sehr darüber lachen, dass mir Kakao aus der Nase lief.

Ich bin als Erste aus den Sommerferien zurückgekommen, weil in Frankreich Bahnstreiks angekündigt waren. Gestern sind dann auch die anderen eingetrudelt – Matteo, Liv, Florentin, Reto, Serena und zuletzt auch Maarja, die die längste Anreise von uns allen hat.

Etwas ist jetzt anders als vor den Ferien: Matteo und Serena sind ein Paar. Sie halten Händchen und knutschen rum, sodass Direktorin Weidemann sie gestern beim Abendessen ermahnen und auseinandersetzen musste. Vielleicht haben sie sich im Sommer getroffen und ineinander verliebt. Sie sind das erste Paar in meinem Alter, das ich mitbekomme. Bloß mit ihnen tauschen will ich nicht. Ich finde Jungs blöd und kann mir schwer vorstellen, wie sich das irgendwann ändern soll.

Liv hat aus Schweden Bücher über das Weltall mitgebracht, in die ich reingucken darf. Heute stand ein neues Foto auf ihrem Schreibtisch, das sie mit ein paar Männern vor riesigen Antennenschüsseln zeigt. »Das sind Radioteleskope«, hat sie mir erklärt, und dass die Dinger bei ihr zu Hause um die Ecke stehen und mit vielen weiteren Teleskopen auf der Erde verbunden sind. »Damit kann man die Sonne beobachten und Quasare und Supernovae«, hat sie gesagt und kam dabei so in Schwung, dass ich nach zwei Sätzen mit ihrem Astronomie-Englisch bloß noch genickt habe.

Zum Glück habe ich meine eigene Welt, über die ich mindestens genauso viel weiß wie Liv über das Universum. Ich bin gespannt, was Maestro Arturo von meinen Kompositionen hält, die ich aus den Ferien mitgebracht habe. Es ist ein ganzer Stapel geworden. Eine davon ist besonders. Was die Person wohl sagen wird, für die ich sie geschrieben habe? Das heißt, wenn ich mich überhaupt traue, sie ihr vorzuspielen.

Ich höre, wie irgendwo eine Tür aufgeht und mit leisem Knarzen wieder geschlossen wird. Ich halte die Luft an. Um diese Uhrzeit passiert sonst nie etwas. Ich überlege, woher das Geräusch gekommen sein könnte, und schaue in den Mauervorsprung, hinter dem das Einfahrtstor liegt. Aber dort sehe ich nichts. Als ich Schritte im Kies höre, begreife ich, dass niemand von außerhalb kommt, sondern alles im Innenhof passiert. Das Geräusch vorhin muss von der Eingangstür zu einem der Trakte gekommen sein.

Der Gedanke, jemanden auszuspionieren, ist abstoßend und reizvoll zugleich. Ich drehe meinen Kopf kurz zu Liv zurück, und als ich immer noch ihren rasselnden Atem höre, lege ich eine Hand an den Griff des Fensters und ziehe es ganz auf. Dann lehne ich mich so weit hinaus, bis ich alles im Blick habe, den Hof, die Statuen, den gekiesten Fahrweg, die Wiese, den Springbrunnen, der in der Nacht ausgeschaltet ist.

Ich höre keine Schritte mehr im Kies. Dafür sehe ich einen Schatten, der im Halbdunkel über den Rasen geht, zu einem anderen Schatten hin, der dicht an einer Statue steht. Obwohl ich meine Augen abwechselnd groß mache und dann zusammenzwänge, kann ich die beiden nicht erkennen.

Schließlich umarmen sie sich, sie werden zu einem einzigen Schatten, und bestimmt küssen sie sich auch. Ich muss automatisch an Serena und Matteo denken. Ich komme auf die Idee, sie zu erschrecken, indem ich etwas nach unten werfe, mitten auf den Kies. Vielleicht den leeren Blumentopf, der neben mir am Boden steht und auf eine neue Pflanze wartet, weil ich die alte über den Sommer vergessen habe? Ich tue es natürlich nicht, bin aber neugierig, was als Nächstes passiert.

Als die zwei sich lange genug umarmt haben, werden sie wieder zu zwei getrennten Schatten und reden miteinander. Ich würde sie zu gerne verstehen, aber hier oben kommen nur zischende Laute an, und die Grillen zirpen darüber. Ich könnte nicht mal sagen, in welcher Sprache sie sprechen. Ich bräuchte jetzt ein Abhörgerät oder einen Hörapparat wie früher, ähnlich den Aufsätzen auf den allerersten Plattenspielern – so wie auf dem, den Professor O'Leary in seinem Rumpelklassenzimmer hat. »Das ist ein Grammofon«, höre ich ihn in Gedanken.

Die beiden reden lauter. Es folgt ein deutliches »Psch!«, als wollte jemand eine Katze verscheuchen – und da merke ich, dass es sogar drei Schatten sind. Einer zieht an der Hand eines anderen und der dritte geht dazwischen. Mehrmals fauchen sie sich an und werden immer lauter, bis ich sie fast schon verstehen kann – als die Tür der Hausmeisterwohnung aufgeht und Enzo herausschaut. Seine weißen Haare strahlen im Mondlicht, und er hat eine Taschenlampe in der Hand, mit der er über den Hof leuchtet.

Ich spähe wieder zu den Schatten und sehe, dass sie sich hinter eine Hecke geduckt haben. Am liebsten würde ich Enzo einen Tipp geben, wo er gucken soll, damit die Vorstellung noch ein bisschen lustiger wird …

Aber Enzo macht die Taschenlampe wieder aus und verschwindet.

Die drei richten sich auf. Sie reden wieder miteinander, leiser als vorhin. Einer versucht erneut, einen anderen zu fassen, aber der läuft los, quer über den Kiesweg unter die Arkaden, wo er dann verschwindet. Kurz darauf höre ich wieder die Tür zu unserem Wohntrakt.

Dann ist alles still. Ich will gerade noch einmal zum anderen Schatten sehen, da wälzt sich Liv in ihrem Bett, und ich beeile mich, schnell in meines zu kommen.

22 GÖTEBORG

Christian Brand

Die Fahrt vom Flughafen Göteborg nach Onsala in der Provinz Hallands län, wo der Bauernhof von Liv Perssons Eltern lag, wäre an skandinavischer Idylle kaum zu überbieten gewesen – hätten sie nicht eine Todesnachricht mit im Gepäck gehabt, von der sie nicht wussten, ob sie bereits überbracht worden war.

Brand zweifelte, dass Björk nur aus Zeitgründen darauf verzichtete, die örtliche Polizei einzuschalten. Er wusste, dass sie in Malmö aufgewachsen war, nicht allzu weit von hier entfernt. Möglicherweise gab es in ihrer Vergangenheit Dinge, die man besser ruhen ließ. Zerrissene Beziehungen. Schlechte Erfahrungen mit Polizeibeamten aus der Gegend. Schatten und Dämonen, die es in jedem Leben gab und vor denen man irgendwann geflohen war. Brand verzichtete darauf, sie danach zu fragen, weil es auch nichts zur Sache tat.

Einmal mehr saß er am Steuer eines Mietwagens und folgte den Anweisungen des Navis, das sie zunächst auf der Autobahn Richtung Süden schickte. Sie kamen an Industriezonen vorbei, deren Firmenschilder Brand an Ikea-Produkte erinnerten. Außerhalb der Siedlungen lagen Wälder und weite, brachliegende Felder in Grün- und Brauntönen. Björk schenkte alldem keine Beachtung. Sie war längst wieder mit ihrem Laptop beschäftigt. Brand musste nicht hinsehen, um zu wissen, was sie tat – die Geräusche ihrer Tastatur reichten ihm. Sie sah sich wieder Bilder an, in der Hoffnung, eines der anderen beiden Opfer zu identifizieren.

»Und?«, fragte er. Es hätte längst Neuigkeiten geben müssen, aus Frankreich oder von den anderen Fundorten in Lissabon und Salzburg.

»Nichts«, sagte sie.

»Was wissen Sie von Liv Persson?«

»Die Adresse.«

»Kommen Sie, Björk. Was noch? Ich will nicht wie der letzte Depp neben Ihnen stehen, wenn wir ankommen.«

Er rechnete mit einem trockenen Kommentar ihrerseits – dass er sich dafür keine Mühe geben müsse oder so ähnlich –, aber sie überraschte ihn. »Das verstehe ich. Aber es gibt wirklich nichts. Sie ist eine von den Unsichtbaren.«

»Was?«

»Kein Social Media, keine Fotos, keine Texte – abgesehen von einem Nebensatz auf der Homepage einer Londoner Schule.«

»Aha … und?«

»Sie war dort nur mal zu Gast. Hat den Kindern von Mathematik erzählt und warum man im Unterricht besser aufpassen sollte.«

»Na bravo«, sagte Brand, für den Mathematik und Fegefeuer das Gleiche waren.

»Aber was haben wir noch mal mit dem Ganzen zu tun?«

»Sie, Brand«, erinnerte sie ihn. »Ihre Handynummer, Ihre Textnachrichten. Sie sollten sich den Kopf zerbrechen.«

»Tue ich ja.«

»Dann sollten Sie sich mehr Mühe geben«, sagte sie und zeigte ihm etwas.

»Was ist das?«, fragte er und las es schnell.

Look up at the stars and not down at your feet – Stephen Hawking.

»Da haben wir unseren Stephen«, sagte sie.

Das letzte Zitat, das er geschickt bekommen hatte, stammte also von dem berühmten Physiker. Brand sah nach draußen. Er mochte es nicht, dass ihr Gegner genügend Zeit für Spielchen hatte, während sie hier vom Regen in die Traufe kamen und auf gut Glück drauflosermittelten. Dass er kein Schwedisch sprach, in dem sich Björk demnächst mit Liv Perssons Eltern unterhalten würde, verbesserte seine Stimmung nicht gerade.

Bei Kungsbacka verließen sie die Autobahn. Trotz des allgegenwärtigen Regens konnte man schon von Weitem das Meer sehen. Sie fuhren eine Weile an der Küste entlang, bis sie ins Landesinnere abzweigten. Ein- bis maximal zweistöckige Wohnhäuser säumten die Straße, viele davon in typischem Ochsenblutrot oder anderen, dezenteren Farben gestrichen. Brand kannte Skandinavien bisher nur aus Reiseberichten und TV-Dokus. Die farbliche Vielfalt, die sich dem trüben Wetter entgegensetzte, beeindruckte ihn genauso wie der Stolz, den viele Schweden für ihre Nation zu empfinden schienen: Auf zahlreichen Stangen an Dächern und in Vorgärten schwang die blau-gelbe Flagge im Wind.

Bald lichtete sich die Bebauung. Das Navi zeigte nur noch drei Kilometer bis zum Ziel an. Schilder entlang der Straße verrieten, dass sie auf ein Observatorium und ein Naturreservat zufuhren. Sie kamen an einem prächtigen Wohnhaus vorbei, das – wie alle hier – aus Holz gebaut und liebevoll gestrichen war. Jederzeit hätte man sich vorstellen können, dass hier ein Film gedreht wurde, der das deutschsprachige Publikum ebenso um den Finger wickelte wie Rosamunde Pilchers Cornwall.

Die asphaltierte Straße wurde immer schmaler, bis sie schließlich gerade noch breit genug für ein einziges Fahrzeug war. Brand musste einem entgegenkommenden SUV ausweichen, das einen Anhänger zog.

Schließlich, am gefühlten Ende der Welt und jeglicher Zivilisation, gelangten sie an eine Umkehrschleife, hinter der das Weiterfahren verboten war. Er hielt an und sagte: »Wetten, dass er damit nicht gerechnet hat?«

»Wer … womit?«

»Na, unser Täter. Mit uns. Hier.«

»Darum ging es Ihnen ja«, sagte sie spitz.

Brand murrte etwas vor sich hin, das den Allerwertesten der Welt und Schnapsidee beinhaltete. »Und jetzt?«

Björk sah in Google Maps nach. »Einfach weiter. Vorne gleich rechts.«

Brand rümpfte die Nase und gab wieder Gas. Tatsächlich lag gleich hinter der nächsten Baumreihe ein Hof, der für die Gegend hier erstaunlich groß war. Brand fuhr auf einen Platz, der von Wohn- und Wirtschaftsgebäuden umgeben war. Bäume und Hecken waren perfekt gepflegt – fast zu perfekt für einen landwirtschaftlichen Betrieb dieser Größe.

Der Grund dafür offenbarte sich, als sie das Schild an der Eingangstür sahen: Die Perssons boten Urlaub am Bauernhof an. Fünf Ähren schienen etwas Ähnliches zu symbolisieren wie Hotelsterne. Die Fahrzeuge auf dem Vorplatz hatten mehrheitlich deutsche Kennzeichen.

Noch bevor sie hätten klingeln können, öffnete eine Frau um die fünfzig und empfing sie mit einem beinahe akzentfreien »Herzlich willkommen in Onsala! Wie war Ihre Reise?«

Umso erstaunter war sie, als Björk ihr auf Schwedisch antwortete und ihren Ausweis vorzeigte. Spätestens ab dem zweiten Satz aus Björks Mund, in dem Brand nur das Wort *Liv* verstand, verdunkelte sich das Gesicht der Frau. Sie nickte kurz. Nach dem dritten Satz glaubte Brand, eine plötzliche Blässe in ihrem Gesicht zu sehen, und nach dem vierten ließ sie sie reinkommen und führte sie in eine Stube, wo Björk das Unvermeidbare mitteilte und Brand froh war, es nicht selbst tun zu müssen.

Weil er der Unterhaltung nicht folgen konnte, konzentrierte er sich auf die Reaktion der Frau. Dass sie Liv Perssons Mutter sein musste, hatte er sofort gesehen, als er sich das Bild von der Feier in der französischen Bank in Erinnerung rief. Die Frau wirkte allerdings nicht ganz so geschockt, wie man es sich bei der Nachricht vom Tod seines eigenen Kindes erwartete. Sie schwieg, fragte nach, schüttelte den Kopf, doch sie versank nicht in Trauer. Brand wusste, dass Trauer Zeit brauchte und niemand auf dieselbe Weise trauerte, und von skandinavischer Kühle hatte er auch schon gehört. Trotzdem war die Reaktion weniger emotional als erwartet.

Draußen brauste der Sturm auf, der sie für ein paar Stunden in Ruhe gelassen und einen halbwegs normalen Flug von Paris nach Göteborg ermöglicht hatte. Regen prasselte schubweise ans Fenster.

»Wir müssen Ihnen leider ein paar Fragen stellen«, sagte Brand schließlich, auch an Björk gerichtet. Sie mussten vorankommen. Etwas finden. Sie hatten nur diesen einen Strohhalm hier und waren viel zu weit vom Ziel entfernt.

»Ist es okay, wenn wir Deutsch reden?«, fragte er behutsam. Ein Kopfnicken später fing er an. »Sie sind Liv Perssons Mutter?«

Sie nickte. »Agnes.«

»Wann haben Sie zuletzt von Liv gehört?«

»Weihnachten«, sagte sie, stand auf und kramte ein Taschentuch aus einer Schublade, ohne es aber zu benutzen. »Am Telefon.«

Brand vermied jede Reaktion, obwohl sich der Eindruck verfestigte, hier völlig falsch zu sein. »Was wissen Sie von ihr?«, versuchte er, die Befragung abzukürzen.

Sie schien verwirrt. »Wie meinen Sie das?«

»In den letzten Jahren. Was hat sie gemacht? Mit wem war sie zusammen?«

Das Kopfschütteln der Frau ließ bereits erahnen, was nun folgte. »Ich weiß nur, dass sie zuletzt nach Paris gezogen ist und dort gearbeitet hat. Wegen des Brexit.«

»Als Mathematikerin«, reichte Brand ihr den nächsten Faden.

»Sie passte nicht hierher. Niemals. Sie war wie … wie aus einer anderen Welt.«

Das Unwetter wurde stärker und zog zunehmend Agnes Perssons Aufmerksamkeit auf sich. Sie schaute hinaus und sagte etwas auf Schwedisch, das Björk für Brand übersetzte: Offensichtlich war ihr Mann mit ein paar Gästen wandern, draußen an der Küste. Dann klingelte das Handy der Frau. Sie ging dran, und die von Windgeräuschen unterbrochene Männerstimme im Hörer erklärte sich von selbst.

»Ich muss sie holen«, sagte Persson und war schon auf dem Weg nach draußen.

»Einen Moment noch, bitte«, ging Björk dazwischen. »Haben Sie etwas von Liv aufbewahrt? Unterlagen, persönliche Sachen, irgendwas?«

Die Frau überlegte. »Irgendwo sicher … ich werde später nachsehen, ja? Ich … muss sie holen«, wiederholte sie und hörte sich fast wie eine Sprechpuppe an.

»Wo ist Livs Zimmer?«, fragte Brand.

Sie sah ihn so verwirrt an, als hätte er ihr eine knifflige Wissensfrage gestellt. »Sie … äh … sie hat keines mehr. Es gab hier ein Feuer. Wir haben ein paar Sachen aufbewahrt. Aber ich muss jetzt wirklich weg.«

»Zeigen Sie uns bitte, wo wir diese Sachen finden. Es ist wichtig.«

Agnes Persson war hin und her gerissen zwischen den Menschen draußen im Sturm, Björk und Brand hier und unübersehbar nun auch ihrer Trauer, vor der sie einen Haken nach dem anderen zu schlagen schien.

Schließlich gab sie nach und brachte Björk und Brand auf den Dachboden, wo sich das Getöse des Sturms vervielfachte. Sie zeigte auf Kisten im hinteren Bereich, machte eine schummrige Lampe an – und war weg.

»Wo sind wir hier bloß?«, sagte Brand mehr zu sich selbst, als er sich umsah. Der Dachstuhl ächzte und krachte unter der Windlast. Es war kalt, viel zu kalt für die Jahreszeit.

»Heulen Sie nicht, sondern helfen Sie mir«, gab Björk zurück. Sie drückte ihm einen Karton in die Hand und nahm selbst einen.

Unter der Lampe öffneten sie sie.

Brand verkniff sich weitere Kommentare, obwohl seine Laune ins Bodenlose sank. Er wühlte im Karton und fand bloß Kindersachen, die sie nicht weiterbrachten. Holzspielzeug, ein weißes Kleidchen, Schulhefte. Bei Björk schien es nicht besser zu laufen. Spiele, Kinderbücher, Malereien. Brand blätterte im Mathematikheft. Nach einem Genie sahen die ersten Gehversuche hier nicht aus.

»Holen Sie die anderen Kartons«, sagte Björk.

Brand tat es, zweifelte aber langsam am Sinn der Aktion. Er wollte weiter – wohin auch immer.

Björk hingegen vergrub sich in Liv Perssons früherem Leben. Schließlich hielt sie ein Fotoalbum in Händen und klappte es unter dem schwachen Licht auf, als wäre es eine Schatzkarte.

23

BOLOGNA

Amélie Leclerc

Ich spüre, wie mein Herz schlägt, schnell und kräftig. Normalerweise bin ich nicht so aufgeregt, wenn ich jemandem etwas vorspiele. Heute schon. Weil ich nicht weiß, was kommen wird. Und weil ich riesigen Respekt vor Serena Philips habe. Ich war überrascht, dass sie so schnell Zeit hatte, und ich will sie keinesfalls enttäuschen.

Maestro Arturo hat mich bestärkt, ihr das Stück vorzuspielen. »Du musst!«, hat er mit weit aufgerissenen Augen gesagt und dazu gelächelt, bevor er wieder traurig schaute. Mein Lehrer hat über den Sommer einige Kilo zugenommen und sich den Bart wieder wachsen lassen. Er seufzt auch viel öfter als früher. Manchmal sitzt er hier im Musikzimmer an seinem kleinen Schreibtisch und reagiert auf gar nichts mehr, sogar wenn ich anwesend bin. Letzte Stunde habe ich Alkohol gerochen.

Serena zieht ihren Trainingsanzug aus und legt ihn in eine Ecke des Musikzimmers, das wir an diesem Samstagabend für uns allein haben. Sie macht ein paar schnelle Dehnübungen, bevor sie sich in ihrem Tanzbody an die Seite des Klaviers stellt, eine Pose einnimmt und mich erwartungsvoll ansieht.

»Na los«, sagt sie und starrt in die Ferne.

Ich senke meinen Blick auf die Noten, schlage zitternd die ersten Tasten an und sehe aus dem Augenwinkel, wie Serena zu tanzen beginnt. Obwohl sie die Musik überhaupt nicht kennt, die ich für sie geschrieben habe, findet sie sich sofort damit zurecht. Sie dreht drei Pirouetten im Stand, bis sie in perfekter Balance still steht, sich nach vorne beugt und weitermacht. Nun tanzen nur ihre Arme, dann ihr Becken, dann die Beine und alles zusammen, und immer ist es genau richtig. Als könnte ich meiner Musik beim Tanzen zusehen.

Ich fühle mich sicherer. Nach den Anfangstakten wird mein Stück schnell intensiv und lauter, und Serenas Bewegungen passen sich ganz automatisch an. Sie läuft im Halbkreis an, weil hier im Musikzimmer nicht so viel Platz ist wie auf einer Bühne, springt ab und dreht sich wild in der Luft. Exakt zu Beginn des neuen Taktes landet sie fast lautlos und macht sofort weiter.

Ich freue mich über das, was hier passiert. Ich hätte mir nicht erwartet, dass es so gut werden könnte. So natürlich und dabei fast magisch. *Wie von einer anderen Welt*, denke ich und sehe ihr zu. Ich kann das Stück auswendig. Ich kann es auswendig herunterspielen, und Serena scheint es auswendig tanzen zu können. In ihrem Gesicht steht ein Lächeln, das genau dem entspricht, was ich fühle: Glück.

Allergrößtes, pures Glück.

Je temperamentvoller die Musik wird, desto mehr legt sich Serena ins Zeug. Bald höre ich sie heftig atmen. Es muss sehr anstrengend sein, doch ansehen kann man es ihr nicht.

Vier Takte vor Schluss mache ich große Augen, und sie scheint es sofort zu verstehen. Im nächsten Takt duckt sie sich runter, mit nach vorne gestreckten Armen läuft sie rückwärts an, wieder im Halbkreis. Zwei Takte vor dem Ende springt sie ab und steht für einen Moment in der Luft – dieses Mal aber ohne Drehungen, sondern mit von sich gestreckten Gliedmaßen. Dann holt eines ihrer Beine Schwung, und wie aus dem Nichts dreht sie sich, noch bevor sie am Boden aufkommt, exakt im Moment meines letzten Anschlags, den ich lange verhallen lasse, während ich

Serena anstarre, die sich dreht und dreht und dreht – und zum Stillstand kommt, auf der Zehenspitze balancierend, heftig atmend, schwitzend. Lächelnd.

Auch ich bin außer Atem, aber anders als sie. Ich starre sie immer noch an, ihr Gesicht und ihren Körper wie aus der anderen Welt, und plötzlich fühle ich mich wie ein Teil davon.

Ich sage nichts. Ich will diesen Moment nicht zerstören, von dem ich weiß, dass er besonders ist. Ich will, dass das Gefühl für immer bleibt.

Dann kommt sie zu mir, setzt sich neben mich und schaut auf die Noten. Ich tue es genauso. Als wären die *Ameisen*, wie Matteo die dunklen Punkte genannt hat, ganz neu für mich. Und tatsächlich wirken sie anders. Als hätte Serenas Tanz diese Ameisen zum Leben erweckt.

Ich wünsche mir, dass bald die ganze Welt sieht, wie Serena zu ihnen tanzt. Ich muss mit Maestro Arturo reden, wie wir ein Orchester oder wenigstens eine Band organisieren. Wir müssen unbedingt bald zu proben beginnen, und dann …

Plötzlich spüre ich ihre Hand an meinem Oberschenkel. Ich erschrecke und zucke weg, denn bestimmt war es nur ein Versehen. Ich will nicht, dass Serena irgendwas peinlich ist.

»Psch …«, sagt sie sanft und legt erneut ihre Hand dorthin. Mit der anderen dreht sie mein Kinn in ihre Richtung, bis ich ihr in die Augen sehe. Sie zieht mir die Brille aus dem Gesicht und legt sie weg, schlingt ihre langen Arme um mich und küsst mich.

24 ONSALA/SCHWEDEN

Christian Brand

Brand sah Björk über die Schulter. Seite für Seite blätterte sie hochkonzentriert durch das Fotoalbum, das Liv Perssons Kindheit dokumentierte, vom Baby zum Schulkind und weiter. Man sah allerlei Feierlichkeiten – Geburtstage und festliche Anlässe, die es rund um die Welt gab, aber auch das typisch skandinavische Mittsommerfest, das den Höhepunkt des Jahres zu bilden schien und niemals ausgelassen wurde. Im Hintergrund konnte man immer wieder den früheren Hof sehen, der deutlich kleiner war als jener, der nach dem Feuer errichtet worden war. Vermutlich hatte Liv Persson schon damals nicht mehr hier gewohnt.

Warum das Feuer das Album verschont hatte, konnte verschiedene Gründe haben. Vielleicht war Livs Zimmer damals schon geräumt gewesen, um es an Gäste vermieten zu können, oder man hatte die Familienfotos an einem anderen Ort aufbewahrt, bevor sie hier auf dem Dachboden ihre letzte Ruhestätte gefunden hatten – letztlich war es unwichtig.

»Sehen Sie!«, rief Björk und zeigte Brand ein Foto, das ihn erschreckte. Liv Persson auf einer Ausstellung, vermutlich in ihrer Schule, mit geschätzt zwölf Jahren. Sie trug einen silberfarben glänzenden Anzug und einen weißen Helm, was an einen Raumfahrer erinnerte. Passend dazu hielt sie das Plastikmodell der Saturn-5-Mondrakete hoch. Was Brand aber erschreckte, war die Pose des Mädchens. Es war exakt die gleiche wie jene der Statue in Paris, bloß dass sie dort einen Speer hochstreckte statt der Rakete.

Look up at the stars and not down at your feet, rief er sich das Zitat in Erinnerung, das er aufs Handy bekommen hatte, und *Stephen* stand auf der Sohle der Toten. Stephen Hawking hatte sein Forscherleben den Geheimnissen des Universums gewidmet … war das die Verbindung? Die Botschaft des Täters, in Zitate verpackt? Aber wie sollten sie diese Botschaft verstehen, und was sollte das bringen?

»Das ist sie«, sagte Björk, die schon weitergeblättert hatte, und klang dabei aufgeregt.

»Wer?«

Sie antwortete nicht sofort. Brand starrte in Björks Gesicht. Ihre Augen wanderten hin und her. Vielleicht versuchte sie gerade, alles in eine Ordnung zu bringen. Er wollte dabei helfen und nicht bloß zusehen.

»Wer ist wer?«, drängte er. Draußen fuhr ein Wagen über die gekieste Einfahrt. Gleich darauf stiegen Leute aus, darunter Kinder, die johlend zum Eingang liefen. Die Perssons waren mit ihren Gästen zurück, vermutete Brand.

»Die aus Lissabon«, sagte Björk. Sie fingerte an dem Gruppenfoto herum, bis sie es aus dem Fotoalbum lösen konnte, und drehte es um.

»Wäre zu schön gewesen«, sagte Brand, der sah, dass nichts auf der Rückseite stand. »Sie ist es? Sind Sie sicher?«, fragte er und zeigte auf eine junge, unauffällige Frau. Sie sah aus wie eine von denen, die leicht übersehen wurden. Er erinnerte sich gut an das Bild der Toten aus Lissabon, hätte sie auf diesem Foto aber nicht wiedererkannt.

»Absolut«, bestätigte Björk.

Da fuhr eine Böe unter das Dach. Irgendwo fiel etwas um. Für einen kurzen Moment glaubte Brand, dass sich der gesamte

Dachstuhl anheben würde. Es schüttelte ihn vor Kälte, vielleicht auch vor Aufregung, weil sie erstmals etwas Wichtiges herausfinden konnten: die Verbindung zwischen zwei Opfern, manifestiert in einem Foto, das noch weitere Jugendliche vor einer großen Mauer zeigte. Die riesigen, grob in Form gebrachten Steine sahen so aus, als gehörten sie zu einem historischen Bauwerk.

Die anderen Gesichter sagten Brand ebenso wenig, obwohl von einigen etwas Spezielles ausging. Brand sah ein großes, grazil wirkendes Mädchen, das man sich jederzeit auf dem Laufsteg eines berühmten Modeschöpfers vorstellen konnte. Neben ihr war ein junger Mann, der gerade von seiner Harley gestiegen sein musste, so lässig, wie er mit Lockenkopf, Lederjacke und Tausend-Dollar-Lächeln in die Kamera grinste. Neben diesem stand Liv Persson wie die Inkarnation der Heldin einer Schwedenromanze und neben dieser wiederum ein etwas untersetztes Mädchen mit dicker Brille und wirren Haaren, das als Einziges nicht in die Kamera sah, sondern leicht nach vorn gebeugt zur Seite schaute. Garantiert hatte es den Typen mit der Lederjacke im Visier, und ebenso garantiert interessierte sich der nicht die Bohne für sie. Die Dynamik einer Schulklasse war oft so einfallslos wie grausam. Der Footballstar verliebte sich in die Cheerleaderin und umgekehrt, und sie lebten glücklich bis ans Ende ihrer Tage, während sich die Normalos und die Loser miteinander arrangierten.

»Was ist mit dem Toten aus Salzburg?«, fragte Brand zur Seite. »Sehen Sie den auch?«

Björk biss sich auf die Unterlippe. Sie murmelte etwas Unverständliches. So, wie der Schachkönig nach Entfernung der Hülle ausgesehen hatte, konnte es jeder sein und niemand – hier schien auch Björk als Super Recogniserin an ihre Grenzen zu kommen.

»Wir müssen die Perssons fragen«, drängte Brand und ging einfach los.

Wenige Minuten später saßen sie mit Agnes und Lorens Persson in der Stube. Der Bauer hatte ein Handtuch umgeschlagen und zitterte. An seinem wettergegerbten Gesicht sah man, dass er viel Zeit draußen verbrachte und es gewohnt war, schwer zu arbeiten. Brand hatte ein leichtes Hinken erkannt. Bestimmt war es nicht einfach, sich um einen so großen Hof und die Gäste gleichzeitig zu kümmern.

»Wir sind hier allein«, sagte Agnes Persson, als müsste sie sich für etwas rechtfertigen. Lorens Persson, dessen Deutsch viel schlechter war als das seiner Frau, hatte inzwischen vom Ableben seiner Tochter erfahren. Auch er nahm die Nachricht gefasster hin, als Brand erwartet hätte.

»Haben Sie weitere Kinder?«, fragte Björk.

Die Frau wich ihrem Blick aus. »Nein … uns wurden leider keine mehr geschenkt.«

Nur Liv, die Tochter, die so anders war als ihre Eltern, ein Genie in Mathematik und begeistert von der Raumfahrt. Da fiel Brand ein, dass irgendwo hier das Observatorium sein musste, auf das sie die ganze Zeit zugefahren waren. Gesehen hatten sie es nicht – also fragte er die Perssons danach.

»Das Onsala rymdobservatorium«, erklärte Agnes Persson. »Das Weltraumobservatorium. Es ist nur einen halben Kilometer von hier entfernt.«

Ihr Mann seufzte. Dann glänzten seine Augen.

»Liv war oft dort«, erklärte die Frau. »So ist das mit den Kindern. Setzt man ihnen die große Welt vor die Nase, greifen sie eben zu.«

»Sie wollte nie den Hof übernehmen«, mutmaßte Björk.

»Nie, nein. Sie fuhr immer mit ihrem rosa Fahrrad zu den Weltraumleuten hinüber. Sie war dort fast ein … wie sagt man?«

Maskottchen, dachte Brand, sprach es aber nicht aus. »Deshalb die Mathematik?«, fragte er.

»Wie meinen Sie das?«

»Ich habe gehört, man muss gut darin sein, wenn man Weltraumforscherin werden will.«

Agnes Persson lachte bitter. »Forschen wollte sie vielleicht, aber nie so richtig ... Sie wollte zu den Sternen fliegen, als erste schwedische Astronautin. Das hat inzwischen eine andere geschafft, und aus Liv wurde eine Bankerin.«

»Aber sie war doch ein Genie in Mathematik, haben Sie gesagt«, drängte Brand sie, beim Thema zu bleiben.

»Das Rechnen ist ihr immer schon leichtgefallen. Man musste ihr nichts zeigen. Sie konnte Sachen im Kopf ausrechnen, für die wir einen Taschenrechner brauchten. Aber erst die Leute da drüben im Observatorium haben das Genie in ihr geweckt.«

»Wie?«, fragte Brand.

»Sie haben ihr Rechenaufgaben gegeben, die sie mit nach Hause nehmen durfte. Umlaufbahnen, Abfangkurse. Richtig schwierige Sachen. Jede freie Minute hat sie hier an diesem Tisch gesessen und Rechnungen gelöst, die drüben die Computer erledigten. Wir haben nichts davon verstanden. Sie hat das Zeug mit in die Schule genommen und ein A nach dem anderen bekommen, aber kapiert hat es dort bestimmt auch niemand mehr ... Dann waren sie eines Tages hier.«

Lorens Persson verzog bitter das Gesicht.

»Wer?«

»Die Weltraumleute«, raunte der Mann.

»Und was wollten sie?«

»Liv«, sagte die Mutter und zeigte erstmals offen den Schmerz, der mit der Sache verbunden war. Ihr Mann nahm sie in den Arm und wischte sich mit der anderen Hand eine Träne weg.

»Können Sie das bitte erklären?«, fragte Brand, der bald weg wollte. Das Unwetter schien immer schlimmer zu werden. Sie konnten nicht hierbleiben und warten. Sie mussten verschwinden, je schneller, desto besser.

»Hat *das* etwas damit zu tun?«, fragte Björk, die ebenfalls ungeduldig wirkte, und schob den Perssons das Gruppenfoto aus dem Album hinüber. Dann zeigte sie mit dem Finger auf die junge Frau, die sie für die Tote aus Lissabon hielt.

Die beiden sahen es aufmerksam an.

Schließlich nickte die Frau.

»Kennen Sie das Mädchen?«

»Nein … nur den Hintergrund.«

»Wo ist das?«, fragte Brand. »Beim Observatorium?«

»Nein.« Agnes Persson sah zu ihrem Mann, als bräuchte sie seine Erlaubnis, um weiterzureden. Er reagierte nicht.

Schließlich sagte sie: »Die Weltraumleute haben sie dorthin vermittelt. In diese Schule.«

»Weg von hier«, sagte der Mann.

»Welche Schule ist das?«, fragte Brand sofort.

»Keine richtige Schule«, sagte die Frau. »Es nannte sich Institut für Hochbegabung, betrieben von der Europäischen Union.«

»Wir sagten immer Leonardoschule«, ergänzte der Mann und lächelte bitter.

»Wo ist diese Schule?«, schoss die Frage aus Björk heraus, während sie schon ihr Smartphone entsperrte – vielleicht um danach zu googeln, vielleicht aber auch, um ihren Jet in Startbereitschaft zu versetzen.

Zögernd folgte die Antwort. »Sie war in Bologna.«

25 BOLOGNA

Amélie Leclerc

»Nun?«, sagt Professor O'Leary und starrt mich an.

Ich muss seinem Blick ausweichen. Ich schaue durch sein Unterrichtszimmer unter dem Dach, das meine Sinne überreizt. Auf einem Kleiderständer hängt ein lederner Cowboyhut. Es riecht nach Gewürzen und anderen Dingen, die ich nicht kenne. Die Uhren, die mir erst in dieser Stille so richtig auffallen, ticken einen Takt, der genauso durcheinander ist wie ich.

»Es ist …«, fange ich an und stoppe wieder.

Ob ich es ihm wirklich sagen kann? Ich habe versucht, mit Liv darüber zu reden, aber sie hat es irgendwie nicht verstanden. Dabei kapiere ich es ja selbst nicht. Was da im Musikzimmer mit Serena und mir passiert ist, kam so überraschend, dass ich immer noch geschockt bin. Nur dass sich dieser Schock besser und wichtiger anfühlt als jeder andere zuvor.

Serena ist der erste Mensch überhaupt, mit dem ich geknutscht habe, abgesehen von den Küssen natürlich, die ich von Mama bekomme. Alles ging viel zu schnell, weshalb ich Serena schließlich weggestoßen und meine Brille geschnappt habe und schnell auf mein Zimmer gerannt bin. Seither bin ich komplett verwirrt. Irgendwie macht es Sinn, mit Serena zu knutschen. So wie es für Reto seit Neuestem Sinn macht, mit Liv rumzumachen. Neulich habe ich die beiden sogar in unserem Zimmer erwischt. Es ist, als ob in diesem Jahr alle einen Partner für sich finden, sogar ich …

Aber Serena ist ein Mädchen. Und außerdem ist sie mit Matteo zusammen. Also gehe ich ihr aus dem Weg. Wenn wir uns sehen, erschrecke ich und weiche aus, und ich fühle mich so mies, wie ich es noch nie erlebt habe.

In meinem Kopf höre ich ständig die Musik, die ich für sie geschrieben habe. Selbst hier und jetzt bei Professor O'Leary. Wenn ich die Augen schließe, sehe ich Serena schwerelos vor mir tanzen, und dann küssen wir uns, und ich träume davon, mehr mit ihr zu machen, viel mehr – alles, was Serena machen wollte, und …

»Wenn du mir nicht verraten willst, wer es ist, nennen wir ihn einfach … Pepe«, sagt Professor O'Leary mit seiner Brummstimme und lächelt.

Unwillkürlich schüttle ich den Kopf. Vor Scham schießt mir das Blut ins Gesicht. Es ist schon schlimm, überhaupt darüber zu reden, aber schlagartig wird mir bewusst, *wie* schlimm es ist. *Ich bin anders. Anders als alle anderen. Anders in jeder Beziehung.*

»Nicht Pepe?«, sagt er und schaut merkwürdig. Dann macht er die Augen größer, als begreife er etwas. »Ach so«, sagt er schließlich.

Es war eine blöde Idee, seinen Rat zu suchen. Ich will hinauslaufen und mich verstecken, aber ich stehe einfach nur da und warte, was kommt.

Er seufzt so schwer, wie ich es noch nie von ihm gehört habe. Dann steht er auf, geht zu einem Bücherstapel und zieht einen ziemlich dicken Band raus. Er legt ihn auf sein großes Pult aus Holz, schlägt ihn auf und befeuchtet seine Finger, bevor er in dem Buch blättert und mich zu sich winkt.

Zögerlich gehe ich zu ihm hin. Es ist eine antike Zeichnung und zeigt muskulöse Männer mit nacktem Oberkörper, die sich gegenseitig anfassen.

»Amélie … Homosexualität ist etwas, das seit Tausenden von Jahren in Kunst und Gesellschaft thematisiert wird. In gewisser

Weise ist sie einer Begabung nicht unähnlich, einer Anlage – führt aber meist zu wesentlich größeren Spannungen und Konflikten, äußerlich wie innerlich.«

Ich sage nichts, obwohl ich mich wundere, wie er es herausgefunden hat.

»Es ist kein Pepe, nicht wahr?«

Ich zögere. Dabei weiß ich, dass mich mein Kopfschütteln vorhin verraten hat. Also schüttle ich noch einmal den Kopf.

»Wie kann ich dir dabei helfen, Amélie? Worüber willst du mit mir reden?«

Ich zucke mit den Schultern, als wüsste ich es nicht ganz genau. Ich will, dass wahr wird, wonach ich mich sehne. Dabei ist es falsch, so falsch …

»Dabei fürchte ich, gar keinen richtigen Rat für dich zu haben, abgesehen von diesem: Tu, was du für richtig hältst. Niemand außer dir weiß, was das Beste für dich ist. In der Liebe gibt es kein Richtig oder Falsch.«

»Aber es ist …«, unterbreche ich mich schon wieder. Ich bringe keinen einzigen vollständigen Satz raus. Trotzdem scheint Professor O'Leary mich zu durchschauen. Ich habe keine Ahnung, wie die Menschen das anstellen – und genau das ist mein allergrößtes Problem.

Professor O'Leary setzt sich wieder und dreht sich einen Halbkreis weg, sodass ich bloß noch die Lehne sehe und das oberste Ende von seinem blonden Seitenscheitel. Er wippt wie auf einer Schaukel.

»Teilt sie denn deine Gefühle?«, fragt er irgendwann zum Fenster hin.

»Ich … weiß es nicht. Sie ist eigentlich mit einem Jungen zusammen«, antworte ich leise.

Das Stuhlwippen hört auf.

Plötzlich will alles auf einmal aus mir heraus. »Ich habe für sie ein Stück geschrieben«, sage ich, »und sie hat mich hinterher geküsst. Seither kann ich an nichts anderes mehr denken als an sie. Ich will … ich will sie.«

Ich höre den Nachhall der Worte in meinem Kopf, und jedes einzelne davon macht mich stolz. *Ich will sie.* Ja, ich will sie mit mit jeder Note meiner Musik, mit all meinen Gedanken und all meiner Kraft. Ich brauchte es bloß einmal laut auszusprechen, um Klarheit zu haben. Die Schmetterlinge flattern in meinem Bauch. Ich weiß, dass es nur eine einzige akzeptable Lösung für mich gibt, und diese Lösung ist …

»Serena«, spricht Professor O'Leary, und er klingt dabei ganz komisch.

26

BERLIN

Florentin Heintz, Politiker

Heintz saß im Bademantel auf dem Boxspringbett seines Hotelzimmers und war immer noch berauscht von jenem Tag, der zweifellos der wichtigste seiner bisherigen Karriere gewesen war.

Florentin Heintz, Bundesparteivorsitzender.

Das klang gut, war aber nur eine Etappe auf dem Weg zu seinem eigentlichen Ziel: dem Bundeskanzleramt.

Er nahm einen Schluck von dem Whisky, den er sich von einem seiner Vertrauten hatte bringen lassen. Bei aller angesagten Bescheidenheit hatte er genug von den kleinen Fläschchen aus der Minibar. Er brauchte ein Mindestmaß an Stil, von dem das Volk natürlich nichts mitbekommen durfte. Nach außen hin musste er stets den Mann von der Straße geben.

Auch deshalb hatte er ein Hotel gewählt, das einerseits seiner Bescheidenheit entsprach, andererseits das Wort *Kanzleramt* im Namen trug. Es sollte sowohl ein gutes Omen sein als auch aufmerksamen Journalisten eine Steilvorlage bieten. Beim Einchecken hatte er sich extraviel Zeit gelassen, damit alle ihre Bilder bekamen.

In diesen Minuten gingen die wichtigsten Zeitungen Deutschlands in Druck. Heintz wusste, dass sein Gesicht gerade millionenfach auf Papier gepresst wurde und in wenigen Stunden auf den Frühstückstischen in Deutschland lag. Der heutige Tag war eine Zäsur in seinem Leben. Was bis dato noch schwierig war, würde morgen bereits unmöglich sein. Wie etwa: unerkannt aus einem Hotel zu verschwinden.

Sein Körper war voller Adrenalin. An Schlaf war nicht zu denken. Trotzdem hatte er sich bald von der Feier seiner Partei verabschiedet. *Willst du gelten, mach dich selten*, hieß einer der Lieblingssprüche seines Vaters. Auch wenn Heintz bezweifelte, dass Abwesenheit in der heutigen Zeit von Vorteil war, durfte er doch nicht der Letzte sein, der auf dem Parteitag die Tür zumachte. Seine Anwesenheit hatte einen Wert, und dieser Wert musste geschätzt werden. *Je knapper das Gut, umso höher der Preis*, fiel ihm ein Spruch ein, der viel besser passte. Doch solche Überlegungen waren nur ein Teil der Wahrheit. Der andere wartete da draußen auf ihn.

Heintz sah auf die Uhr und schlüpfte in die bequemen Sachen, die er sonst nur auf Hotelzimmern trug. Er stülpte sich die Kapuze über den Kopf, fand aber, dass er damit wie ein Verbrecher aussah. Also entschied er sich für die Wachsjacke und die Schiebermütze in seinem Trolley, mit der er wesentlich seriöser rüberkam. Dann legte er die Brille ab und setzte Kontaktlinsen ein, was er nur im Privatleben tat.

Als er mit seinem Aussehen zufrieden war, stellte er sein Handy auf stumm, löschte das Licht, sah prüfend durch den Türspion und verließ seine Suite. Natürlich wachte draußen kein Personenschützer über ihn, wie man das aus amerikanischen Politthrillern kannte. Er hatte seine Bewacher in dem Glauben gelassen, er würde bis morgen in seinem Zimmer bleiben. Damit waren sie zufrieden gewesen und abgezogen.

Heintz schlich durch den Gang und an den Aufzügen vorbei ins Treppenhaus. Niemand war zu hören oder zu sehen. Um diese Uhrzeit auch kein Wunder. Schnell brachte er die paar Stockwerke hinter sich, kam unten ums Eck wieder an den Liften vorbei und sah, dass der junge Mann an der Rezeption so gebannt in seinen Monitor starrte, dass es unmöglich mit der Arbeit zu tun haben konnte. *Gut*, dachte er, schritt zielstrebig aus dem Foyer und war froh um die Anonymität, die einem gehobene Mittelklassehotels wie dieses garantierten.

Dann war er draußen. Den Schirm hatte er im Hotel gelassen, obwohl es immer noch regnete. Er atmete die feuchte, frische Luft ein und konnte nicht anders, als kurz zum Kanzleramt hinüberzusehen, das ihm jetzt schon so greifbar nah erschien. Dabei wusste er, dass noch Jahre vergehen würden, bis er dieser Aufgabe gewachsen sein würde. Und das war auch gut so.

Schnell ging er an den Taxis vorbei, die hier warteten. Sie waren ihm nicht anonym genug. Bei all dem Rummel um seine Person war es nur allzu wahrscheinlich, dass einer der Taxifahrer ihn erkannte und seine Story dem Höchstbietenden verkaufte. Der eigene Ruf war das höchste Gut, und dieses Gut musste er unbedingt schützen. Deshalb lief er durch die Unterführung zum Gebäudekomplex des Hauptbahnhofs und um diesen herum an die Vorderseite. Erst dort ging er auf ein Taxi zu, zog sich die Schiebermütze tiefer ins Gesicht und stieg hinter dem Fahrer ein, sorgsam darauf bedacht, jeden Blickkontakt zu vermeiden. Er hoffte bloß, dass es hinterher noch Taxis geben würde, die ihn genauso anonym nach Hause brachten.

Nach Hause, dachte er und hätte beinahe aufgelacht. In Wahrheit war er nirgendwo zu Hause. Seit Jahren hätte man sagen können, dass er auf der Straße lebte – ein Leben *on the road*, eine *Never Ending Tour* wie jene von Bob Dylan, nur dass er keine Songs im Gepäck hatte, sondern Heilsbotschaften für das Volk, Trost und Rat in einem Umfeld, das niemals zuvor so angespannt und sensibel gewesen war.

Er sah hinaus. Wie überall in den großen deutschen Städten gehörten die Bahnhöfe zu den Brennpunkten der Metropole. Zu viele Leute, die ihr Glück suchten, und zu viele, die es niemals finden würden. Wer nur diesen Ausschnitt betrachtete, konnte rasch an einer guten Zukunft Deutschlands zweifeln. Dabei war das Land so viel mehr als das, was die Boulevardmedien und Protestparteien unter dem Mikroskop sezierten und den Leuten da draußen als Wahrheit verkauften. Heintz würde die Perspektive geraderücken und mit Vernunft, Objektivität und Fakten auf die Angstmacher reagieren.

Aber nicht heute Nacht, rief er sich wieder in Erinnerung. Er steckte schon so tief im Wahlkampfmodus, dass er kaum noch abschalten konnte. Höchste Zeit für ein bisschen Spaß.

Eine halbe Stunde nach dem Aufbruch kam er an der Zieladresse in Berlin-Zehlendorf an. Er bezahlte das Taxi in bar – jede Spur, die er hinterließ, konnte verräterisch sein – und war fast froh darüber, dass es beim Aussteigen immer noch regnete. Die Nobelgegend hier konnte schnell zu seinem Armageddon werden – jenem Ort, der all seine Beteuerungen von Sparsamkeit und Bodenhaftung Lügen strafte. Niemand durfte ihn sehen. Auch die Nachbarn nicht.

Das Gebäude, vor dem er stand, war nicht neu, aber sehr gepflegt und lag von unfassbar viel Grünland umgeben. Hohe Hecken und Bäume schirmten es von der Umgebung ab. Es sah fast aus wie ein Schloss, das man aus einem königlichen Jagdrevier mitten in die Hauptstadt verpflanzt hatte.

Was tut sie bloß für so viel Geld?, dachte er und schritt zügig durch das offen stehende Einfahrtstor. Er sah noch einmal auf die Uhr und stellte zufrieden fest, dass er pünktlich war.

Als er unter dem Vordach stand, überlegte er kurz, ob er klingeln sollte oder klopfen. Doch dazu kam es nicht. Er vernahm ein leises Quietschen, gefolgt vom lautlosen Aufschwingen der Tür.

Und da war sie.

Ihr Anblick übertraf seine kühnsten Erwartungen. Im Hintergrund flackerte Kaminfeuer. Das schwache Licht schmiegte sich an ihre Silhouette – diese Frau entsprach in jedem Punkt seiner Idealvorstellung.

»Wie schön, dass Sie es einrichten konnten«, sagte sie mit dieser samtweichen Stimme, die Wort für Wort seine Erregung wachsen ließ. »Kommen Sie doch herein.«

Einen Moment lang fand er es seltsam ungerecht, dass einem Mann wie ihm so viel Glück an einem einzigen Tag vergönnt sein sollte. Das schlechte Gewissen regte sich. Es wollte, dass er es gut sein ließ. Dass er sein Karma nicht überstrapazierte und demütig blieb.

Doch die Schmetterlinge im Bauch wollten fliegen.

»Bitte«, sagte sie und nahm ihn an der Hand. Sie führte ihn zum Licht, so unschuldig wie ein Kind und dabei so eindeutig absichtsvoll, dass er spürte, wie sein Glied gegen den Stoff der Jeans presste.

Im Kamin brannte Feuer. Heintz sah, dass die Frau eine Flasche Wein geöffnet hatte, dazu allerlei Kleinigkeiten. Fingerfood, an dem er sich die letzten Wochen abgegessen hatte. Von ihrem nackten Körper würde er es allerdings jederzeit in den Mund nehmen. Er sah Erdbeeren und Schlagsahne, als hätte er noch eindeutigere Hinweise gebraucht.

»Wie schön, dass Sie gekommen sind«, betonte sie noch einmal. Dann half sie ihm aus der Wachsjacke. »Warten Sie«, hauchte sie ihm ins Ohr.

Er fühlte sich instinktiv sicher und geborgen. Seine Gedanken waren leicht. Er freute sich auf alles, was jetzt kommen würde.

Das Licht ging aus, und übrig blieb nur das Flackern im Kamin. Heintz schloss die Augen und spürte die abstrahlende Wärme.

Als er die Schritte hinter sich hörte, konnte er seine Erregung kaum noch bändigen. Er wollte herumfahren und sie leidenschaftlich packen, doch er hielt sich zurück, was die Lust wiederum steigerte. Vor Aufregung hämmerte sein Herz. Im Kamin knackte das Holz. Diese Nacht würde magisch werden, das wusste er.

Eine Hand legte sich von hinten sanft an seinen Hals. Heintz platzte förmlich …

… als er einen Stich fühlte.

Er fasste sich an den Hals, riss die Augen auf und fuhr herum. »Was zum Teufel …«, schimpfte er, doch die Worte waren seltsam schwammig.

Sein Kopf begann zu kribbeln, dann sein Hals, sein Rücken, schließlich sein ganzer Körper. Noch bevor er hätte spüren können, wie er auf den Boden schlug, hatte er das Bewusstsein verloren.

27

ONSALA/SCHWEDEN

Christian Brand

Der Hof der Perssons verschwand im selben Moment im Rückspiegel, als die nächste Böe über das Land stob und salziges, mit dem Regen vermengtes Wasser bis in die kleinsten Fugen peitschte. Unheilvoll war dieses Wetter und gnadenlos. Brand war bloß froh, von hier wegzukommen.

»Kann der Flieger überhaupt starten bei dem Sauwetter?«, fragte er zur Seite.

Björk starrte in die Dämmerung hinaus, mit vor der Brust verschränkten Armen, die hellbraune Ledertasche zwischen ihren Füßen. »Der Flieger ist nicht mehr hier«, sagte sie dann. »Orkanwarnung. Sie mussten nach Den Haag zurück.«

»Oh … okay? … Wäre das nichts gewesen, das ich vielleicht wissen sollte? … Hallo, Björk?«

Sie wirkte geistesabwesend. Brand glaubte nicht, dass es nur wegen des Unwetters war. Vielleicht löste es etwas in ihr aus, so nah an ihrem Geburtsort zu sein? Bei Brand selbst war es so gewesen, vergangene Nacht erst. Dass er inzwischen schon in Paris war und jetzt hier, erschien ihm unwirklich.

Oder beschäftigte es Björk, dass Liv Perssons Schicksal und ihres Parallelen aufwiesen? Soweit Brand wusste, war auch Björk früh aus Malmö verschwunden. Dabei wusste er nicht mal, ob sie überhaupt noch Familie hier hatte, und wollte sie auch nicht danach fragen.

Um die Stimmung etwas aufzulockern, tippte er *Bologna* ins Navi und drückte auf Start. Nach einigem Rechnen meldete das Gerät eine Fahrzeit von zwanzig Stunden und achtunddreißig Minuten. »Ts!«, machte er, erstaunt darüber, wie klein Europa im Jet war und wie groß im Pkw. Irgendwo sollten sie eine Fährverbindung nehmen, von der Brand ahnte, dass sie bei diesem Wetter entweder gar nicht verkehrte oder mit erheblichem Seegang verbunden war. Ganz abgesehen davon, dass sie keine zwanzig Stunden mit Autofahren verplempern durften.

»Wie sollen wir sonst hinkommen?«, fragte er zur Seite und sah, dass die unmittelbaren Probleme noch viel banaler waren als irgendwelche Fährverbindungen zwischen Schweden und Deutschland.

Im Kegel der Scheinwerfer tauchte ein Baum auf der Straße auf, den der Sturm umgerissen haben musste. Er war viel zu groß, um drüberfahren zu können. Durch den vollgesogenen Acker neben der Straße auszuweichen, erschien aussichtslos. Brand hielt vor dem Baum an und spürte, wie eine neue Böe ihren Wagen weiterschieben wollte.

»Urlaub am Bauernhof?«, schlug sie plötzlich vor.

Brand lachte auf. »Nicht im Ernst.«

»Wieso? Wir sind beide zu müde für den Mist hier.«

»Ich weiß doch, dass Sie wegwollen, Björk. Oder sollen wir Ihrer Familie schnell noch guten Tag sagen?«

»Ich habe bloß noch eine Schwester hier«, sagte sie so abgeklärt, als redeten sie über das Wetter von letzter Woche. »Wir vermissen uns nicht.«

Brand, der selbst nicht wusste, was der Spruch mit ihrer Familie sollte, entschuldigte sich.

»Es ist, wie es ist.«

Er stieg aus, schlug sich den Kragen hoch und hatte fast Mühe, seine Schritte zu bremsen, bevor ihn der orkanartige Sturm in den umgefallenen Baum stolpern ließ. Er fasste das Ding an einem Ast, zog – und merkte sofort, dass Muskelkraft niemals ausreichen würde, um den Baum zur Seite zu räumen. Er musste Hunderte Kilo wiegen. Ohne Feuerwehr und Motorsägen ging hier gar nichts mehr.

Brand sah zurück. Von Björk, die im Auto geblieben war, sah er nicht mehr als einen fahlen Umriss. Im Nu war er völlig durchnässt und begann wieder zu frieren. Er stand am wohl gottverlassensten Platz der Welt, in einem Sturm, der sie auf unbestimmte Zeit hier festhalten würde. *Jetzt, wo wir endlich was haben*, dachte er frustriert und ging zum Wagen zurück.

Was sie hatten, war diese *Leonardoschule* in Bologna. Die mindestens zwei der bisherigen Opfer besucht hatten. Womit sie die Verbindung hatten, weil es Zufälle dieser Art nicht geben konnte. Was sie allerdings nicht hatten, war der Name der Schülerin, die Björk auf dem Foto erkannt hatte.

Als er einstieg, sah er, dass Björk ihr Telefon wieder am Ohr hatte. Nachdem er die Tür zugeworfen hatte, hörte er das Anrufsignal in ihrem Hörer, doch es schien niemand ranzugehen.

»Irgendwas Neues aus Den Haag?«, fragte er rhetorisch, weil ja kaum Zeit geblieben wäre, um etwas zu erfragen. Sie verneinte und steckte das Ding weg.

Brand klopfte gedankenverloren aufs Lenkrad. Dann startete er den Motor wieder und drehte die Heizung hoch. Vorhin war das Internet ausgefallen, sowohl über Mobilfunk als auch übers WLAN-Netz der Perssons, wodurch Björk die wichtigsten Fakten und abzuklärenden Fragen per Telefon nach Den Haag hatte weitergeben müssen. Die Auswertung des Gruppenfotos musste warten.

Brand sah nach vorne und dann in den Rückspiegel. Weit und breit keine Spur von Leben. Bestimmt saßen alle in ihren Häusern und warteten auf das Ende des Unwetters. In dieser dünn besiedelten Gegend konnte es dauern, bis Hilfe kam – zumal es wohl jede Menge Schäden gab, die dringender behoben werden mussten.

Erst jetzt merkte Brand, wie schwer seine Augenlider waren. Eine zwanzigstündige Fahrt konnte er vergessen, wo er doch letzte Nacht kein Auge zugemacht hatte. Genau wie Björk, die mit Mathias Lackner beschäftigt gewesen war.

Brand kam es plötzlich so absurd vor, dass er auflachte.

»Was?«, fragte sie.

In einem Anfall von Gleichgültigkeit – was sollte sich jetzt noch verschlimmern – sagte er: »Ich musste eben an Salzburg denken. An Sie und Lackner.«

Björk sagte nichts und er auch nicht. Er fand, dass der Satz genau so stehen bleiben konnte.

»Sie sollten da nicht zu viel hineininterpretieren«, überraschte sie ihn mit ebensolcher Offenheit. »Sex ist Sex. Nicht mehr.«

Und nicht weniger, dachte er und kam sich deshalb wie ein Spießer vor. Was sollte das? Es stand ihm nicht zu, über andere zu urteilen. Er hatte auch Sex gehabt in letzter Zeit. Jede Menge davon, mit einer Frau, die ihn gleich mehrfach inspirierte …

Björks Handy klingelte. Sofort ging sie ran. Sie sprach auf Englisch, genau wie ihr Gegenüber, das in irgendeiner Europol-Abteilung sitzen musste. Brand schnappte einzelne Wörter auf – *Bologna, European Union, gifted students* – das interessanteste aber war: *discontinued*.

»Geschlossen?«, fragte Brand, als die Verbindung plötzlich abbrach und ein Rückruf nicht klappte.

»Sieht so aus«, antwortete Björk.

»Wann? … Wie?«

»Wissen sie nicht.«

»Wie bitte?«

Björk seufzte. »Sie sagen, es sei ein … Phantom.«

Brand starrte zu ihr hinüber. »Was?«

»Eine Phantomschule. Sie hat existiert, wurde aber geschlossen. Brüssel macht ein ziemliches Geheimnis daraus.«

Er pfiff erstaunt und dachte an das weitere Gespräch mit den Perssons zurück.

Auch die Eltern des Opfers wussten kaum etwas über das Institut, an dem ihre Tochter zwei Jahre lang zur Schule gegangen war. Schon damals schien man die Ausbildung nicht an die große Glocke hängen zu wollen. Die Perssons seien nur ein einziges Mal nach Bologna eingeladen worden und hätten sich niemals um etwas kümmern müssen, weder um Finanzierung noch Unterrichtsmaterialien noch Nachhilfe oder sonst etwas. »Hätten wir es bloß getan«, hatte Agnes Persson geklagt und sich mit der aufwendigen Bewirtschaftung des Hofs gerechtfertigt.

Immerhin hatte sie berichten können, dass es eine Stelle in der EU gegeben hatte, die für die Hochbegabtenförderung zuständig war und ihnen alle Sorgen rund um Livs Ausbildung abgenommen hatte. Warum diese Ausbildung ausgerechnet in Bologna stattfand, war ebenso rätselhaft wie das Fehlen jeglicher Unterlagen oder Zeugnisse. »Wir haben sie bloß noch in den Ferien gesehen. Nachdem Bologna geschlossen wurde, wechselte Liv an ein Gymnasium in Stockholm, und dann war sie endgültig weg«, hatte Agnes Persson die Befragung abgekürzt und sich dann entschuldigt, weil sie Essen für die Gäste kochen musste.

Jetzt, keine Viertelstunde nach ihrem Aufbruch, standen Inga Björk und Christian Brand erneut auf der Matte der Perssons. Brand war durchnässt und durchgefroren. Die Bäuerin bat sie herein und kümmerte sich so selbstverständlich um sie, als wäre das Haus nicht schon voller traumatisierter Gäste, die glaubten, ihr letztes Stündlein habe geschlagen.

Eine Dusche und ein Abendessen später lag Brand auf einem Notbett in einer besseren Besenkammer, genauso wie Björk. Sie schwiegen sich an. Mobilfunk und Internet waren endgültig ausgefallen, ebenso der Strom, wobei sie noch das Glück hatten, dass der Hof der Perssons über einen Notstromgenerator verfügte, der die wichtigsten Geräte am Leben hielt.

Björk, die einen Seidenpyjama trug, versuchte noch ein letztes Mal, eine Verbindung zu bekommen. Er sah aus dem Augenwinkel, dass sie ihr Gerät frustriert zur Seite warf.

Brand dachte an diese Schule. Auch er war begabt gewesen – jedenfalls dann, wenn man seinen alten Kunstlehrer am Gymnasium befragte. Trotzdem hatte es gerade mal so gereicht, um in Wien zum Kunststudium zugelassen zu werden. Und selbst dieses hatte Brand grandios vergeigt. Am Ende blieb die Malerei sein Hobby, was wohl auch besser war, für ihn und für die ganze Welt.

Er dachte an seine Ausstellung, die kommenden Sonntag eröffnet werden sollte. Eröffnet werden *musste*. Dabei war er wegen dieses Falls längst heillos in Verzug. All die Bilder, die er noch im Kopf hatte – die Bilder, ohne die die Veranstaltung zum *Best-of* eines längst überholten Christian Brand werden würde –, würden nicht mehr gemalt werden können … *Die Kunstwelt wird schon nicht daran zugrunde gehen*, dachte er selbstironisch.

Doch diese Begabtenförderung in Bologna ließ ihn nicht los. Vielleicht auch deshalb, weil eine Frau neben ihm lag, die Brand immer schon für äußerst begabt gehalten hatte.

»Björk?«, sagte er und starrte weiter an die Decke.

»Hm?«

»Die Schule in Bologna …«

»Was ist damit?«

»Haben Sie sie gekannt?«

Björk pausierte kurz, bevor sie sagte: »Ich? Weshalb?«

»Na wegen Ihrer … Begabung.«

»Begabung? … Ach, Sie meinen das Gesichter erkennen? Halten Sie das für eine Begabung?«

»Sie nicht?«

Björk lachte spöttisch. »Eher ist es wohl ein Fluch. Was sollte ich damit an einer solchen Schule?«

»Also nein?«, bestand er auf einer Antwort.

»Nein«, sagte sie und schwieg. Dann löschte sie das Licht.

Eine Minute verging, dann eine zweite, ohne dass jemand etwas sagte.

Brand wollte den Fall noch einmal zu fassen kriegen. Irgendwas finden, was sie weiterbrachte, ihnen einen Vorsprung verschaffte oder wenigstens unkonventionell genug war, um der Erwartungshaltung des Täters zu widersprechen. Doch er fand nichts, was sie nicht bereits wussten oder ohnehin vorhatten.

»Björk?«, sagte er leise, um herauszufinden, ob sie schon schlief.

»Was?«

Er hörte in den Sturm hinein. Immer wieder klapperte etwas, fiel um oder knarzte metallisch, und der Dieselgenerator brummte den Bass dazu.

»Was ist?«, fragte sie noch einmal.

»Nichts. Schlafen Sie gut.«

»Wollen Sie etwa Sex?«, sagte sie plötzlich und hatte dabei diesen Tonfall, zu dem zwei kleine Hörner passen würden.

»In Ihren Träumen«, murrte er und drehte sich auf die Seite.

28 BOLOGNA

Amélie Leclerc

Ich liege in meinem Bett und kann nicht einschlafen. Liv ist wieder einmal verschwunden, wie schon öfter in den letzten Nächten, keine Ahnung, wo sie jetzt ist. Ich weiß nur, dass sie nach ein paar Stunden wieder auftauchen wird. Das zu wissen und darauf zu warten, macht es mir unmöglich, Ruhe zu finden.

Ob sie sich mit Reto trifft? In letzter Zeit sehe ich die zwei oft mit Florentin Heintz, und manchmal schauen sie alle gemeinsam in ein Buch, das sie niemandem sonst zeigen. Vor zwei Tagen, als Liv wieder die halbe Nacht weg war, hat sie hinterher geweint und am Morgen laut geschrien. Ein Albtraum, hat sie gesagt, und ich habe nicht weiter gefragt.

Wieder denke ich an Serena. Ich denke ständig an sie. Heute hat sie wieder versucht, mit mir zu reden, aber ich bin davongelaufen. Vielleicht will sie mir persönlich sagen, dass sie nicht mehr lange hier in Bologna sein wird. Das befürchte ich jedenfalls.

Gestern sind einige Leute gekommen. Einer von ihnen hat ausgesehen wie ein Operndirektor, mit wallendem Haar und rotem Schal und einem riesigen Bauch. Sie waren dann eine Zeit lang mit Serena und ihrem Tanzlehrer und Direktorin Weidemann im großen Saal. Aus einer Tonanlage kam Ballettmusik. Irgendwann sind die Leute wieder verschwunden und haben total glücklich ausgesehen. Wie alle, die jemals mit Serena zu tun hatten.

Ich will nicht, dass sie geht. Ich will, dass sie hierbleibt. Oder dass ich mit ihr fortgehen kann. Ich weiß schon, dass das unrealistisch ist und dass man im Leben nicht alles bekommt, was man will. Aber ich könnte Musik für sie schreiben, und wir würden uns perfekt ergänzen. Ich will es so fest, dass es wehtut. Dabei schaffe ich es noch nicht mal, mit ihr zu reden …

Ich schlage mit den flachen Händen auf die Matratze, dann werfe ich die Bettdecke zurück und stehe auf. Im Dunkeln gehe ich ans Fenster. Aber es gibt nichts zu sehen. Nicht einmal bei Rosa und Enzo brennt Licht. Ich bleibe eine Weile stehen und lausche angestrengt in die Nacht hinaus. Selbst die Grillen sind heute stumm …

Dann höre ich etwas rascheln. Zuerst denke ich an die Blätter eines Baums. Dabei ist es windstill. Ich horche noch aufmerksamer – als ich glaube, Schritte auf dem Steinboden zu hören, draußen im Gang vor unserem Zimmer. Ich denke an Liv und dass sie gleich kommt, und bestimmt wird sie mich dann wieder eine Eule nennen …

Aber es passiert nichts weiter.

Ich schwanke zwischen meiner Neugier und dem Wunsch, endlich schlafen zu können.

Weil ich ahne, dass ich jetzt erst recht nicht mehr einschlafen kann, gehe ich zu meinem Bett zurück und taste nach der Taschenlampe, die ich sonst verwende, wenn ich in der Nacht ins Badezimmer muss. Damit leuchte ich zur Tür hin – und sehe dort etwas liegen. Erst als ich mich hinunterbücke, erkenne ich, dass es ein Briefumschlag ist. Darauf steht: *Amélie.*

Meine Aufregung wird größer. Ich nehme das Kuvert, öffne es, ziehe ein Blatt Papier heraus, falte es auf, beleuchte es …

Liebste Amélie,
ich vermisse dich. Treffen wir uns beim Steinhaus? Jetzt gleich?
Ich warte auf dich!
S.

S. wie Serena.

Liebste Amélie.

Augenblicklich klopft mein Herz doppelt so schnell. Dann höre ich das Blut in meinen Ohren rauschen. Der Gedanke, sie zu treffen, *jetzt* zu treffen, unten am Steinhaus, ist so aufregend, dass ich am liebsten sofort loslaufen möchte.

Dabei ist es verboten, das Zimmer zu verlassen.

Und was ist mit Liv?, taucht eine Frage in meinem Kopf auf. Sie setzt sich über das Verbot hinweg und findet nichts dabei. Außerdem könnte Serena demnächst schon weg sein, und dann wäre ich total allein …

Ich *muss* gehen, erkenne ich. Alles andere wäre falsch. Ich mag keine Veränderungen, aber manchmal sind Veränderungen gut. Wie der Wechsel hierher an die Schule. Oder der Kuss von Serena …

Der Gedanke daran macht alles andere bedeutungslos. Ich gehe zum Bett zurück, stecke das Kopfkissen unter meine Decke und forme alles zu einer großen Rolle. Wenn Liv zurückkommt, soll sie glauben, ich schlafe und alles sei in Ordnung. Dann schlüpfe ich in mein schönstes Kleid, in Socken und Schuhe und verlasse das Zimmer, so leise ich kann.

Draußen fühle ich mich schwerelos, so wie Serena beim Tanzen aussieht. Ich beeile mich über den Teppich die große Treppe herunter und staune, wie anders nachts alles auf mich wirkt. Kurz bleibe ich stehen und lausche noch einmal, aber da ist nichts.

Nachdem ich die Eingangstür zum Wohntrakt hinter mich gebracht habe, bin ich draußen.

Es ist bewölkt, was gut ist, weil kein Mondlicht mich verraten kann. Ich gehe weiter zum Torbogen mit dem großen Einfahrtstor. Erst dort muss ich den Kies betreten und tue es auf Zehenspitzen. Die nächste Hürde ist viel leichter zu nehmen, als es sich anhört: Seit diesem Jahr kann der schmale Durchgang, der Teil des großen Eisentors ist, ganz einfach mit einer Ziffernkombination geöffnet werden, die jeder Schüler kennt. Ich tippe sie ein.

Ein leises Klicken verrät, dass es geklappt hat. Die Tür lässt sich geräuschlos öffnen und wieder verschließen. Unauffällig erreiche ich die Zufahrtsstraße zum Schloss.

Unter mir breiten sich die vielen Lichter von Bologna aus. Ein einmaliger Blick, doch nicht jetzt und nicht für mich. Ich kann nur noch an Serena denken und dass wir uns gleich treffen werden.

Durch die frisch gemähte und von Zypressen umsäumte Wiese laufe ich hinunter, und jeder Schritt fühlt sich an wie ein kleiner Triumph. Hier bin ich, Amélie Leclerc, und tue etwas, was so verboten ist, dass es mir mindestens so viele Schwierigkeiten bescheren kann wie Matteo mit dem, was er immer anstellt.

Ich kann den kleinen Steinbau trotz der Dunkelheit gut erkennen. Früher war dort eine Olivenpresse. Heute ist dort nichts mehr.

Nur Serena und ich …

Ich muss mich bremsen, um nicht zu stolpern. Ich will nach ihr rufen, ihr in die Arme fallen, sie wieder küssen. Doch ich muss vorsichtig bleiben. Und leise. Viele der Außenfenster im Castello sind offen, wodurch mich immer jemand hören kann.

»Serena?«, rufe ich mit gedämpfter Stimme und lausche, höre aber nichts.

Ich schaue zum Castello hoch, über die Wiese, die ich runtergekommen bin, sehe Serena aber nicht.

Unten in der Stadt schlägt ein Kirchturm 01:00 Uhr. Ich überlege, ob ich jemals schon zu dieser Uhrzeit draußen war, ganz allein.

Ich merke, wie meine Füße taub werden, was immer passiert, wenn ich zu schnell und zu viel atme. Außerdem macht sich ein neues Gefühl in mir breit: Angst. Angst davor, eine Dummheit zu machen. Ich überlege, was wäre, wenn Serena bloß Spaß gemacht hätte.

Plötzlich höre ich etwas, das ich aber nicht einordnen kann. Eine Katze? Ein Mensch?

Serena?

Es kam jedenfalls aus dem Steinbau.

Sie ist schon drin, denke ich, und mein Herz rast von Neuem. Schnell gehe ich ums Steinhaus herum zur Eingangstür. Ich höre wieder das Geräusch von vorhin, und es ist ein menschliches Stöhnen, wie von Schmerzen …

Als ich glaube, in diesem Stöhnen Serenas Stimme zu erkennen, mache ich die Taschenlampe an, ziehe die Tür auf, gehe rein und leuchte den Innenraum aus …

Und sehe es.

Ich sehe *sie*.

HERBST 2008

29 BOLOGNA

Niemals war die Stadt so still wie in den letzten Stunden vor Sonnenaufgang. Was gestern war, lag weit zurück und der Morgen noch in der Ferne. Es war Niemandsland.

Und doch gab es sie, die Menschen, die über dieses Niemandsland wachten. In den Krankenhäusern. Den Kernkraftwerken.

Bei der Polizei.

Diese Nacht verlief jedoch anders. Viele Menschen im Quartiere Saragozza Bolognas wurden vor ihrer üblichen Zeit wach, was an den Blaulichtern lag, die sich kräftig pulsierend an den Schlafzimmerwänden abzeichneten. Ein Einsatzwagen nach dem anderen jagte durch die Straßen, einige brüllten den Alarm in die Nacht hinein, als gelte es zu betonen, wie wichtig und wie außergewöhnlich der Einsatz war.

Etliche Leute liefen an die Fenster, um sehen zu können, was passiert war. Wer freie Sicht auf die Hügel hatte, die nördlich des Viertels anstiegen, konnte erkennen, dass die Wagen hochfuhren und an einem Punkt zusammenkamen wie die Ameisen in ihrem Bau. Das Blau bündelte sich und pulsierte seine Aufregung in den Nachthimmel, und nicht wenige Menschen machten Fernseher und Radios an, weil sie an eine große Katastrophe glaubten.

Einer derer, die so früh zum Castello Farini gerufen wurden, war *Ispettore Superiore* Domenico Bernetta. Er teilte das Schicksal vieler junger Kollegen, Bereitschaftsdienste machen zu müssen, um sich die Kreditraten für die Wohnung und den Unterhalt seiner Familie leisten zu können. Keine zwanzig Minuten nach seiner Alarmierung fand er sich inmitten einer Unmenge von Einsatzfahrzeugen wieder, von denen die allermeisten umsonst gekommen waren – manche wohl nur, um einen Blick auf das zu erhaschen, was Bernetta demnächst zu untersuchen hatte.

Einen Mord.

Natürlich hatte der telefonische Einsatzbefehl anders gelautet. Aber so wie sich die Kollegen anhörten, war es wichtig und ein Gewaltverbrechen wahrscheinlich.

Bernetta stellte seinen privaten Alfa mangels Parkmöglichkeiten ans Ende der Kolonne von Einsatzfahrzeugen und stieg aus.

Er kam zu einem schmalen Feldweg, der auf ein Steinhaus zuführte. Mehrere Scheinwerfer beleuchteten es so grell, als stünde es im Zentrum einer Bühne. Der Eingang wurde von einem Streifenpolizisten bewacht, dem Dutzende Menschen gegenüberstanden, teils in Uniformen, teils zivil.

»Lassen Sie mich durch«, rief er lauter und genervter als sonst und stieß sich den Weg frei. Er ignorierte einen Kommentar, inhalierte unfreiwillig eine Nikotinwolke und ließ mehrmals Dienstgrad und Namen fallen, was schließlich seinen Zweck erfüllte. Als er vorne war, sah er, dass jemand auf dem Boden neben dem Eingang verarztet wurde, von gleich vier Sanitätern.

Es war ein Mädchen – eigentlich eine junge Frau –, in einem dünnen Kleid, mit dicker Brille, ziemlich wirren Haaren – und Handschellen. Sie war kreidebleich und bei Bewusstsein, sagte aber kein Wort.

»Glauben Sie, dass die wirklich notwendig sind?«, fragte er einen jungen Carabiniere in Uniform und zeigte hin.

Der Kollege reagierte argwöhnisch und wollte zuerst Bernettas

Marke sehen, bevor er selbstsicher erklärte: »Sie ist die Täterin. Hat die da drin erstochen.« Er sagte es so laut, dass es auch jeder hier hören konnte.

Ein Raunen ging durch die Menge.

Bernettas Magen begann nervös zu zucken. Er schaute auf das Blut an den Händen des Mädchens.

Taten, die mit Messern begangen wurden, waren schrecklich. Vier oder fünf Liter Blut, die durch die Blutbahn eines Menschen pulsierten, mochten nach wenig klingen – bis es sich in einem Raum oder auf einer trockenen Straße verteilte.

Der Anblick der jungen Frau entsprach nicht dem eines Menschen, der mit Messern hantierte. Doch war sie verschwitzt, als hätte sie sich sehr angestrengt. Man hatte ihr eine goldfarbene Rettungsdecke umgelegt. Trotzdem konnte Bernetta weiteres Blut sehen, an ihrem Hals, vorne an ihrem Kleid, an den Beinen und auf den Schuhen.

Er stellte sich in ihren Blick, doch sie sah einfach durch ihn hindurch, als ginge sie nichts hier etwas an.

»Hat sie was gesagt? Oder vielleicht gestanden?«, fragte Bernetta den jungen Uniformierten.

Dieser schüttelte etwas verschämt den Kopf. »Hat bloß drinnen in der Ecke gesessen, als wir kamen.«

»Wissen wir, wer sie ist?«

»Nein … sagt kein Sterbenswort!«

»Wie kommen Sie dann drauf, dass sie es war?«

»Weil sie das Messer noch in der Hand hatte. Gehen Sie rein, dann sehen Sie's.«

Bernetta nickte und holte unwillkürlich Luft, wodurch ihm der Blutgeruch in die Lunge strömte und seine Übelkeit schlagartig verstärkte. Aber er durfte sich keine Blöße geben. Ein Kripobeamter mit sensiblem Magen sprach sich schneller herum, als es gut für die eigene Karriere war. »Sie sorgen dafür, dass nur die notwendigsten Einsatzkräfte hierbleiben«, sagte er zu einem Carabiniere, der sich etwas im Abseits hielt, und drückte ihm mit den Worten »Der Alfa ganz hinten!« seine Autoschlüssel in die Hand.

Dann ging Bernetta hinein.

Der Geruch wurde intensiver und erinnerte an ein Schlachthaus – eine Vorstellung, die sich bloß weiter bestätigte, als Bernetta dem Kegel jenes Scheinwerfers folgte, der den Innenraum ausleuchtete.

Ein Menschenkörper lag da. Es war eine Frau – groß, grazil, leicht bekleidet. Ihre Augen waren offen und hatten etwas seltsam Anziehendes. Ihr halbes Gesicht, der Hals und große Teile des Oberkörpers waren von Blut bedeckt, das sich auch um sie herum ausgebreitet hatte.

So viel Blut …

Bernettas Übelkeit wurde schlimmer. Er holte ein Taschentuch heraus und hielt es vor Nase und Mund, bevor er einen weiteren Gegenstand entdeckte.

Das Messer.

Es lag in einer Ecke – vermutlich dort, wo die Verdächtige beim Eintreffen der Einsatzkräfte gekauert hatte. Bernetta war bloß froh, dass kein übereifriger Kollege oder Sanitäter es an sich genommen zu haben schien. Er überlegte noch, ob er sich draußen Handschuhe borgen sollte, um es gleich sicherzustellen – doch mit einem Würgegefühl im Hals lief Bernetta hinaus und verschwand hinter dem Steinhaus im Dickicht.

30

Giornale di Bologna

Bologna. Der Mordprozess um die Internatsschülerin Amélie L. (16) wird heute mit dem Urteil der Geschworenen zu Ende gehen. Der französischen Staatsbürgerin wird vorgeworfen, ihre britische Mitschülerin Serena P. (17) getötet zu haben. Der Fall hat für landesweite Schlagzeilen gesorgt und umfangreiche Ermittlungen im Institut für Hochbegabung zur Folge gehabt. Die Eliteschule, die sich in einem herrschaftlichen Schloss oberhalb Bolognas eingemietet hatte und deren Betrieb vollständig von der Europäischen Union finanziert worden war, musste nach öffentlichen Protesten geschlossen werden.
Die Staatsanwaltschaft legt Amélie L. Mord aus Eifersucht zur Last. Da die Beschuldigte bis heute jede Aussage verweigert, wurde der Prozess auf Indizienbasis geführt. Staatsanwalt Peregrini berichtete von Fingerabdrücken der mutmaßlichen Täterin, die am Tatort, einem kleinen Wirtschaftsgebäude unterhalb des Schlosses sowie an der Mordwaffe gefunden worden seien.
Der Verteidiger der Angeklagten wandte ein, dass eine solche Gewalttat schon allein aufgrund der körperlichen Konstitution und verminderten Sehfähigkeit von Amélie L. nicht möglich gewesen sei. Zweifel an ihrer Unschuld nährt indes das

Gutachten des Gerichtspsychiaters, das L. eine hochgradige psychische Auffälligkeit attestiert und die Unterbringung in einem forensisch-psychiatrischen Krankenhaus empfiehlt. Die Urteilsverkündung wird für 11:00 Uhr erwartet. Wir werden in unseren Onlinekanälen darüber berichten.

DRITTER TAG DER ERMITTLUNGEN

31 SÜDSCHWEDEN

Christian Brand

Seit den frühen Morgenstunden kämpften sie sich nach Süden vor. Obwohl der Sturm immer noch tobte, hatten Aufräumtrupps in der Nacht ganze Arbeit geleistet. Der Baum, der den Weg gleich nach dem Hof der Perssons blockiert hatte, war ebenso zur Seite geschafft worden wie zahlreiche andere Hindernisse. Überall traf man auf Einsatzkräfte ziviler und staatlicher Organisationen, die Brand staunen ließen, wie sehr man sich hier bemühte, die Infrastruktur schnellstmöglich wiederherzustellen.

Die Perssons waren so nett gewesen, ihnen ein Frühstück mitzugeben, das Brand für sich allein hatte. Immer wieder nahm er einen Bissen Brot oder einen Schluck Kaffee aus dem Thermobecher, während er den Wagen zügig über die E6 steuerte.

Sie mussten nach Kopenhagen, wo ihr Jet stand. Anders als Göteborg oder Malmö bot der Flughafen dort gute Voraussetzungen für den Betrieb in schwierigen Wetterverhältnissen. Aktuell war der Flughafen noch geschlossen, doch laut Björk, die endlich wieder Internet hatte, konnte sich in Kürze ein Fenster auftun, das sie nutzen mussten. Das Navi gab drei Stunden für die Fahrt an, die Brand schneller schaffen wollte. Er hoffte bloß, dass die Öresundbrücke zwischen Malmö und Kopenhagen offen war und ihnen weitere Hindernisse erspart blieben.

Einmal mehr staunte er, wie viel Platz hier überall war. Hätte nicht immer wieder ein typisch skandinavischer Holzbau die

Monotonie unterbrochen, hätte man sich genauso gut im Mittleren Westen der USA wähnen können – ein Eindruck, der von zahllosen landwirtschaftlich genutzten Flächen noch verstärkt wurde.

Es waren nur wenige Fahrzeuge unterwegs. Einmal geriet der Anhänger eines Lastwagens vor ihnen beinahe ins Kippen, als der Wind ihn von der Seite packte und eine Notbremsung auslöste, die Brand rechtzeitig genug vorhersah, um ausweichen zu können. Immer wieder spürte er die Böen an seinem Lenkrad und musste ständig arbeiten, um den Wagen in der Spur zu halten. Er fuhr deutlich über der höchstzulässigen Geschwindigkeit, was Björk mit der üblichen Gelassenheit hinnahm. Sie klapperte auf ihrer Tastatur.

Brand verzichtete darauf, sie nach dem aktuellen Stand zu fragen. Er ging davon aus, dass bis Bologna noch mehr als genug Zeit war. Falls es etwas Wichtiges gab, würde sie es ihm sagen oder eben nicht – im Moment konnte er mit beidem leben.

Er dachte auch nicht weiter über sie und ihn nach. Sie hatten die letzte Nacht Seite an Seite verbracht, in ein und demselben Zimmer, und es war nichts geschehen. Wie hätte es auch sollen? Kaum hatte er sich weggedreht, war er in einen tiefen Schlaf gesunken. Dabei hatte es durchaus Zeiten gegeben, in denen er davon geträumt hatte …

»Morgen wird der Nächste auftauchen«, sagte Björk plötzlich.

Brand zog unauffällig einen Mundwinkel nach oben. War ihr die Stille zwischen ihnen etwa unangenehm? Wollte sie reden, jetzt, wo er sie einmal nicht zum Reden drängte? Es wirkte fast so.

»Fragt sich bloß, wo«, sagte er. Brand war sofort klar gewesen, von wem sie sprach. Vom nächsten Toten, der als Statue aufgestellt wurde, irgendwo in Europa. Alle achtundvierzig Stunden einer, wie schon die drei vor ihm. »Glauben Sie, es ist wieder einer von dem Foto?«, wurde er konkreter.

»Es könnte jedenfalls ein Mann sein.«

Brand dachte nach. Das erste Opfer war weiblich, das zweite ein Mann, das dritte wiederum eine Frau – und drei ergaben ein Muster. »Könnte sein«, pflichtete er ihr bei.

»Falls dem so ist, dürfte er sich bereits in der Gewalt des Täters befinden.«

Brand versuchte, sich den logistischen Ablauf vorzustellen. Wodurch eine Frage auftauchte, die bisher von wichtigeren verdrängt worden war. »Wissen wir eigentlich, *wann* die Leute gestorben sind?«

»Das ist interessant«, sagte sie, »wir haben die Obduktionsberichte aus Lissabon und Paris. Liv Persson starb, als sie mit Zinn übergossen wurde. Sie ist erstickt, und ihr Körper reagierte noch auf die Hitze. Maximal vierundzwanzig Stunden, bevor sie in Paris ausgestellt wurde.«

Brand schauderte bei der Vorstellung, noch mehr aber bei dem Bild von Liv Persson, das sich in seine Vorstellung gebrannt hatte – mit dem Speer in der Hand und dem Todesschrei im Gesicht.

Björk berichtete weiter: »In Lissabon war es anders. Die Leiche war gefroren, bevor man sie in die Tonhülle gab. Was auch für den Schachkönig in Salzburg gilt.«

»Das heißt, die beiden waren schon länger tot?«

»Anders hätte er es niemals geschafft.«

Brand stimmte ihr zu. Im Grunde lag das Hauptproblem des Täters direkt vor ihren Augen: Europa war zu groß, um mal schnell in dieser und bald darauf in jener Ecke aufzutauchen und überall noch Zeit dafür zu haben, Leute aufzuspüren, sie umzubringen, ihre Leichen kunstvoll zu präparieren und unerkannt an öffentlichen Plätzen aufzustellen. Der Täter musste weite Teile seines Plans bereits vorbereitet haben, bevor die erste Skulptur in Lissabon aufgetaucht war.

»Gibt's inzwischen irgendwelche Überwachungsbilder von den Plätzen?«, fragte Brand. »Oder Spuren? Ich meine, er kann doch nicht unerkannt …«

»Doch, er kann. Er wählt die Orte sorgfältig aus und lässt die Figuren wie Geister erscheinen.«

»Alles hinterlässt doch irgendwelche Spuren! Außerdem: Wenn wir ohnehin wissen, dass morgen der Nächste kommen soll, könnten wir doch …«

»Was? Alle Plätze Europas überwachen?«

Er wusste selbst, dass das unmöglich war.

»Die Verkehrsdatenanalysen brauchen Zeit«, erklärte sie. »Interessanter ist, was er von Ihnen will, Brand. Irgendeine Idee?«

Er dachte an die Textnachrichten auf seinem Smartphone, das den Bombenanschlag in Paris nicht überlebt hatte. Was ihm die Aufmerksamkeit des Täters eingebrockt haben mochte, blieb unklar. »Nicht wirklich. Jedenfalls haben wir jetzt erst mal unsere Ruhe«, sagte er launig.

»Sie bekommen demnächst ein Ersatzgerät mit der gleichen Nummer.«

Brand nickte, freute sich aber nicht wirklich darüber. »Was ist mit der Toten aus Lissabon?«, machte er mit der Frau weiter, die Björk auf dem Foto in Liv Perssons Album erkannt hatte.

»Ich habe das Bild hochgeladen. Sie suchen nach ihr, aber das kann dauern. Es ist kein gutes Zeichen, wenn der erste Schnelldurchlauf nichts bringt.«

»Aber es gibt doch bestimmt Schülerlisten von diesem Institut, oder nicht?«

»Wie schon gesagt: Brüssel macht ein Geheimnis draus. Die schweigen es tot.«

»Im Ernst?«, staunte er. Gestern hatte es mehr nach einer

Mediensperre als nach einem Staatsgeheimnis geklungen. »Aber man kann doch nicht wochenlang verschwinden, ohne dass man jemandem fehlt.«

»Viele sind U-Boote«, konterte Björk und verstummte, als ihr Laptop piepte.

Brand dachte genauer darüber nach. Es stimmte, dass es Leute gab, die zurückgezogen lebten. Und längst waren es nicht bloß ältere Menschen, die ihre Angehörigen überlebt haben oder von ihnen vergessen wurden. Wenn solche Leute keiner regelmäßigen Beschäftigung nachgingen, konnten wohl tatsächlich Wochen vergehen, bis sie als vermisst gemeldet wurden.

Björks Laptop piepte erneut. Brand hielt die Augen auf der Straße. Als Björk eine weitere Minute lang nichts sagte, aber ziemlich schnell auf der Tastatur klapperte, hielt er es nicht mehr aus. »Was ist?«, stellte er die Frage, die er eigentlich hatte vermeiden wollen.

»Ja!«, rief sie und ballte kurz eine Hand zur Faust.

»Was?«, wurde er lauter und schielte zur Seite, erkannte aber nichts auf dem Bildschirm.

»Wir haben ihn!«

»Wen?«

»Den hier«, sagte Björk, kramte in ihrer Umhängetasche und hielt Brand das Foto aus Liv Perssons Album hin. »Den Toten aus Salzburg.«

Sie zeigte auf einen Schüler mit rundlicher Brille, den Brand schon beim ersten Ansehen gestern als unsympathisch empfunden hatte, ohne ihn konkret zu beachten. Er konnte nicht genau sagen, woran es lag – ob an der Brille oder auch am neunmalklug gehobenen Kinn. Jedenfalls hätte es dort, wo Brand zur Schule gegangen war, Prügel für ihn gegeben.

»Er wurde vor zwei Wochen in der Schweiz abgängig gemeldet. Reto Schuler.«

»Und was hat er gemacht? Schachgroßmeister oder so?«, riet Brand ins Blaue hinein.

»Falsch«, sagte Björk. »Schuler leitete ein großes IT-Startup in Salzburg. Hier«, erklärte sie weiter und hielt ihm den Laptop hin.

Brand überflog den Bildschirminhalt, bevor er sich wieder auf die Straße konzentrieren musste. Er sah einen Mann mit Hollywoodzähnen, Dreitagebart und topgestylter Hipsterfrisur. »Das soll derselbe sein?«, staunte er und brachte Björk damit zum Lachen. »Was?«, protestierte er. »Was ist so lustig?«

»Dass Sie es nicht sehen können.«

Er wollte beleidigt sein, dass sie ihm ihre Super-Recogniser-Fähigkeiten unter die Nase rieb, schaffte es aber nicht. Ein weiteres Mal hatte er das Gefühl, eine Seite von Inga Björk zu erleben, die er so noch nicht kannte. Eine, die reden wollte und Emotionen zuließ. Ob es damit zu tun hatte, dass sie in Schweden waren? »Sie sind also sicher, dass dieser Reto Schuler unser toter Schachkönig ist?«

»Absolut sicher.«

»Also gingen alle Opfer in Bologna zur Schule?«

Björk sagte nichts, weil es ohnehin klar war.

Genau wie ihr nächstes Ziel.

32

PARIS, heute

Amélie Leclerc

Wie jeden Tag fuhr Amélie mit der U-Bahn zur Arbeit. Wer sie sah, betrachtete sie schnell als einen der vielen neurotischen Stadtmenschen, die in ihrer ganz eigenen Welt lebten und die nichts und niemand erreichen konnte, geschweige denn verstehen. Weil sie ausschließlich mit sich selbst beschäftigt waren. Sie bewegten ihre Lippen, ohne etwas zu sagen, hatten nervöse Augen, manchmal schnitten sie auch Grimassen oder hatten einen nervösen Tic. Kinder, die sie sahen, zupften ihre Mütter und stellten peinliche Fragen, denen schamerfüllte Ermahnungen oder Ablenkungsversuche folgten.

Amélie vermied es, anderen in die Augen zu sehen. Sie wusste auch so, dass man sich über sie lustig machte. Es war eine weitere Konstante in ihrem Leben, an der sie genauso wenig ändern konnte – oder wollte – wie am immer gleichen Weg zur Arbeit, der sie vom einen Vorort in den nächsten brachte, beide an entgegengesetzten Enden der Stadt gelegen.

Während der Fahrt zählte sie die Bahnschwellen, Weichen und baulichen Unebenheiten, die zu spüren waren, immer vier und vier und vier und vier – acht, zwölf, sechzehn, zwanzig … Kamen am Ende nicht exakt zweihundertvierundzwanzig heraus, begann ihr Tag schon schlecht. Routinen waren wichtig. Routinen gaben ihrem Leben Halt.

220-221-222-223 – und Schluss.

Zweihundertdreiundzwanzig. Einer zu wenig.

Amélie verzog das Gesicht. Stimmte die Zahl nicht, lief meistens auch in der Arbeit etwas schief.

Sie verließ die U-Bahn. Auf dem immer gleichen Weg gelangte sie in dreihundertelf Schritten zum Hotel, das sie über den Personaleingang betrat, wo sie von der herrlichen Stille umfangen wurde, die es ihr überhaupt erst ermöglichte, hier zu arbeiten.

Seit der Sache damals in Bologna sprach sie kein Wort mehr. Weil es nicht mehr ging. *Mutismus* war einer der medizinischen Fachbegriffe, die in ihren Befunden standen. *Retrograde Amnesie* ein anderer, und meistens wurde auch ein schweres Trauma erwähnt.

Doch es gab noch ganz andere Dinge, die Amélies Alltag erschwerten. Dinge wie … Musik.

Ihre früheren Jobs waren oft daran gescheitert. Amélie hasste Musik. Musik war schuld daran, dass alles so gekommen war. Wahrscheinlich sogar der Tod ihrer Mutter.

Seit vielen Jahren trug Amélie keine Musik mehr in sich, und sie wollte auch keine mehr um sich herum haben. Hörte sie zufällig welche, konnte es durchaus passieren, dass sie sich die Ohren zuhielt und zu kreischen begann.

Ihr Arbeitgeber verzichtete zum Glück auf jegliche Beschallung. Und Amélie wusste das zu schätzen. Sie dankte es dem Hotel mit aller Mühe, zu der sie fähig war.

Amélie ging in die Umkleide, nickte den anderen Bediensteten zu, zog sich die Uniform an und holte bereits ihren Putzwagen ab, als die anderen noch miteinander tratschten. Manchmal redeten sie schlecht über sie, als wüssten sie nicht, dass viele Menschen, die stumm waren, ja trotzdem noch hören konnten. Doch Amélie wehrte sich nicht dagegen. Sie wollte bloß ihre Arbeit machen und dann wieder nach Hause fahren.

Amélie prüfte, ob sie alles hatte – Putzmittel, Desinfektionsmittel, Mikrofasertücher, Klopapier, Einwegartikel für die Gäste und so weiter. Schlampte man bei der Vorbereitung, geriet der ganze Tagesplan durcheinander. Amélie war streng mit sich selbst, viel strenger als ihr Arbeitgeber. Egal, wie schlimm ein Zimmer aussah, binnen achtzehn Minuten musste es wieder tipptopp sein, und niemand brauchte mehr nachzusehen, ob sie was vergessen hatte. Denn auf Amélie Leclerc war Verlass.

Sie schob ihren Wagen in den Personalaufzug und drückte die Fünf. Die fünfte Etage war ihre. Für die sechste und zugleich oberste Etage brauchte es nicht nur tadellose Leistung, sondern auch das entsprechende Auftreten.

Manchmal beschwerten sich Gäste über Amélies angebliche Unhöflichkeit. Dann musste ihr Vorgesetzter die Wogen glätten, indem er in Amélies Beisein von *Inklusion* sprach und auf ihre Putzqualitäten hinwies – mit beiläufigen Gesten, die Amélie nur allzu gut lesen konnte. Die Leute sollten nicht bloß wissen, dass sie stumm war, sondern auch denken, sie habe nicht alle Tassen im Schrank. Oft entschuldigten sich die Gäste hinterher bei ihr oder gaben ihr sogar ein Extratrinkgeld.

Sie betrat den Gang des fünften Stockwerks und verschaffte sich einen Überblick. Ein winziges Licht neben der Zimmertür verriet ihr, ob die Karte im Inneren eines Zimmers eingesteckt war oder nicht. Leuchtete es grün, konnte sie meist bedenkenlos eintreten. Trotzdem klopfte sie immer zuerst, lauschte, öffnete die Tür dann nur einen Spalt weit, bevor sie wieder lauschte – und erst wenn sie ganz sicher war, niemanden zu stören, nahm sie ihre Arbeit auf.

Fünfundvierzig Minuten später hatte sie bereits zwei Räume auf ihrer Liste abgehakt und kümmerte sich um den dritten. Die persönlichen Sachen und der Zustand des Zimmers ließen auf ein Pärchen in den Flitterwochen schließen, bei denen sie sich immer besonders beeilen musste, um in achtzehn Minuten fertig zu sein. Nach dem Abziehen der Betten wollte sie gerade Wäsche und Handtücher nach draußen bringen – da klingelte ihr Diensttelefon. Sie musste bloß abheben und zuhören. Ihr Vorgesetzter sagte, dass jemand von der Polizei an der Rezeption auf sie warte. Und dass es dringend sei.

Sie erschrak. *Ist was mit Marie?*, war ihr erster Gedanke, obwohl sie seit Ewigkeiten nichts von ihrer Schwester gehört hatte, die seit Jahren in Kanada lebte. Der Gedanke, dass ihr auch dieser letzte Rest von Familie genommen worden sein könnte, schnürte ihr die Kehle zu.

Amélie ließ alles stehen und liegen und schloss nicht mal mehr die Zimmertür, sondern lief durch den Gang und die Treppen hinunter, weil es schneller ging als mit dem Aufzug. Mit dem eigenen Puls in den Ohren kam sie unten ums Eck – und traute ihren Augen nicht.

Da war kein Polizist. Dafür aber jemand, der nicht hierhergehörte. Nicht nach Paris. Nicht in diese Zeit. Nicht in ihr Leben.

Trotz der Jahre, die inzwischen vergangen waren, erkannte sie ihn sofort.

Matteo.

Er hatte sich kaum verändert. Sie hingegen schon, und nicht zu ihrem Vorteil. Vor Scham schoss ihr das Blut ins Gesicht. Er kannte sie ganz anders, das wusste sie. Aber die frühere Amélie war so weit entfernt wie der Mond.

»Amélie, du musst sofort mitkommen«, sagte Matteo.

Ihre Bitterkeit wurde noch dadurch verstärkt, dass sie sich sofort wieder an seine Stimme und sein ziemlich passables Französisch erinnern konnte. Sie schüttelte bloß den Kopf.

»Amélie, es ist wirklich wichtig.«

Sie zuckte zurück, als er sie am Oberarm fassen wollte, und stieß einen Laut aus, der sich wie ein wütendes Grunzen anhörte und das Einzige war, was es vom Sprachzentrum zu den Stimmbändern schaffte.

»Psch!«, machte er, packte sie fester und zog sie in einen ruhigeren Bereich der Lobby. »Amélie, ich bin so froh, dass ich dich gefunden habe. Aber wir müssen weg. Jetzt sofort.«

Da wurde sie wütend. Nichts hatte sie nach der Sache in Bologna von ihm gehört. Er war wie alle anderen. Und jetzt kam er plötzlich an, gab sich als Polizist aus und verdarb ihr den Arbeitstag. Sie würde doppelt so lange für das Flitterwochenzimmer brauchen. Amélie versuchte, seine Hand abzuschütteln, und stieß einen weiteren Laut aus.

»Verdammt, was ist nur los mit dir?«

Er ließ nicht locker. Sie wusste nicht, was sie tun konnte – bis sie den Kofferträger sah, der gerade bei der Drehtür hereinkam. Sie winkte ihn mit ausladenden Handbewegungen zu sich herüber.

Patrice und sie verstanden sich gut. So schwer Amélie sich im Kontakt mit anderen Menschen tat, so hemmungslos war Patrice, weshalb sie manchmal dachte, dass sie zusammen den perfekten Normalo abgäben.

»Ja, Amélie?«, sagte er und schaute mit seinen freudigen Augen zu ihr herüber. Sein Gesicht verdunkelte sich allerdings schlagartig, als er sah, dass jemand Amélies Oberarm umklammert hielt.

»Gibt's Probleme?«, maulte er, ließ den Kofferwagen los, plusterte sich auf und kam auf sie zu wie eine Dampflok.

Ein Gästepaar an der Rezeption drehte sich um. Auch der Mann hinter dem Schalter schaute jetzt in ihre Richtung.

Matteo ließ ihren Arm los, ehe Patrice sie erreicht hatte, und räusperte sich. »Ich gehe schon«, sagte er und streckte Patrice die flachen Hände entgegen.

Dieser wirkte, als wollte er Matteo trotzdem hinauswerfen. Amélie ging kopfschüttelnd dazwischen, tätschelte Patrices Oberarm und wollte verschwinden, um ihr drittes Zimmer fertig zu bekommen.

Sie war schon auf der vierten Treppenstufe, als sie hörte, dass Matteo ihr noch etwas hinterherrief.

»Amélie! … Liv ist tot! … Du bist hier nicht mehr sicher!«

33 UNBEKANNTER ORT

Florentin Heintz, Politiker

Das Erste, was er wahrnahm, war das Ding in seinem Mund. Er fühlte einen Fremdkörper, der es ihm unmöglich machte, anders als durch die Nase zu atmen. Er hatte Schmerzen am ganzen Körper. Er wollte aufstöhnen und nach jemandem rufen, brachte aber nichts Verständliches heraus. Er räusperte sich sinnlos, und dieses Räuspern führte zu Husten, der merkwürdig schwach war.

Was ist mit mir?

Das einschießende Adrenalin versetzte seinen Körper in Alarmstimmung. Heintz öffnete die Augen und versuchte, sich zu orientieren. Aber da war nichts außer dem schwärzesten Schwarz, das er je gesehen hatte.

Ein Unfall, überlegte er. Aber welcher Unfall hätte eine solche Lage zur Folge?

Die Aufklärung musste warten, bis er wieder klar denken konnte. Bis er sich erinnern konnte. Aber da war nichts. Sein Geist war wie betäubt, und sein Körper schmerzte. Er versuchte, den Fremdkörper aus seinem Mund zu entfernen, und scheiterte kläglich. Das Ding war in seinem Mund und gleichzeitig um den ganzen Kopf herum – was ihn augenblicklich auf einen Knebel brachte, wie er manchmal als Sexspielzeug verwendet wurde.

Sex …

Ein dunkles Gefühl machte sich in ihm breit. Eine Erinnerung, die er nicht richtig zu fassen bekam. Eine Frau, bei der er gewesen war. Aber was kam danach?

Er wollte mit der Hand zum Hals hochfahren, aber es ging nicht. Dabei war er nicht gefesselt. Er versuchte es wieder und wieder, doch es kam keine Reaktion, keine Bewegung, kein Gefühl, kein gar nichts. Er probierte es mit den Beinen und merkte schnell, dass es zwecklos war. Er spürte nichts und konnte unterhalb seines Halses auch nichts bewegen.

Ich bin gelähmt, dachte er. Panik griff nach ihm. Er fühlte sein Herz schneller und schneller schlagen. Er schnappte nach Luft. Je mehr er sich aufregte, desto mehr Schwierigkeiten bekam er auch mit dem Atmen durch die Nase.

Was, wenn ich ersticke?

Ehe er den nächsten Gedanken fassen konnte, begann er zu hyperventilieren, durch die Nase und so kraftlos, dass es lächerlich anmutete, wenn man es mit der Menge an Sauerstoff verglich, die sein Körper brauchte. Er sah Funken vor den Augen, die intensiver wurden. Ein dunkles Gefühl kroch von hinten über seinen Kopf. Er wusste, dass er gleich wieder bewusstlos wurde.

Und dann?

Angesichts seines Zustands kam ihm die Bewusstlosigkeit wie eine Gnade vor. Doch wer garantierte ihm, dass er noch einmal aufwachte? Er durfte die Kontrolle nicht verlieren. Er musste kämpfen. Was zuerst hieß: sich zu beruhigen. Aber wie sollte das gehen, wenn man längst in einer Spirale gefangen war?

Ruhig, sprach er sich in Gedanken zu, und wenigstens dort besaß er seine Stimme noch. *Ruhig. Du lebst. Es gibt bestimmt eine rationale Erklärung dafür. Du hattest einen Unfall. Du bist jetzt in guten Händen. Sie kümmern sich um dich. Ruhig.*

Heintz wurde tatsächlich etwas ruhiger.

Die bunten Punkte vor seinen Augen wurden jetzt Schwärme, und sie stoben wild umher. Er klammerte sich an sein Bewusstsein und versuchte, an etwas zu denken, das nichts mit seiner Situation hier zu tun hatte. Er konzentrierte sich auf das, was er war und was ihn ausmachte, auf seinen innersten Antrieb, der ihm Kraft gab.

Ich bin Florentin Heintz. Bundesparteivorsitzender. Ich werde Deutschland besser machen.

Er holte die Sätze in sein Bewusstsein, wie ein Computer sein Betriebssystem lud. Doch was daraus entstand, waren bloß weitere, beunruhigende Fragen.

Was tue ich dann hier?

Und als die Erinnerungen auf ihn einzuprasseln begannen: *Wer war diese Frau?*

34 BOLOGNA

Christian Brand

Jet-Set-Leben, fiel Brand ein. Er zog die Mundwinkel hoch. Ein Schlag nach dem anderen ging durch die Maschine und schüttelte die Passagiere durch. Oben über den Wolken war es erstaunlich ruhig gewesen, sodass Björk sogar arbeiten konnte. Bloß auf dem Weg hinauf und hinunter beachtete man sie besser nicht. Er wusste, dass sie an Flugtagen auf ihr Frühstück verzichtete, und dass sie sich alle Mühe gab, einen normalen Eindruck zu machen. Doch Brand hatte sie längst durchschaut. Sie konnte fliegen, so oft sie wollte – gewöhnen würde sie sich wohl niemals daran.

Dabei gab es keine Alternative zum Jet. Sie konnten keine zwanzig Stunden im Auto oder in der Bahn verbringen. Genau genommen hatten sie nicht mal die knapp zwei Stunden Flugzeit von Kopenhagen nach Bologna. In diesen Augenblicken konnte schon das nächste Opfer dran sein. Wenn es nicht längst tot war und darauf wartete, irgendwo auf einem öffentlichen Platz zur Schau gestellt zu werden.

Sie mussten unbedingt wissen, was es mit dieser Schule in Bologna auf sich hatte, die von EU-Behörden in Brüssel angeblich totgeschwiegen wurde. Wer die Schüler waren und wer die Lehrer, und wo die Wurzel des Verbrechens liegen könnte. Erst dann würden sie substanzielle Fortschritte machen.

Wenn der Täter uns lässt.

Brand hasste es, bloß eine Marionette zu sein. Von unbekannten Händen gesteuert zu werden. Was, wenn sie weiterhin dem Plan des Täters folgten? Wenn er sie jederzeit aus dem Spiel nehmen konnte? Seit Paris hatte Brand nichts mehr von ihm gehört. Mittlerweile hatte er das Ersatzhandy bekommen, doch Nachricht kam keine.

Keine Nachrichten sind gute Nachrichten, dachte Brand frustriert, rieb sich das Gesicht und gähnte. Dafür, dass er geschlafen hatte, fühlte er sich ziemlich gerädert.

Mit einem weiteren, finalen Schlag setzte der kleine Jet auf der Rollbahn auf. Björk stöhnte und maulte auf Schwedisch, und als Brand zu ihr schaute, war sie leichenblass.

Bologna also. Eine weitere Stadt, in die Brand noch keinen Fuß gesetzt hatte. Ein weiterer Mietwagen und eine weitere Stimme aus dem Navi, die ihnen den Weg zu einer Adresse wies, die Björk bestimmt längst recherchiert hatte. Wie schon in Schweden würden sie auch hier auf Verständigung der lokalen Behörden verzichten, weil schlicht keine Zeit für Erklärungen blieb. Sie waren auf sich gestellt und auf das, was Björk und ihre Ansprechpartner in Den Haag herausfanden. Brand konnte bloß daneben sitzen, mitraten und dann im richtigen Moment zuschlagen. Trotz dieser seltsamen Zusammenarbeit mit Björk fühlte es sich langsam wie Alltag an. Wie Arbeit, die man eben machte, bevor man wieder nach Hause gehen und seinen Hobbys nachkommen konnte.

Als er an Björks Seite über das Vorfeld ging, klingelte sein Handy. Es war Mailin.

»Hey, Mailin«, begrüßte er sie, nachdem er sich hatte zurückfallen lassen.

Björk sah zu ihm zurück. Er gestikulierte vertröstend.

»Hi, Chris«, sagte die Frau, die ihn die letzten Wochen um den Verstand gebracht hatte. Augenblicklich rührte sich sein schlechtes Gewissen.

»Sorry, das Handy war kaputt … falls du versucht haben solltest …«, stammelte er. Es war eigenartig, dass sie ihm bisher so wenig gefehlt hatte.

»Habe ich mir schon gedacht. Hör zu, John Ronald hat sich gemeldet. Er braucht deine Bilder.«

»Aha«, sagte Brand und erinnerte sich wieder an den Namen des holländischen Kunstliebhabers, der seine Werke ausstellen wollte. Vor wenigen Tagen war es noch eine Riesensache gewesen. Jetzt hatte sie an Bedeutung verloren.

Wie Mailin …

»Was soll ich machen?«, fragte sie mit leicht genervtem Unterton. Sie hatte auch allen Grund dazu.

»Tut mir ehrlich leid, Mailin«, sagte er, »aber ich komme hier nicht weg.«

»Wo bist du überhaupt?«

»Bologna. Lange Geschichte.«

Björk winkte ungeduldig.

»Mailin, könntest du ihm die Bilder bringen? Wäre das möglich, bitte?«

Sie schwieg.

Er dachte an die halbfertigen Sachen. Er wusste, dass es die ureigenste Aufgabe des Künstlers war, darüber zu bestimmen, was gezeigt werden sollte und was nicht. Aber es ging nicht anders, und eine Absage kam für ihn ebenso wenig infrage. »Triff du die Auswahl«, sagte er.

»Ich? … Aber …«

»Ich vertraue dir, Mailin.«

»Ehrlich?«, staunte sie und klang erfreut.

»Ehrlich. Und … danke. Ich vermisse dich.«

»Miss you too«, sagte sie und legte auf.

Brand fühlte einen Stich in der Brust, und die Sehnsucht regte sich nun doch.

»Sollen wir gleich an einem Blumenladen anhalten?«, fragte Björk mit ernster Miene, als er durch die Tür trat, die sie für ihn aufgehalten hatte.

Eine Viertelstunde und die üblichen Kontrollen später befanden sie sich auf dem Weg zum Castello Farini, in dem sich das Institut für Hochbegabung einst befunden hatte. Björk berichtete von einem Kriminalfall, der sich dort ereignet hatte – einem Mord, nur Monate vor der Schließung des Instituts. Viel hatte sie nicht darüber herausfinden können.

Die Autobahn führte sie in einem weiten Bogen um einen Vorort herum und dann direkt aufs Stadtzentrum zu. Brand achtete nicht sonderlich auf die Umgebung oder die Betriebsamkeit überall, die verglichen mit ihrem Fall belanglos wirkte.

Sie kamen an einem riesigen Friedhof vorbei, dessen Anblick die schlechter werdende Stimmung untermalte. Sie passierten das große Fußballstadion und fuhren dann einen Hang hinauf, wo sich nach und nach die Steinmauern ihres Zieles aus den Nebelfetzen herausarbeiteten.

»Harry Potter?«, kommentierte Brand seinen Eindruck.

Björk schwieg.

»Bloß noch ein paar Türme …«

»Jaja. Schon kapiert.«

Auch Björks Stimmung war schlecht. Es mochte mit dem Flug zu tun haben oder mit der Anspannung – die auch Brand fühlte, als sie vor einem großen Bauzaun anhielten und ausstiegen.

»Sieht verlassen aus«, sagte er.

Sie traten an den Zaun heran.

»Und was jetzt, Björk?«

»Was schlagen Sie vor?«

Er wusste, dass es eine rhetorische Gegenfrage war. Also hob er eine Seite der Absperrung aus dem Betonfundament und ging einfach hinein zu dem Bogen mit dem schmiedeeisernen Tor, das sich auch nur zum Teil – als Fußgängerdurchgang – öffnen ließ.

Es gab eine Klingel, die ebenso wenig funktionieren konnte wie das elektronische Nummernschloss, weil die Drähte, die unten aus dem Aufputzkästchen schauten, durchtrennt waren. Nirgendwo war eine Aufschrift oder sonst ein Hinweis zu erkennen.

Was jetzt?, lag ihm erneut auf der Zunge. Er schaute sich nach allen Seiten um, bevor er das Tor und den Fußgängerdurchgang genauer prüfte. Beide wurden von einer dicken Kette verriegelt, die mit einem ebenso dicken Vorhängeschloss gesichert war.

Björk wandte sich ab und sagte etwas Schwedisches, von dem Brand ahnte, dass man es auch in ihrem Heimatland besser für sich behielt. Sie hatte schon ihr Smartphone in der Hand und wollte wohl jemanden anrufen, als Brand ein Detail auffiel.

»Sehen Sie!«, rief er und ging ein paar Schritte zur Seite, wodurch sich der Eindruck noch verstärkte. Er zeigte auf den Boden, wo zwei parallele Spuren aus dem Schlosshof nach außen führten. Dort, wo der Bauzaun war, glaubte er, das Profil eines Autoreifens auszumachen. »Kann nicht lange her sein«, behauptete er, obwohl er kaum Ahnung vom Fährtenlesen hatte.

»Sieht so aus«, bestätigte sie, ging zur Kette und rüttelte daran. »Wir müssen rein«, sagte Björk.

»Und wie?«, fragte Brand, der es für ausgeschlossen hielt, ohne Werkzeug durch das Tor zu kommen.

Björk trat ein paar Schritte zurück und schaute prüfend die Außenmauer hoch. »Sie kommen doch aus den Bergen, oder?«, fragte sie und nickte zuerst zu ihm und dann nach oben.

Zehn Minuten später war er im Schloss. *Nur* er. Und er würde auf sich allein gestellt bleiben. Er wusste, dass er Björk nicht auf dem gleichen Weg reinbringen konnte, den er gerade genommen hatte, über Blitzableiter und Mauervorsprünge hinauf zum erstbesten dünnen Glasfenster, das er mit dem Ellenbogen eindrücken und den Rahmen nach innen öffnen konnte. Als Teil des Einsatzkommandos Cobra waren Kletterübungen wie diese eine leichte Aufgabe für ihn.

Er stand in einem Zimmer, das trotz des Außenlichts ziemlich düster wirkte. Ein Unterrichtszimmer, war er sich sicher. Ein Klavier stand drin und ein Schreibtisch, an der Wand ein Kasten. Notenblätter lagen noch auf einem Pult, an dem einst vielleicht ein Geiger gestanden hatte oder eine Sängerin.

Brand trat hinaus in den Gang. Es roch, wie alte Gemäuer eben rochen – erdig, modrig, nass. Außerdem war es deutlich kälter als draußen. Trotz der Dunkelheit erahnte Brand zahlreiche Gemälde an der Wand, wie auch Figuren und Skulpturen verschiedenster Größen, die ihn anzustarren schienen.

Jemand war vor Kurzem hier, rief er sich in Erinnerung, als er die Treppe hinunterstieg, sorgfältig auf Kameras, Stolperfallen und Ähnliches achtend. Seit der Bombe in Paris musste er mit allem rechnen.

Weil es schnell noch dunkler wurde, machte er die kleine Taschenlampe an, die neben seiner Waffe so ziemlich das Einzige war, was ihm hier drin nützlich sein konnte. Die Glock in Anschlag zu nehmen, wäre aber übertrieben gewesen.

Er kam an weiteren Figuren und Installationen vorbei, die gespenstische Schatten an die alten Wände warfen. Unzählige Spinnweben verrieten die vielen Jahre, die hier nicht mehr geputzt worden war. Nichts hätte auf die Anwesenheit eines Menschen hingedeutet – wäre der Steinboden der unteren Etage nicht sauber gewesen und frei von Staub, in einer breiten Spur vom Eingang des Gebäudetrakts hin zu einer Tür. Brand vermutete dahinter den Abgang in einen Keller. Augenblicklich eilte er hin.

35

PARIS

Amélie Leclerc

Amélie hatte das letzte Zimmer fertig. Sie wusste, dass sie nicht so gewissenhaft geputzt hatte wie sonst immer. Aber für heute musste es reichen.

Hastig versprühte sie den Raumduft, den sie noch bis zum Abend in der Nase haben würde, und verschwand mit ihrem Putzwagen nach unten.

Liv ist tot. Liv ist tot.

Die Worte aus Matteos Mund drehten sich in ihrem Kopf und machten sie fast wahnsinnig. Sie hatte seit damals von niemandem mehr gehört, weder von Matteo noch von Liv noch von … Sie musste angestrengt nachdenken, um auf weitere Namen zu kommen. Reto fiel ihr noch ein. Und Serena natürlich. Die Anstalt, in die Amélie nach der Verurteilung gekommen war, war ihr viel lebhafter in Erinnerung als die Schule damals.

Weshalb sollte sie ausgerechnet jetzt in Gefahr sein, wie Matteo gemeint hatte? Sie konnte keinen Grund erkennen. Sie hatte für ihr Verbrechen gebüßt. Heute tat sie eben, was sie zu tun hatte. Sie erfüllte ihre Aufgaben und ging wieder nach Hause in die Vorstadtwohnung zurück, die ihr nach diversen Therapieversuchen und Übergangslösungen vom Staat zur Verfügung gestellt worden war. Dort in ihren vier Wänden konnte sie in Stille existieren und die Menschen draußen beobachten, wenn ihr danach war. Ein Tag reihte sich an den anderen und wurde zu Wochen, zu Monaten und Jahren, die sich kaum noch voneinander unterschieden. Doch mit Matteos Auftauchen war dieses kleine bisschen Ordnung durcheinandergeraten.

Amélie konnte nicht glauben, dass Liv tot sein sollte. Ihre frühere Zimmerkollegin aus Bologna, das Mathegenie, das in ihrer Erinnerung stets über den Dingen schwebte, da oben bei den Sternen, zu denen sie so gerne reisen wollte. Lebend. Der Tod passte nicht zu ihr. Schon klar, der Tod passte zu keinem, aber Liv und tot, das schien Amélie völlig absurd.

Genauso wenig passte Matteo hierher nach Paris. Wann hatte sie ihn wohl zuletzt gesehen? Gut möglich, dass er im Gerichtssaal gesessen oder ihr draußen auf der Straße noch etwas zugerufen hatte, als Teil der Meute, die sich nicht an Amélies Schicksal sattsehen konnte. Sie hatte niemals wieder daran zurückdenken wollen.

Amélie spürte etwas in sich grollen, das mit Pillen im Zaum gehalten werden musste. Sie ahnte, dass heute einer jener Tage war, an denen die übliche Ration nicht reichte. Sie musste unbedingt darauf achten, ruhig zu bleiben. Wenn sie die Wut zuließ, konnte sie zu einer Bestie werden, die Dinge tat, die völlig fern ihrer Vorstellungskraft lagen.

Liv ist tot. Liv ist tot.

Unten im Umkleideraum, wo sie allein war, stöhnte sie laut auf, was den Satz aus ihrem Kopf radieren sollte. Aber es klappte nicht. Also machte sie Krach, warf Sachen herum, schüttelte den Kopf und stieß ihn mehrmals absichtlich gegen die offene Tür ihres Spinds. Nichts half.

Die Straße würde helfen. Manchmal waren Geräusche besser als Stille. Das Geplapper der Leute zum Beispiel, solange man es nicht verstehen musste. Das Rattern der U-Bahn. Zweihundertvierundzwanzig Erschütterungen bis hierher, nur hundertachtundneunzig auf der Gegenstrecke nach Hause.

Wo die Stille sie erwarten würde.

Liv ist tot.

Sie drückte die Tür des Seiteneingangs einen Spalt weit auf und spähte hinaus. Froh, niemanden zu sehen, verließ sie das Hotel. Sie hätte auch vorne rausgehen und sich dabei von Patrice dem Kofferträger begleiten lassen können. Aber sie wollte sich nicht fürchten. Nicht vor Matteo und nicht vor irgendeiner Bedrohung. Sie wollte nur verschwinden und nicht an morgen denken müssen. Dabei ahnte sie schon, dass sie gehörige Schwierigkeiten haben würde, wieder an ihren Arbeitsplatz zurückzukehren. Weil er nun nicht mehr anonym war. Jedenfalls nicht anonym genug.

Ihre Beine bewegten sich wie von selbst, während ihr Geist die Endlosschleife drehte, *Liv ist tot*, in Matteos Stimmfarbe, die ihr einst so vertraut gewesen war. Aber sie gehörte wie alles andere in ein Leben, das nicht mehr ihres war.

Auf der Rolltreppe, die in den U-Bahn-Schacht führte, bemerkte sie den bereitstehenden Zug, der jeden Moment losfahren würde. Sie hastete die letzten Meter hin und zwängte sich in die bereits schließenden Türen, wissend, dass das Sicherheitssystem sie schützen würde, falls sie eingeklemmt wurde. Prompt geschah es so. Das Murren eines Passagiers, dem sie versehentlich auf die Zehen trat, ignorierte sie. Im zweiten Anlauf schlossen sich die Türen ganz, und das vertraute Rattern begann, noch bevor sie sich auf einen freien Platz setzen konnte.

Sie hielt die Augen geschlossen, während sie die Erschütterungen zählte und alles andere wie immer ausklammerte, Geräusche, Gerüche, Helligkeitswechsel, Luftzug …

Als sie eine Hand an ihrem Arm spürte, riss sie ihn weg und wollte demjenigen, der sie da einfach anfasste, eine runterhauen.

Es war Matteo.

»Amélie, verzeih, ich wollte dich nicht …«, sagte er und brach mitten im Satz ab, sichtlich über ihr Verhalten erschrocken. Seine

Mimik war die gleiche wie damals, sein Gesicht leichter zu deuten als die meisten anderen. Doch sie wollte es nicht sehen.

Viel zu viele Erinnerungen drangen an die Oberfläche. Amélie drückte Matteo mit beiden Armen weg. Aber er kam zurück. Hilfesuchend sah Amélie sich um, doch alle anderen schauten weg.

Schließlich gab sie auf, sich zu wehren oder auf die Erschütterungen der Strecke zu konzentrieren. Zu zählen, wie sie es immer tat. Sie erhob sich, um an der nächsten Haltestelle auszusteigen und Matteo notfalls mit einer Riesenszene loszuwerden.

Matteo folgte ihr. »Liv ist tot«, zischte er ihr zu. »Ist dir das egal, Amélie? … Man hat sie mitten in Paris aufgestellt wie eine Statue. Du bist hier nicht mehr sicher. Du musst sofort mitkommen!«

Amélie schüttelte den Kopf, zuerst nur leicht, dann immer fester.

Endlich bremste der Zug. Sie würde Matteo eine Ohrfeige geben und davonlaufen. Und dann würde sie wieder ihre Ruhe haben.

»Wenn du mir nicht glaubst, dann sieh dir das an. Kommt dir das bekannt vor?« Er zog etwas aus seiner Jacke und hielt es ihr vors Gesicht. Sie wollte es ignorieren, doch es ging nicht.

Weil sie es tatsächlich kannte.

Das halb zerfetzte, leinenfarbene Kuvert mit dem dezenten und dabei so besonderen Muster, das sie kürzlich erst in Händen gehalten hatte. *LIV* stand darauf, im selben Schwung geschrieben wie ihr eigener Name auf dem Brief, der vor wenigen Tagen in ihrem Postfach gewesen war. Sie hatte ihn weggeworfen, weil sie anonyme Post grundsätzlich nicht öffnete.

Wo hast du das her?, dachte sie. Die Frage wollte mit aller Gewalt aus ihr heraus, konnte aber nicht.

Matteo sprach weiter: »Der Absender nannte sich Stephen. Und deiner? … Wie heißt dein Engel, Amélie?«

Mein Engel, grübelte sie und merkte, wie sich etwas in ihr regte, das nicht an die Oberfläche durfte. Mit aller Kraft zwang sie sich, tief ein- und auszuatmen, um die Kontrolle zu behalten.

»Wir müssen weg, Amélie. Ich weiß, wo wir sicher sind.«

Der Zug hielt an einer übervollen Station.

Amélie zögerte keine Sekunde. Sowie der Zug stand, riss sie Matteo den zerrissenen Umschlag aus den Händen und rannte davon.

36 BOLOGNA

Christian Brand

Minutenlang versuchte er nun schon, die Tür aufzubekommen, die wie der Steinboden und die abwärtsführende Treppe zu sauber aussah, als dass sie jahrelang unberührt geblieben sein könnte wie der Rest dieses Schlosses. Es handelte sich um eine beinahe schon historisch anmutende Holztür, die so meisterhaft gefertigt war, dass sie den Raum dahinter bestimmt perfekt isolierte.

Das Schloss war mit einem simplen Bartschlüssel zu öffnen, doch wenn man ihn nicht hatte und nicht gerade geübt im Schlösserknacken war, konnte man sich auch an einer einfachen Barriere wie dieser schnell die Zähne ausbeißen.

»Mistding!«, fluchte Brand, als der Draht sich verbog, den er einem der herumstehenden Kunstwerke entliehen und unter seinen Schuhsohlen zurechtgebogen hatte. Tatsächlich hatte er bereits eine halbe Umdrehung geschafft, bevor das Material nachgab, weil der Widerstand der Schlossmechanik zu groß wurde und diese auf ihre Ausgangsposition zurückschnappte.

Ein letztes Mal wollte er es noch versuchen. Er lehnte sich mit allem Gewicht gegen das Türblatt, um den Riegel des Schlosses zu entlasten, und stocherte in der Mechanik herum, bis sie sich bewegte, Millimeter für Millimeter – und der Schließmechanismus endlich aufsprang.

»Ja!«, rief Brand triumphierend und riss die Tür auf.

Er leuchtete in den Kellerraum hinein, dessen hohe Gewölbedecke ihm als Erstes auffiel. Schnell begriff er, dass es sich um einen Weinkeller handelte, da es entsprechende Aussparungen in den Wänden gab. Zwischenzeitlich musste der Raum allerdings zur Lagerstätte umfunktioniert worden sein. Brand sah allerlei Gerümpel, das man mit einem Schulbetrieb in Verbindung bringen könnte, zusammengerollte Karten zum Beispiel. Aber hier war nichts, was so aussah, als hätte es mit ihrem Fall zu tun …

Trotzdem leuchtete er überallhin, durch die Regale der Stellagen und untendurch, wozu er in die Knie gehen musste. Als er schon glaubte, es sei aussichtslos, sah er etwas, das ihn irritierte.

Er wollte gerade hingehen, als er ein Knirschen und Quietschen hörte, irgendwo aus der Richtung der Treppe, über die er gekommen war. Eine Außentür fiel zu. Ein Mann sagte etwas und klang nicht erfreut. Brand hörte schwere Schritte auf dem Steinboden des Schlosses.

Die Stimme wurde lauter. Bald verstand er so viel von dem aufgebrachten Kauderwelsch, dass er den Mann als Italiener identifizierte. Und er war nicht allein. Brand hörte auch Björk, die etwas schimpfte. Ein anderer Mann schnauzte unfreundlich zurück.

Brand ahnte, dass es bald nicht mehr so einfach sein würde, sich hier umzusehen. Je nach Kooperationsbereitschaft der Behörden vor Ort konnte es schon mal dauern, bis man an die nötigen Genehmigungen und Beschlüsse kam, um ein Gebäude zu durchsuchen …

Blitzschnell fasste er einen Plan. Er ging zur schweren Tür zurück, warf sie zu und schob den Riegel vor, der sich an der Innenseite befand.

37 BOLOGNA

Inga Björk

Sie hörte das Geräusch im selben Moment wie die beiden uniformierten Carabinieri, die sich kurz anschauten und dann über die Treppe nach unten eilten, dorthin, wo soeben eine Tür zugefallen war.

Es war exakt die Reaktion, die sie sich von Brand erhofft hatte. Sie hatte lauter geschimpft, als es ihrem Naturell entsprach. Brand hatte verstanden und sich etwas Zeit verschafft. Hoffte sie jedenfalls.

»Apri la porta!«, fauchte einer der Beamten und hämmerte gegen die Tür. »Subito!«

Wieder versuchte Björk, an die Vernunft der beiden zu appellieren, die aufgeregt mit ihren Taschenlampen hantierten und sich dann am Schloss zu schaffen machten – anstatt ihre Vorgesetzten zu verständigen, wie Björk es schon oben von ihnen verlangt hatte.

Männer, dachte sie und lehnte sich an die Steinwand. Sie spürte die Kälte der Mauern und die Feuchtigkeit, die ihr sofort in die Glieder kroch. Sie musste sich schütteln.

Der eine Polizist wollte gerade wieder hämmern, als ein schleifendes Geräusch zu hören war und die Tür aufging. Der andere Italiener zog allen Ernstes seine Dienstwaffe und richtete sie auf Christian Brand, der mit erhobenen Händen herauskam und sich widerstandslos nach oben begleiten ließ.

Auch Björk musste mit den Beamten mitkommen, die nicht daran dachten, einen Blick in den Keller zu werfen.

Nachdem auch Brand ihnen seinen Ausweis gezeigt hatte, sprachen sie endlich mit der Zentrale und wurden an jemanden weiterverwiesen, der sich auf den Weg machte. Bis er eintraf, durften Björk und Brand bloß in ihrem Fahrzeug sitzen und warten.

»Und?«, fragte Björk und warf Brand einen Seitenblick zu.

Dieser schüttelte den Kopf.

»Nichts?«, fragte sie lauter und spürte, wie sich ihre Stimmung verfinsterte.

38 UNBEKANNTER ORT

Florentin Heintz

Kein Unfall, ging ihm zum tausendsten Mal durch den Kopf. Nicht minder beunruhigend war es, über den Grund für seine missliche Lage nachzudenken. Er kam einfach auf nichts. Jedenfalls nichts, was sich innerhalb der Rechtsordnung abgespielt hätte.

Eine Erpressung schloss er aus. Er hatte keine reichen Eltern oder sonstigen Angehörigen. Er hatte überhaupt keine Familie mehr. Die Partei oder irgendwelche staatlichen Organisationen würden niemals Lösegeld bezahlen, und auch sonst niemand.

Am ehesten hielt er seine Entführerin für eine Stalkerin, die ihn ganz für sich allein haben wollte. Aber was hatte sie jetzt mit ihm vor? Wollte sie ihn nur wegsperren oder hatte sie Schlimmeres im Sinn?

Nur wegsperren, dachte er bitter. Dass er nicht bloß weggesperrt werden sollte, merkte er schon am Zustand seines Körpers. Immer noch konnte er nichts unterhalb seines Halses bewegen, aber sehr wohl spüren. Die Schmerzen waren noch eine Zeit lang stärker geworden, bevor sie sich auf hohem Niveau stabilisierten und ihn langsam mürbe machten.

Was konnte solche Schmerzen verursachen? Eine besondere Fesselungstechnik? Eine Substanz in seiner Blutbahn?

Immer detailreicher erinnerte er sich nun an die Frau, die ihn in diese Villa in einer Nobelgegend Berlins gelockt hatte. Ihr Auftreten war so herausfordernd und dabei so unverdächtig gewesen, dass er niemals gedacht hätte, sie könnte etwas anderes planen als pures Vergnügen.

Ich war so leichtsinnig, dachte er und spürte zum ersten Mal eine Welle der Trauer in sich aufsteigen. Trauer um sein unversehrtes Leben, das wie am Schnürchen gelaufen war bis zu dieser verhängnisvollen Begegnung. Egal, wann er der Situation entkommen würde, er würde die Welt nicht mehr mit den gleichen Augen sehen. Wenn diese Frau schlecht war, welcher Mensch konnte es dann nicht sein?

Er musste positiv denken. Suchte man ihn schon? Jetzt gerade? Er konnte sich an keine wichtigen Termine für heute erinnern. Oder war er schon länger weg als einen Tag? Nun, da er Bundesparteivorsitzender war, wurde er gewiss von zahlreichen Medien angefragt … ja, ganz bestimmt suchte man schon nach ihm. Mit der geballten Kraft der deutschen Polizei würde man ihn finden und befreien, in ein paar Stunden, allerhöchstens in wenigen Tagen … aber was, wenn es länger dauern würde als ein paar Tage?

Körperlich würde er zweifellos durchhalten können. Er war gut in Form, trainierte regelmäßig und gehörte zu den Top-Fünf-Prozent seiner Altersklasse, wie ihm sein Vertrauensarzt versicherte. Doch wie sah es mit seiner psychischen Gesundheit aus? Schließlich konnte ihn nichts und niemand, kein Fitnesscenter und kein Coach, mental auf eine Situation wie diese vorbereiten.

Er versuchte, ruhig durchzuatmen und die Gedanken beiseitezuschieben, die sich um seine Kehle legten wie ein Strick, der immer enger wurde.

Du bist in der Hand einer Psychopathin, sagten diese Gedanken, und dass er niemals wieder freikommen würde. Dass niemand wissen konnte, wo er suchen sollte. Weil er so blöd gewesen war, niemandem Bescheid zu geben. Weil er selbst die Spuren verwischt hatte, anhand derer man ihn noch hätte finden können. Nun war er an einem unbekannten Ort, wo er langsam verrotten würde …

Da tropfte etwas auf seine Wange.

Im ersten Moment dachte Heintz an eine Träne. Er hatte seit Ewigkeiten nicht mehr geweint. Nicht mal beim Begräbnis seiner Eltern. Er hatte geglaubt, er habe es verlernt. Doch jetzt weinte er – was sich seltsam anfühlte, heiß, viel zu heiß …

Heiße Tränen, überlegte er und suchte in seiner Erinnerung nach etwas, was auf diesen Sinneseindruck gepasst hätte.

Noch einmal tropfte es auf seine Wange. Die Flüssigkeit zog eine Spur, verharrte dann – und erstarrte.

Es sind keine Tränen, begriff er. Im selben Moment hörte er etwas, das zugleich seine Aufmerksamkeit erregte und seine Hoffnung schürte.

Es waren Stimmen.

Zuerst hörte er sie nur dumpf, wie Gemurmel durch die Zimmerwand einer billigen Absteige. Also hielt er den Atem an und konzentrierte sich darauf. Er glaubte, Polnisch zu hören, aber er verstand es nicht.

Wurde ich nach Polen gebracht?, überlegte er. Es wirkte wie ein schlechter Scherz, wie ein zum Leben erwachtes Klischee mit einem dicken Mercedes-Stern obendrauf. Dabei wusste er, dass es alles andere als lustig für ihn wäre.

Gleich darauf sprach eine Frau Spanisch.

Er beruhigte sich etwas. Möglicherweise war er doch noch in Berlin. Nur so viel stand fest: Da draußen waren Menschen, die ihm helfen konnten.

»Hmhm!«, schrie er gegen den Knebel an – und brachte nicht mehr als ein Wimmern hervor. Er versuchte, mit seinen Gliedmaßen um sich zu schlagen, und merkte bloß ein weiteres Mal, dass es nicht ging. Er warf den Kopf herum, doch traf auf nichts.

Erschöpft ließ er ihn hängen und spürte einen heißen Tropfen in seinem Nacken. Auch dieser kühlte schnell ab und erstarrte.

Heintz dachte wieder an die Frau, die ihn in ihre Gewalt gebracht hatte. An das Wachs weißer Kerzen, das man auf den Körper des anderen tropfen ließ, zur Steigerung der Lust.

Heintz hob den Kopf – und spürte den nächsten Tropfen auf seiner Stirn.

Und roch es nun auch.

Es war eindeutig Kerzenwachs.

39

BOLOGNA

Inga Björk

Björk drehte die Heizung ganz auf, doch weil der Motor nicht lief, kam nur lauwarme Luft aus den Auslässen. Sie zitterte und zog sich die Ärmel ihres Rollkragenpullovers ganz nach vorne, wohl wissend, dass es nichts bringen würde. Fluchend schaute sie zum Wagen der Carabinieri zurück, der den Weg blockierte.

Auch Brand neben ihr wirkte zunehmend ungeduldig. Offensichtlich glaubte man ihnen nicht, wer sie waren und dass sie hier in einem brisanten Fall ermittelten, der keine Verzögerungen zuließ. Björk versuchte, über Europol zu intervenieren. Aber diese Mühlen mahlten leider besonders langsam.

Schließlich passierte doch etwas. Ein weiterer Wagen fuhr schnell die Straße herauf und hielt hinter dem der uniformierten Beamten. Ein Mann stieg aus und lief durch den Regen auf sie zu. Ohne um Erlaubnis zu fragen, stieg er hinten in ihr Mietauto, fuhr sich durch die Haare und stellte sich in ordentlichem Englisch als Domenico Bernetta von der Kriminalpolizei Bologna vor. Nahtlos schloss er die Frage an, was der Zirkus hier sollte, den sie veranstalteten.

Björk merkte, dass Brand kurz vorm Explodieren war, weshalb sie beschwichtigte und dazu überging, den Italiener in die bisherigen Ermittlungsergebnisse einzuweihen.

Einige Bilder aus Björks Laptop später schienen dem Italiener die Ausmaße des Falls bewusst zu sein, weil er ausstieg und seine uniformierten Kollegen anwies, das Gebäude zu sichern. Als er wieder bei ihnen im Wagen saß, verständigte er die Forensiker.

»Wissen Sie etwas von dem Schloss?«, fragte sie ihn.

»Von der Schule?«, ergänzte Brand.

»Kennen Sie die Geschichte nicht?«, staunte Bernetta.

»Nein«, sagte Björk, obwohl sie von dem Mord und der Schließung der Schule bereits gelesen hatte. »Erzählen Sie.«

Bernetta holte tief Luft, bevor er losredete und dabei auf einen kleinen Steinbau deutete, der sich fahl im Nebel abzeichnete, etwas unterhalb des Schlosses. Eine Schülerin hätte eine Mitschülerin erstochen. Bernetta berichtete, dass der Anblick für ihn damals, frisch bei der Kripo, ein Schock gewesen sei.

Björk drehte den Kopf zu Brand. Ihre Blicke trafen sich. *Das ist wichtig*, schien auch er zu denken.

»Bald nach der Urteilsverkündigung wurde das Institut geschlossen«, fuhr Bernetta fort.

»Was war das Motiv?«, fragte Brand.

Bernetta schien verwirrt. »Für die Schließung?«

»Den Mord.«

»Das wurde nie restlos geklärt. Die Täterin … Amélie Leclerc … hat kein Wort gesagt. Man ging von Eifersucht aus.«

Björk übernahm wieder. »Glauben Sie daran?«

»Es ist jedenfalls wahrscheinlich. Die jungen Leute, mitten in der Pubertät … da passiert so einiges.«

»Aber Sie sind nicht sicher?«

»Wie kann man jemals sicher sein, wenn die Täterin schweigt?«

»Wo ist diese Leclerc heute?«, fragte Brand.

»Ich weiß es nicht. Nicht genau jedenfalls. Sie war zehn Jahre in einer Haftanstalt mit psychosozialem Schwerpunkt. Dann wurde sie in die Betreuung nach Hause entlassen – nach Frankreich.«

»Seither stand das Schloss hier leer?«, kam Björk auf den Ort zurück, an dem sie sich befanden.

»Die Eigentümer haben noch ein paar Jahre hier gelebt. Rosa und Enzo Farini. Danach war hier niemand mehr.«

»Wer hätte etwas beobachten können?«, fragte Brand.

»Was meinen Sie?«

Brand erzählte von den Reifenspuren. »Irgendwer sieht doch immer irgendwas. Nachbarn oder so.«

»Schauen Sie sich doch einmal um. Hier gibt es weit und breit keine Nachbarn«, sagte Bernetta und deutete herum, wobei man nur fünfzig oder vielleicht hundert Meter weit sehen konnte, bevor alles in einer dichten Nebelwand verschwand.

»Waren die beiden hier, als das Verbrechen geschah?«, fragte Björk.

»Welche beiden?«, fragte der Kripobeamte.

»Die Besitzer.«

Bernetta nickte. »Sie haben immer hier gewohnt. Zu Zeiten der Schule waren sie eine Art Hausbesorger.«

»Wo leben sie jetzt?«, fragte Brand.

»Rosa ist vor ein paar Jahren gestorben. Enzo wohnt unten in einem Pflegeheim.« Bernetta deutete in den undurchdringlichen Nebel, in dem sich die Stadt verbarg.

»Sie wissen gut Bescheid«, staunte Björk.

Bernetta schwieg kurz und senkte den Kopf, als erinnerte er sich an etwas. »Sie kennen das bestimmt: Manche Fälle lassen einen das ganze Leben lang nicht los. Das hier war so einer.«

Ist so einer, verbesserte Björk ihn in Gedanken, weil sie es für immer wahrscheinlicher hielt, dass der alte mit dem neuen Fall zu tun hatte. »Wir würden die Akten von damals gerne sehen«, forderte sie.

»Das ist leider nicht möglich.«

»Was?«

»Die Unterlagen liegen im Ministerium in Rom unter Verschluss. Ich habe keinen Zugriff darauf.« Bernetta rechtfertigte sich mit höheren Instanzen und gab zu erkennen, dass er selbst alles andere als erfreut darüber war, aber nichts machen könne. Es gebe auch keine Sicherheitskopien oder persönliche Notizen.

»Aber Ihre Erinnerung kann niemand ausradieren, oder?«, schlug Brand vor.

»Meine Erinnerungen sind eher Bilder im Kopf als Fakten. Es ist schon zu lange her.«

»Den ehemaligen Schülern bleibt aber keine Zeit mehr.«

Auch Björk drängte: »Wir müssen wissen, wer hier zur Schule gegangen ist und wer die Lehrer waren. Sofort!«

Bernetta hob abwehrend die flachen Hände und überlegte einen Moment, in dem er zu den alten Schlossmauern hinübersah. »Sie könnten im Archiv des *Giornale di Bologna* nachsehen ... Jetzt muss ich Sie aber bitten, unseren Leuten Platz zu machen. Wenn die Forensik etwas findet, leite ich es weiter. Reden Sie mit Luca Falcone vom *Giornale*«, sagte er, stieg aus und wies die uniformierten Kollegen an, den Weg für sie freizumachen.

Brand startete den Motor und setzte zurück. Björk dachte über die Akten in Rom nach. Was sollte diese Geheimniskrämerei?

»Von wem geht diese Vertuschung aus?«, fragte Brand unvermittelt.

»Um das zu erfahren, müssen wir wohl herausfinden, was damals genau geschehen ist«, sagte Björk.

»Also ab zum *Giornale di Bologna*?«

Björk nickte ohne große Hoffnung.

»Auch dieser Enzo könnte uns vielleicht weiterhelfen.«

»Ja«, sagte sie bloß, bevor sie die Adresse der Zeitung in die Navigationsapp eintippte.

40

PARIS

Amélie Leclerc

Außer Atem kam Amélie bei sich zu Hause an. Sie war kilometerweit gelaufen, völlig durcheinander, was nur zu einem kleinen Teil an den fehlenden Routinen lag, die ihrem Alltag üblicherweise Halt gaben. Sie schwitzte, und ihre Kleidung war vom Regen durchweicht. Ihre Beine schmerzten, weil sie es nicht gewohnt waren, so lange so schnell zu laufen. Ihr Herz klopfte bis zum Hals.

Als sie die Treppen zu ihrer Wohnung hochstieg, glaubte sie, jeden Moment zu kollabieren. Eine Nachbarin schaute aus der Tür, sichtlich irritiert vom ungewohnten Lärm, den Amélie machte. Sie fragte etwas, was Amélie weder einordnen noch beantworten konnte. Wie von Sinnen nickte sie mit dem Kopf.

Oben angekommen nestelte sie in ihrer Tasche, in der Livs Briefumschlag war. Das Kuvert, das genau so aussah wie jenes, das sie vor wenigen Tagen erhalten hatte.

Liv ist tot.

Sie schob das Papierstück zur Seite und zog den Schlüssel heraus. Erst im dritten Anlauf gelang es ihr, ihn mit zitternden Händen ins Schloss zu schieben und die Tür aufzubekommen.

Drinnen umfing sie die gewohnte Stille. Doch Amélie schlug die Tür absichtlich laut hinter sich zu und stöhnte auf. Sie warf die Tasche in ein Eck. Doch nichts half gegen die Gedanken, die sich in ihr Bewusstsein bohrten. Die Schule holte sie wieder ein. Bologna. Serena. Matteo.

Liv ist tot.

Und diese Briefe.

Die Briefe eines *Engels.*

Wie heißt dein Engel, Amélie?, hatte Matteo sie gefragt.

Mein Engel, dachte sie. Logisch betrachtet, konnte es kein richtiger Engel sein. Das war also wieder eine dieser Sachen, die Menschen anders sagten, als sie sie meinten. Aber Engel waren gut und sollten einem helfen. Das Wort *Schutzengel* fiel ihr ein. Ein Schutzengel sollte einen beschützen und hatte nur das Beste im Sinn. Aber wer sollte das sein? Wen kannte sie aus der Schule, der wie ein Schutzengel war?

Maestro Arturo, fiel ihr ganz automatisch ein. Kein Mensch war näher an einem Engel gewesen als er. Er hatte sie nach Bologna geholt und ihr gezeigt, was sie aus sich machen kann. Bis zum Mord. Danach hatte sie nie wieder von ihm gehört. Wie auch – man hatte sie ja weggesperrt. Und eine Mörderin hatte keinen Engel verdient …

Beim Gedanken an Maestro Arturo wusste sie, dass sie diesen Brief unbedingt finden musste. Egal, was er ihr zu sagen hatte, es musste wichtig sein.

Sie rannte durch die kargen Räume, in denen sie mehr am Leben blieb als lebte. Fernseher, Radio, Dekoration, Sammlungen oder gar Musikinstrumente suchte man in ihrer Wohnung vergeblich. Sie hatte ein Bett, einen Tisch mit zwei Sesseln, essenzielle Küchenutensilien und ein paar persönliche Gegenstände, ohne die man schwer auskam. Mehr wollte sie nicht um sich herum haben. Mehr hatte sie in ihren Augen auch gar nicht verdient.

Sie lief in die Küche und riss die Türen des Unterbauschranks auf, wo sie den Hausmüll trennte. Der Eimer ganz hinten war für das Altpapier, und weil sie die Werbesendungen abbestellt hatte, keine Zeitungen abonnierte und nur höchst selten Post bekam, brauchte es eine ganze Weile, bis der voll war. Sie griff ihn sich und sah auf einen Blick, dass der Brief nicht mehr drin war.

Nun erinnerte sie sich wieder, dass sie ihn gerade erst ausgeleert hatte. Sie wusste noch, dass es geregnet hatte, genau wie heute.

Der Container.

Wie oft das Papier wohl abgeholt wurde? Jede Woche? Alle zwei? Mit Schrecken dachte Amélie an die Unmengen von Kartons, in denen die vielen Sachen aus aller Welt zu ihren Nachbarn kamen, ohne die sie anscheinend nicht mehr leben konnten.

Ich muss runter.

Auf die gleiche Weise, wie sie vorhin hochgestürmt war, polterte sie nun die Treppen hinab und unten durch den Korridor auf den Hinterhof, wo drei Altpapiercontainer standen.

Zwei waren offen, sodass es ungehindert hineinregnen konnte. Sie waren randvoll.

Der Anblick nahm ihr fast den Mut – als sie begriff, dass das ein gutes Zeichen war. Ihr Brief konnte noch irgendwo da drin sein. Zudem war sie sich sicher, dass er sich, wenn, dann im mittleren Container befand. Weil sie immer die Mitte nahm.

Sie trat an das Ding heran, zog ein paar riesige, schlampig zusammengefaltete Verpackungskartons heraus und warf sie hinter sich auf den Boden. Mehrere Pack Papier, Zeitungsstapel und Säcke ließen sich ebenfalls schnell herausbefördern, ohne dass sie befürchten musste, ihr Brief könnte darunter sein.

Schnell kam sie tiefer, zog weitere Kartonverpackungen und auch anderen Müll heraus, der nichts mit Papier zu tun hatte, bevor sie auf ein wildes Durcheinander stieß, das vor Nässe triefte und einzeln begutachtet werden musste.

Immer weiter lehnte sie sich in den Container hinein – bis die Länge ihrer Arme schließlich nicht mehr ausreichte. Es gab nur einen Weg: Sie musste ganz hinein.

»Hallo!«, rief jemand von einem der Balkone herunter. Amélie riss den Kopf herum. Ein alter Mann stand im Unterhemd im dritten Stock gegenüber und zeterte, sie solle sofort damit aufhören. »Sonst rufe ich die Polizei!«

Beinahe wollte sie aufgeben. Aber das hier war wichtiger als die Polizei. Also ignorierte sie den Alten und stapelte so viel Papiermaterial übereinander, dass sie über den Rand in den Container hineinkam.

Drinnen ging sie sofort in die Knie und wühlte sich durch die restlichen Papierberge. Sie schnitt sich an einem Blatt den Finger auf, stöhnte, wischte ihn an ihrer Kleidung ab, suchte weiter, glaubte fast schon, es sei zwecklos …

Als sie ihn sah. Den leinenfarbenen Briefumschlag mit dem dezenten, groß karierten Muster. Sie erkannte sogar das schön geschwungene A, im gleichen Schriftzug wie das L in Liv.

Sie zog den Umschlag heraus und wunderte sich, wie sie ihn als unerwünschte Werbepost hatte abtun können.

Eine Welle von Gefühlen überrollte sie, die sie lange nicht zugelassen hatte. Es kam ihr so vor, als hielte sie eine Fahrkarte in eine Welt in Händen, in die sie nie wieder hatte zurückkehren wollen.

Sie wollte den Umschlag gerade aufreißen, als sie die Sirene eines Polizeiwagens hörte.

Der Alte von gegenüber hat mich verraten, wusste sie und spürte die Wut in sich überkochen. Wenn man sie in dem Container fand und sie sich nicht erklären konnte, würde man sie garantiert für übergeschnappt halten und in ein Krankenhaus bringen, vielleicht sogar in die geschlossene Psychiatrie, wo sie für Tage nicht mehr herauskommen würde. Es wäre nicht das erste

Mal gewesen. Aber sie hatte sich geschworen, es nie wieder so weit kommen zu lassen.

Sie musste aus dem Container heraus, schaffte es aber nicht gleich. Der Finger, den sie sich am Papier geschnitten hatte, brannte wie Feuer. Amélie spürte das ölige Blut an ihrer Hand, das längst auch den Briefumschlag besudelt hatte.

Sie schob den Umschlag in ihre Gesäßtasche, versuchte ein weiteres Mal, sich hochzustemmen, rutschte ab und fiel in den Papiermüll zurück, während draußen die Sirene immer lauter wurde.

Gleich sind sie hier.

Mit aller Kraft rappelte sie sich wieder auf die Beine, sprang ab und stemmte sich zugleich am Rand des Containers hoch. Endlich hatte sie genügend Schwung. Da sie allerdings noch nie ein besonderes Bewegungstalent gewesen war, stürzte sie hart auf den gepflasterten Boden. Mit instinktiv zur Seite gestreckten Armen konnte sie gerade noch verhindern, mit dem Kopf aufzuschlagen, doch sofort spürte sie einen Schmerz in der Hüftgegend.

Sie hörte den Motor eines Wagens. Reifen auf nassem Asphalt. Sie hob den Kopf und sah Blaulicht, das von einer Hauswand reflektiert wurde.

Mit letzter Kraft und zusammengebissenen Zähnen zwang sie sich, aufzustehen und in einer Nische des Durchgangs Deckung zu suchen. Sie hörte, wie der Wagen hielt, wie die Türen auf- und wieder zugingen, wie Beamte in Polizeiuniform nur wenige Zentimeter an ihr vorbei auf den Hinterhof gingen, um dort nach dem Rechten zu sehen.

Was hat der ihnen bloß erzählt?, rätselte sie über den Eifer der Polizisten, denen ein ausgeräumter Papiercontainer doch niemals so wichtig sein konnte.

Dann, als die Beamten mit dem Rücken zu ihr standen und

sich die Bescherung ansahen, schlich sie schnell aus ihrer Deckung. Sie unterdrückte ein Stöhnen, als ihr angeschlagener Körper gegen jede Belastung protestierte, bog vor dem Haus ab und verschwand in der erstbesten Seitenstraße.

41

BOLOGNA

Inga Björk

Auf den Straßen Bolognas war inzwischen deutlich mehr los als bei ihrer Ankunft vor kaum zwei Stunden. Björk fror. Außerdem merkte sie, dass sie bald etwas zu Essen brauchte – das fehlende Frühstück drückte auf ihre Stimmung. Zum Glück blieb Brand während der Fahrt still. Ob er über den Fortschritt ihrer Ermittlungen genauso ernüchtert war?

Sie erreichten das Redaktionsgebäude des *Giornale di Bologna* und ließen den Wagen stehen, ohne sich um ein Parkticket zu kümmern. Einer der Vorteile, bei Europol zu sein, war ein gewisses Spesenbudget für Strafen aller Art. Solange man ihren Wagen nicht abschleppte, war alles gut.

Am Empfang fragten sie sich zu Luca Falcone durch. Keine zwei Minuten später saßen sie ihm in einem Besprechungszimmer gegenüber und zeigten ihre Dienstausweise.

Falcone sah mitgenommen aus und alt. Seine Haare waren grau, und sein Gesicht war ausgezehrt. Dunkle, dicke Augenringe ließen Björk vermuten, dass er über lange Zeit zu wenig Schlaf bekam. Aber Dauerstress gehörte vermutlich zum Job eines *Caporedattore* – des Chefredakteurs, übersetzte Björk für sich –, als den ihn seine Visitenkarte auswies.

Björk kam ohne Umschweife zum Thema. »Was können Sie uns über den Mord im Castello Farini erzählen?«, fragte sie ihn auf Englisch.

Falcones hochgerissene Augenbrauen verrieten, dass die Sache für ihn überraschend kam und alles andere als angenehm war. »Weshalb?«, antwortete er sogleich mit einer Gegenfrage.

»Antworten Sie einfach«, herrschte sie ihn an.

Falcone rang noch etwas mit sich, bevor er seufzte und sagte: »Ich war damals der erste Journalist vor Ort. Ich habe sie gesehen.«

»Wen?«, fragte Björk.

»Die Tote. Es war schrecklich.«

»Damals wurde eine Schülerin verurteilt. Was wissen Sie über sie?«

Wieder pausierte Falcone. Eine tiefe Falte über der Nase verriet seine Anspannung. »Amélie Leclerc ... Sie war noch dort. Saß einfach in einer Ecke mit blutigen Händen in einem blutigen Kleid und sagte kein Wort, keine zwei Meter neben ihrem Opfer. Ich bekomme heute noch Gänsehaut von Leclercs Anblick. Eine eiskalte Bestie.«

Björk klappte ihren Laptop auf und suchte nach dem Namen. Über Google wurde sie schließlich fündig. Björk sah eine junge Frau, beinahe noch ein Mädchen, mit wirren Haaren und dicker Brille. Auf sonderbare Weise war sie hübsch, obwohl sie sich alle Mühe zu geben schien, es zu verstecken. Wie eine eiskalte Bestie sah sie nicht aus.

Björk drehte Falcone den Bildschirm hin.

»Das ist sie, ja«, bestätigte er. »Sie sollten sich nicht von ihrem Äußeren täuschen lassen. Stellen Sie sich dasselbe Gesicht blutbefleckt an einem Tatort vor.«

»Was können Sie mir über den Mord selbst sagen?«, fragte Björk.

Falcone rieb sich das Gesicht. »Ein Stich in den Hals.«

»Einer?«, fragte sie zurück.

»Einer hat gereicht. Hat die Halsschlagader getroffen. Deshalb das Blut überall.«

»War Leclerc die einzige Verdächtige?«

»Es gab keinen Hinweis auf jemand anderen. Die Beweise waren erdrückend.«

»Weshalb wurde dann so ein Geheimnis aus der Sache gemacht?«, fragte Brand.

Falcone legte nun die ganze Stirn in Falten. Frustriert blies er die Luft aus. »Erst seit ein paar Jahren.«

»Erzählen Sie.«

»Der Eigentümer unseres Blatts verlangte, dass wir die alten Artikel über den Mord aus den Onlinearchiven nehmen.«

»Zensur?«

»So könnte man es nennen. Ich habe nie erfahren, wer interveniert hat und wie, aber mit meinen Dienstjahren kann ich es mir inzwischen vorstellen. Zeitungen wie unsere sind auf Inserate angewiesen. Da kann der Druck schon mal so groß werden, dass man alte Artikel lieber von den Portalen nimmt, als sich mit den falschen Leuten anzulegen.«

»Was stand denn in diesen Artikeln?«

»Alles über den Fall und die Einrichtung, die im Castello untergebracht war.«

»Das Institut für Hochbegabung.«

»Korrekt.«

»Von der EU«, stichelte Brand.

Falcone antwortete nicht sofort. »Verstehen Sie mich bitte nicht falsch. Ich bin pro EU wie die meisten meiner Kollegen. Ohne Europa würde es längst anders um Italien stehen. Aber kein Institut ist vor Missbrauch sicher. Auch die EU nicht.«

»Was glauben Sie, wer hinter der Vertuschung steckt?«, fragte Björk.

»Ich habe keine Ahnung. Sie ahnen gar nicht, wie lange ich mir den Kopf darüber zerbrochen habe. Vielleicht wollte ein hohes Tier nachträglich seinen Ruf schützen. Sie können sich bestimmt vorstellen, dass sich ein Eliteinstitut nicht gut auf der Visitenkarte macht. Besonders wenn es aus Steuergeldern finanziert wird. Geschieht dann ein Mord, verübt von einer Eliteschülerin, ist die Bescherung angerichtet.«

Björk musste Falcone recht geben: Die Sache eignete sich perfekt, um Missgunst und Neid zu schüren und den populären Hass auf Brüssel noch zu vergrößern. Noch interessanter war aber, dass hier jemand vor nicht allzu langer Zeit Spuren verwischt hat, die sie jetzt dringend bräuchten, um weiterzukommen …

»Wir benötigen die Namen aller damaligen Schüler und der Unterrichtspersonen – und zwar sofort«, forderte Björk.

Falcone machte eine abwehrende Geste. »Unmöglich.«

»Weshalb?«

»Wenn, dann gibt es redaktionelle Unterlagen von damals nur noch als Back-ups. Da dranzukommen, dauert Tage.«

Eine Pause entstand. Alle schienen fieberhaft zu überlegen, wie es nun weitergehen sollte.

»Was ist mit Fotos?«, fragte Brand, und Björk fürchtete, dass darauf bloß die nächste unbefriedigende Antwort folgen würde. Schließlich waren auch Fotos prädestiniert dafür, in irgendwelchen Back-up-Archiven zu enden …

Doch es kam anders. Falcone wiegte den Kopf hin und her. Dann nahm er den Hörer des Tischtelefons und drückte drei Ziffern. Björk hörte ein Italienisch, das nicht dialektfrei war und viel zu schnell, um es zu verstehen. Am Tonfall war zu erahnen, dass es nicht angenehm sein konnte, Falcone zum Chefredakteur zu haben.

»Sie können gleich in unser Archiv«, sagte Falcone nach dem Auflegen. »Die Bilder speichern wir noch selbst. Der Fotograf von damals arbeitet nicht mehr hier. Aber Kollege Nannini wird Ihnen das Bildarchiv zeigen. Sie können Bilder als Datei haben, aber veröffentlichen Sie sie nicht und berufen Sie sich nicht auf uns … Auf Wiedersehen!« Er sprang plötzlich auf und gab einem etwa dreißigjährigen Mann die Klinke in die Hand, der eilig angelaufen kam und aussah wie der IT-Nerd aus dem Bilderbuch.

Im Archiv angekommen, setzte sich Björk an einen riesigen Monitor und bekam Fotos vorgeführt, die sie ansatzlos in den damaligen Fall hineinführten. Man sah den Fundort in der Dämmerung, das alte Steingebäude und Polizisten, die bereits alles abgesperrt hatten. Unfreundliche Gesichter und abwehrende Hände waren ein untrügliches Zeichen dafür, dass der Fotograf unerwünscht gewesen war. Trotzdem war es ihm gelungen, mit Blitz in den Steinbau hinein zu fotografieren. Björk sah ein Mädchen im geblümten, blutbefleckten Kleid, dessen Pupillen rot reflektierten.

Die eiskalte Bestie, fiel ihr die Bezeichnung ein, die Falcone für Amélie Leclerc gewählt hatte. Tatsächlich wirkte sie auf dem Foto, als sei sie gerade einem Horrorfilm entsprungen. Das Mädchen wirkte teilnahmslos, fast apathisch. Obwohl die Aufnahme nicht scharf war, erkannte man das Messer in ihrer Hand.

Auf einer weiteren Aufnahme waren Polizisten von hinten zu sehen, die sich Leclerc näherten. Einer hatte seine Waffe gezogen. Auf dem nächsten Bild war sie dann draußen. Ein Sanitäter legte ihr eine goldfarbene Rettungsdecke um, die im Blitzlicht strahlte.

Björk widmete sich jedem dieser Bilder nur kurz. Aufnahmen der Toten schien es nicht zu geben. Die Zeit schritt fort, das Tageslicht intensivierte sich, und immer neue Menschen kamen an den Fundort. Björk sah eine jüngere Version von Luca Falcone. Schon damals hatte er ausgesehen, als schlafe er nicht.

Björk griff nach der Maus und zoomte einen Bildausschnitt heran, auf dem man einen jungen, breitschultrigen Mann mit Lederjacke und dunklem Lockenkopf sah. Sie schnitt sein Gesicht aus, speicherte es als neue Datei und kehrte wieder zur Aufnahme zurück, der sie noch eine weitere Person entnahm.

Sie wiederholte die Prozedur bei den jungen Menschen, die wie Schüler wirkten, aber auch bei den älteren. Kurz darauf hatte sie gut fünfzehn Ausschnitte beisammen, die sie in einem Ordner komprimierte, auf ihr Gerät überspielte und in die Zentrale nach Den Haag weiterleitete.

Schließlich klappte sie ihren Laptop zu, steckte ihn in die Ledertasche und verließ grußlos das Zimmer.

»Hey!«, rief Brand ihr draußen hinterher. »Geht's noch?«

Sie stoppte und musste überlegen, weshalb er böse war – bevor sie mit den Schultern zuckte.

»Zu Enzo Farini?«, fragte Brand.

Sie nickte, froh darum, dass er darauf verzichtete, ihr Manieren beibringen zu wollen. Es hätte nichts gebracht.

Zusammen liefen sie zum Mietwagen zurück. Mit Brands Tipp auf den Scheibenwischerhebel flatterte der Strafzettel gleich auf den ersten Metern davon.

42

PARIS

Amélie Leclerc

Sie betrat das McDonald's, das in einer Parallelstraße ihrer Wohnadresse lag. Ab und zu, wenn sie vergessen hatte einzukaufen oder es in ihrem Kühlschrank wieder einmal schimmelte, holte sie sich dort etwas zu essen. Sie mochte keine Lieferdienste. Außerdem sollte niemand wissen, wo sie lebte.

Sie ging ins Obergeschoss zu den Toiletten. Ein Mitarbeiter musterte sie grimmig. Sie ahnte, dass sie gerade wie ein Junkie aussah, von denen es in der Gegend hier nicht allzu viele gab. Sie erwiderte den Blick des Mannes und konnte bloß hoffen, dass er Mitleid hatte.

»Dies ist keine öffentliche Toilette, Mademoiselle!«, schimpfte er trocken.

Sie senkte den Kopf und verschwand trotzdem aufs Klo. Zitternd sperrte sie sich in die erstbeste Kabine ein. Dann sah sie sich die Schnittwunde an ihrem Finger an. Sie hatte schon oft von der Schärfe von Papier gehört. Nun hatte sie es zum ersten Mal am eigenen Leib erfahren. Sie wickelte Klopapier ab und verband die Wunde notdürftig. Anschließend klappte sie den Deckel herunter, setzte sich drauf – und zog den Brief aus ihrer Gesäßtasche.

Ohne einen weiteren Gedanken zu verschwenden, steckte sie einen Finger unter die Lasche, riss den Umschlag auf und holte ein durchweichtes Blatt heraus. Im Unterschied zum

Namenszug auf dem Kuvert war der Text hier ein einfacher Ausdruck.

Liebe Amélie,
bestimmt wunderst du dich, dass du diesen Brief bekommst.
Aber du hast so viel Besseres verdient als das Leben, das du führst. Du hast Talent. Deine Musik verdient es, in einer Reihe mit den größten Kompositionen unserer Zeit zu stehen.
Doch das ist nicht der eigentliche Grund für diesen Brief.
Ich weiß, dass du es nicht warst, Amélie. …

Amélie brach ab. Ihr Herz klopfte wie wild. *Was* wollte Maestro Arturo wissen? Meinte er Bologna? Die Tat, deretwegen sie verurteilt und so lange weggesperrt worden war?

Sie hätte sich von diesem Brief vieles erwartet, aber nicht das. Mit einem einzigen Satz brachte er eine Überzeugung ins Wanken, die Amélie so lange von Ermittlern, Staatsanwälten und schließlich sogar vom eigenen Anwalt vorgesagt worden war, dass sie zu ihrer eigenen geworden war. Weil sie sich nicht an den Vorfall erinnern konnte. Weil nichts in ihrem Kopf mehr richtig war, seit sie im Inneren des alten Steinbaus unter dem Schloss wieder zu sich gekommen war, blutbefleckt und ohne Worte.

Sie kämpfte gegen die Tränen an, die ihr in die Augen schossen, wischte sie mit dem Finger weg, dessen Verband mittlerweile blutdurchtränkt war.

… Du bist unschuldig, Amélie. Du wurdest zu Unrecht bestraft.
Es tut mir schrecklich leid, dass ich dir nicht helfen konnte.
Ich fürchte, dass du schon lange den Glauben an dich selbst verloren hast. Aber das darf nicht sein.
Du hast es verdient, unsterblich zu werden …

Die Tür zum WC flog auf. »Mademoiselle, kommen Sie sofort raus oder ich rufe die Bullen!«, hörte sie den Angestellten in die Damentoilette schimpfen.

Amélies Reaktion darauf war anders als sonst immer. Sie war empört. Bis eben noch hätte sie jedem solchen Befehl entsprochen und sich verdrückt. Aber nicht jetzt. Jetzt wollte sie diesen Brief lesen und sich nicht mit einem übereifrigen Angestellten herumschlagen.

Etwas Neues regte sich in ihr. Etwas, das sich so lange in ihrem Innersten angestaut hatte, dass es urplötzlich überschwappte. Sie glaubte, dass sie gleich aufstöhnen würde oder grunzen wie sonst immer, wenn ihr etwas gegen den Strich ging.

Was aber folgte, brachte den nächsten Grundpfeiler ihres heutigen Lebens ins Wanken. Sie holte tief Luft und schrie: »Verzieh dich!«

Sie konnte es weder fassen noch sich darüber freuen. Sie wunderte sich bloß, wie merkwürdig ihre Stimme klang. Als spräche eine andere Person aus ihr. Sie räusperte sich, bevor noch mehr aus ihr herauskam: »Sonst hole *ich* die Polizei!«

»Ach ja?«, blaffte der andere zurück, unbeeindruckt von einer Leistung, die für Amélie die Dimensionen der Mondfahrt hatte. »Weswegen wohl, hm?«

Amélie sagte nichts weiter. Stattdessen brachen noch mehr Tränen aus ihr heraus, so urgewaltig, dass sie sich nach vorne krümmte.

Die Tür zum WC fiel wieder zu. Draußen wurde es still. Amélie glaubte, dass der Angestellte weg war. Aber für wie lange?

Schnell wischte sie die Tränen weg und las auch noch den Rest des Briefs.

... Schon bald wirst du wieder von mir hören.
In liebevoller Zuwendung
Amadeus

Amélie starrte das Blatt an, eine Minute oder zwei. Sie wollte den Brief noch einmal lesen, aber sie schaffte es nicht. Fragen kamen hoch, von denen sie ahnte, dass der Brief sie nicht beantworten würde, selbst wenn sie ihn noch fünfmal las.

Wie heißt dein Engel, Amélie?, hatte Matteo sie in der U-Bahn gefragt.

»Ich habe einen Engel«, sagte sie, laut und fest und alle Zweifel unterdrückend, ob es sich wirklich um Maestro Arturo handeln könnte.

Aber was machte ihn so sicher, dass Amélie unschuldig war? Und warum hatte er sich dann nicht früher für sie eingesetzt?

Da hörte sie, wie jemand die Tür aufriss und gleichzeitig gegen das dünne Sperrholz der WC-Kabine hämmerte, in der sie saß. »Mademoiselle, kommen Sie auf der Stelle heraus und verschwinden Sie aus dem Lokal!«, brüllte die Frau. Die Wände vibrierten unter ihren Schlägen, und Amélie wusste, dass es höchste Zeit war.

Sie sprach kein weiteres Wort. Sie hätte sich auch gar nicht mehr getraut. Sie verdrückte sich aus dem McDonald's und überlegte erst draußen, wie um alles in der Welt sie diesen Engel finden sollte.

43 UNBEKANNTER ORT

Florentin Heintz

Das Kerzenwachs tropfte unablässig auf ihn herab, auf die Stirn, die Wangen, in die Augen. Es schmerzte nur kurz, aber ständig neu – außer das Wachs traf auf eine Stelle, die bereits bedeckt war. Deshalb versuchte Heintz, seine Position zu halten, sodass es mittig auf den Schädel traf und sich dort in seinen kurzen Haaren verfing, wo es bereits ein spürbares Gewicht hatte. Mit schnellen Kopfbewegungen versuchte er, es abzuschütteln, doch es klebte zu fest. Ihm war, als tropfte es jetzt auch immer schneller.

Die Hitze an seinem Kopf verstörte ihn zusätzlich. Er schwitzte, und sein Puls war viel zu hoch.

Immer wieder versuchte er, um Hilfe zu rufen. Er hörte nun laufend neue Menschen, die draußen miteinander sprachen. Kinder schrien, Eltern schimpften, Paare quasselten in den unterschiedlichsten Sprachen miteinander, und mehrmals war von Fotos die Rede, die sie machen wollten. Er musste an einem öffentlichen Ort sein.

Aber wieso wurde er dann nicht entdeckt?

Und etwas war neu: Seine Beine kribbelten. Das Ameisenlaufen war zuerst in den Füßen zu spüren, von den Zehen zu den Knöcheln, bevor es auch die Waden erfasste und immer weiter nach oben wanderte. Heintz wusste nicht, ob es ein gutes Zeichen war. Nach wie vor konnte er nichts unterhalb des Halses bewegen.

Das Wachs tropfte schneller. Nun rann es schon die Seite seines Kopfes hinab, über die Schläfen und vorne über Stirn, Augen, Nase und Mund. Es brannte kurz, bevor es entsetzlich zu kitzeln begann. Er fürchtete sich vor dem Moment, in dem er einschlief oder aus einem anderen Grund die Kontrolle darüber verlor, wo dieses Wachs hinkam.

Es kommt überallhin, begriff er, als es seine feinen Spuren immer weiter zog, über den Hals auf die Schultern, die unbedeckt sein mussten, weil es dort genauso brannte und kitzelte wie überall sonst. Außerdem hörte es nicht auf, sondern kam immer schneller, wie bei einer Kerze, wenn das Wachs an einer Stelle den Weg über den Rand hinaus gefunden hatte.

Um sich abzulenken, versuchte er ein weiteres Mal, sich einen Reim auf die Entführung zu machen. Er dachte an die Leute draußen, die er hören konnte. Er merkte, dass es kein gutes Zeichen sein musste, wenn er nach wie vor in Berlin war, vielleicht sogar an einem populären Ort. Weil ein Täter, der so etwas bewerkstelligte, kaum daran interessiert sein konnte, ihn für sich allein zu haben. Hier ging es um etwas anderes.

Es war keine schnelle Idee, sondern ein ausgeklügelter Plan. Ein Anschlag? Ein terroristischer Akt? Die verrücktesten Zusammenhänge fielen ihm ein und wirkten nur so lange lächerlich, bis man den Parteivorsitzenden und Eines-Tages-vielleicht-Bundeskanzler Florentin Heintz in die Gleichung brachte. Er war ein lohnendes Ziel, nicht für Geld oder besessene Liebe, aber für ein Statement. Für eine Botschaft, bei der man sicherstellen wollte, dass die Welt sie auch zu sehen bekam.

Ein populärer Ort, überlegte Heintz weiter. Um möglichst viele Menschen etwas sehen zu lassen? Oder um sie mit ihm zusammen in den Tod zu reißen? Aber was sollte dann dieses Wachs?

Nun tropfte es so schnell, dass es beinahe schon ein konstanter Strahl war, der immer größere Flächen seines Körpers überzog.

Ich bin verloren, begriff er.

Heintz brüllte gegen die Schmerzen und gegen den Knebel an, er warf den Kopf herum, wie er es noch nie getan hatte, er fühlte das heiße Wachs überall, doch nichts war schlimmer als die Erkenntnis: Wer sich so etwas ausdachte, der kannte keine Gnade. Der betrachtete ihn nur als Mittel zum Zweck.

Seine Kräfte schwanden. Ein paar Momente lang ließ er locker. Immer neues Wachs kam von oben, und binnen Sekunden musste er seinen Kopf nicht mehr gerade halten. Das Wachs übernahm es für ihn.

Er hörte die Menschen draußen nicht mehr. Er hörte nichts mehr, nicht mal sich selbst. Das Wachs hatte nun auch seine Ohren bedeckt. Im wurde heiß, und das Ameisenlaufen erstreckte sich über seinen ganzen Körper.

Da merkte er, dass es schwerer wurde, Luft zu holen.

44

PARIS

Amélie Leclerc

Amélie schlich zu ihrem Wohnhaus zurück. Als sie ums letzte Eck bog, lief sie beinahe in die Polizisten hinein, die immer noch dort waren. Nur mit viel Glück und ein paar schnellen Schritten zurück in die Seitenstraße gelang es Amélie, ihren Blicken zu entgehen.

Ängstlich spähte sie nach ein paar Augenblicken erneut in ihre Straße. Das Blaulicht am Wagen leuchtete nicht mehr. Die Beamten standen draußen vor dem Haus mit dem Alten zusammen, der vorhin vom Balkon heruntergerufen hatte. Der Kerl war unmöglich. Er bearbeitete die Beamten und machte Gesten, die sie zum Bleiben animieren sollten. Dann versuchte er sogar, einen von ihnen festzuhalten. Der aber zog seinen Arm zurück und trat einen Schritt nach hinten.

Amélie glaubte schon, die Beamten würden endlich wieder fahren, als noch eine weitere Nachbarin hinzukam, die gerade aus dem Haus getreten war und einen kleinen Hund an der Leine hatte. Amélie kannte ihren Namen nicht. Aber sie wusste aus Erfahrung, dass sie ihr jetzt besser nicht begegnete.

Die Nachbarin blieb bei den anderen stehen, kramte eine Zigarettenpackung aus ihrer Handtasche und bot sie den beiden Beamten an. Einer zog sich eine Zigarette heraus und ließ sich von ihr Feuer geben. Dann standen die vier zusammen, redeten, deuteten abwechselnd in den Hinterhof und lachten schließlich über irgendwas.

Ganz bestimmt über Amélie. Sie wusste, dass man sie für eine Verrückte hielt. Und dass sie auch aussah wie eine. Sie war nass von Kopf bis Fuß, und das Blut, das aus der Schnittwunde an ihrer Hand kam, hatte sich schon über die halbe Kleidung verteilt. Egal, wo sie jetzt hinging, es würde immer Menschen geben, die allein wegen dieser Äußerlichkeiten die Rettung riefen oder Schlimmeres. Die Leute machten sich immer entsetzlich viele Sorgen, hatte sie gelernt, doch die meisten dieser Sorgen machten sie sich um sich selbst.

Amélie zuckte erneut zurück, als der Alte einen Moment lang in ihre Richtung geblickt und dabei die Augen weit aufgerissen hatte. Hatte er sie erkannt? Er konnte kaum mehr von ihr gesehen haben als die Haare. Aber die waren womöglich auffällig genug. Jetzt konnte sie nicht mehr nachsehen …

Sie musste weg.

Also eilte sie in die andere Richtung los und dann in einer Parallelstraße weiter zur U-Bahn-Station, die Teil ihres täglichen Arbeitswegs war. Die Augen auf den Boden gerichtet, verschwand sie im Untergrund, wo sie die erstbeste Bahn bestieg. Sie mühte sich in den hintersten Winkel, wo es nach Urin stank. Trotzdem setzte sie sich hin und hoffte, man würde sie für eine Obdachlose halten, die man besser in Ruhe ließ.

Und weiter? Es würde nur so lange gut gehen, bis jemand auf sie aufmerksam wurde. Oder bis der Endbahnhof erreicht war.

Und dann?

Sie musste etwas Zeit überbrücken. Spätestens in ein paar Stunden konnte sie wieder in ihre Wohnung zurück. Gleich als Erstes würde sie im Briefkasten nachsehen. Beim Gedanken daran, den nächsten Brief versäumt zu haben, wurde ihr heiß.

Der Zug ratterte los. Aus Gewohnheit zählte sie die ersten Erschütterungen mit und ließ es wieder bleiben, weil es nicht ihre übliche Strecke war.

Ich weiß, dass du es nicht warst.

Ein Satz, der so unglaublich war, dass sie daran zu zweifeln begann, ihn überhaupt gelesen zu haben. Amélie griff nach hinten – und merkte, dass der Brief nicht mehr da war. Sofort schoss sie auf und sah sich überall um, auch unter ihrem Sitz, wo nichts als eine Pfütze war. Der Brief musste ihr irgendwo rausgefallen sein.

Oder hatte sie das alles nur geträumt?

Neue Tränen schossen ihr in die Augen. Alles war unwirklich. Alles war verloren, jetzt auch ihr neues Leben, auf das sie so gut aufgepasst hatte, Tag für Tag, Hotelzimmer für Hotelzimmer. Sie konnte nicht mehr vor und nicht zurück.

Der einzige Platz, der ihr noch einfiel, war die Betreuungseinrichtung, in der sie fast drei Jahre lang gelebt hatte. Immer noch musste sie alle paar Wochen dorthin, um sich über ihre Entwicklung auszutauschen. Aber sie konnte jederzeit kommen, wenn sie Hilfe benötigte oder Probleme mit den Medikamenten hatte, die seit Bologna zu ihrem Alltag gehörten wie das Zähneputzen.

Amélie sträubte sich ein wenig, dort aufzutauchen. Weil ein ungeplantes Erscheinen immer auch das Eingeständnis war, nicht allein klarzukommen. Sie wollte selbstständig sein, vor allem aber ihre Ruhe haben.

Ich weiß, dass du es nicht warst.

Amélie schüttelte den Kopf. Sie merkte, dass ihr Nacken angespannt war. Die Migräne lauerte und konnte jederzeit über sie herfallen. Normalerweise schluckte sie genau jetzt eine Triptantablette. Aber sie hatte keine mit.

Sie musste sofort zur Einrichtung. Weil es nicht mehr anders ging.

Sie überschlug im Kopf, wie sie hinkam, und sah zur Sicherheit an der Tafel nach, die in einem Leuchtkasten des Waggons hing. An der nächsten Haltestelle stieg sie aus und wechselte die Richtung. Ein paar Stationen weiter kam sie zum Place de la Nation, den sie von den zahlreichen Terminen und den Monaten, die sie hier gelebt hatte, bestens kannte.

Das Wetter war so unwirtlich wie seit Tagen. Aber das fiel ihr kaum noch auf. Sie musste bloß noch quer über den Platz, vorbei an der riesigen Figurengruppe, die auf Amélie immer so unheimlich gewirkt hatte, und rein ins Gebäude gleich über der Straße.

Sie war unglaublich erleichtert, die Haustür offen stehen zu sehen. Üblicherweise musste sie immer zuerst läuten und sich erklären, was nicht ging, weshalb sie auf ihre typische Art in die Gegensprechanlage grunzen musste, wodurch sie sich stets aufs Neue erniedrigte.

Wie begeistert ihr Betreuer Eric wohl davon sein würde, dass sie wieder reden konnte? Sie konnte doch wieder reden? Sie räusperte sich und sprach: »Hallo, Eric.« Und dann noch: »Hilfe.«

Genau dieses Wort war es, das unvermittelt eine Eigendynamik entwickelte. »Hilfe«, wiederholte sie lauter. »Hilfe!«, rief sie schließlich und polterte die Treppen hoch, hoffend, dass gleich jemand herauskam. Jemand, den sie kannte.

Sie stutzte, als sie durch das schmale Glasfenster in die Einrichtung sah. Es war viel mehr los als sonst immer. Durch das wellig geschliffene Glas konnte sie keine Personen erkennen, aber es waren mindestens drei Leute, die vorne an der Anmeldung standen und sich unterhielten. Amélie konnte nicht verstehen, was sie sagten, aber es musste wichtig sein.

Sie überlegte, ob wieder was vorgefallen war. Als sie noch hier in diesem Gebäude gelebt hatte, war dauernd was passiert. Gewalttätige Ehemänner und Väter auf der Suche nach ihren Opfern, die davongelaufen waren. Sogenannte Freunde. Beziehungskram. Und stets in deren Fußstapfen: Polizei, Anzeigen und Tränen.

Unten fuhr ein Wagen vor. Türen flogen auf und wieder zu.

Amélie sah Blaulicht, das sich an den weißen Wänden des Treppenhauses spiegelte.

Schwere Stiefel donnerten auf die Steintreppen.

Ja, bestimmt hatte es wieder Ärger gegeben. Aber das betraf nicht sie. Ein ausgeräumter Altpapiercontainer konnte unmöglich so wichtig sein. Sie würde jetzt einfach in die Einrichtung gehen und nach Eric fragen, und der würde sich um sie kümmern. Wenigstens hier meinte man es immer gut mit ihr.

Sie hatte bereits den Türknauf in der Hand und wollte ihn drehen – als sie plötzlich fühlte, dass sie nicht allein war. Jemand war hinter ihr.

Amélie erstarrte.

Und spürte eine Hand auf ihrer Schulter.

45

BOLOGNA

Inga Björk

Das Wohnheim, in dem Enzo Farini lebte, war anders, als Björk erwartet hatte. Sie hätte gedacht, dass der Besitzer eines herrschaftlichen Schlosses wie des Castello Farini auch eine standesgemäße Altersbetreuung genoss. Als sie allerdings vor der Einrichtung hielten, wurde schnell klar, dass es sich um kein privat finanziertes Heim handeln konnte. Der Bau wirkte steril, beinahe abstoßend. Zweckarchitektur, eilig aus Beton hochgezogen, irgendwann in der zweiten Hälfte des letzten Jahrhunderts.

Sie ließen den Pkw in Eingangsnähe stehen und eilten zum Türschild, wo sie klingelten, sich erklärten und anschließend warten sollten.

Björk ging die Frau nicht aus dem Sinn, die Falcone von der Zeitung als *eiskalte Bestie* bezeichnet hatte. Amélie Leclerc. Seit einer Stunde wurde per europäischem Haftbefehl nach ihr gefahndet. Alles andere wäre grob fahrlässig gewesen. Wer einmal gemordet hatte, konnte wieder morden – eine Binsenweisheit, die sich leider stets aufs Neue bewahrheitete.

Dabei passte der alte Mord nicht zu den neuen. Die aktuelle Serie war nichts, was man aus dem Affekt heraus hätte begehen können. Schon gar nicht, wenn man die künstlerische Dimension mitbedachte. Aber wer wusste schon, was die vielen Jahre nach Bologna aus der jungen Frau gemacht hatten?

Der Türsummer ertönte. Das Schloss sprang auf, und sie betraten einen sehr hellen Eingangsbereich. Die Sitzbänke erinnerten an alte Krankenhäuser.

Ein junger Mann in blütenweißer Pflegekleidung empfing sie. Björk forderte, Enzo Farini zu sehen, und machte klar, dass es um eine wichtige dienstliche Angelegenheit ging.

»Da muss ich erst die Leitung informieren«, sagte der Mann.

»Wie bitte?«, rief Brand.

Der Mitarbeiter hob abwehrend die Hände. »Ich mache nur meine Arbeit, und so ist die Vorschrift. Jeder Besuch muss genehmigt werden.«

Björk zeigte noch mal auf ihre Dienstmarke und drohte dem Mann mit rechtlichen Konsequenzen, wenn er noch länger ihre Ermittlungen blockierte. »Das ist kein Verwandtschaftsbesuch, sondern eine polizeiliche Befragung!«, schimpfte sie mehr, als dass sie es sagte.

Das Argument schien den Pfleger zu verunsichern – worauf er schließlich nachgab. Er fuhr mit ihnen in den zweiten Stock. Sie betraten einen stillen Gang, an dessen Ende Enzo Farinis Zimmer lag.

Als sie das lichtdurchflutete Zimmer betraten, klingelte das Diensttelefon des Pflegers. »Lassen Sie uns allein«, blaffte Björk und zog die Tür einfach zu. Ein Blick reichte, um Brand zu verstehen zu geben, dass er ein Auge auf den Eingang haben sollte.

Eilig schritt sie auf das Bett mit dem weißhaarigen Alten zu. »Buongiorno«, sagte sie und ergänzte ihren Namen.

Enzo Farini sah sie an, wirkte aber lethargisch, als stünde er unter dem Einfluss starker Medikamente. Er nickte langsam.

Björk holte ihren Laptop heraus und zeigte ihm die Fotos von damals. Er sah hin, reagierte aber nicht – bis er bei einem der Bilder plötzlich die Augen groß machte. Dann murmelte er etwas, das sie nicht verstehen konnte.

Das Foto war jenes von Amélie Leclerc.

Draußen auf dem Gang wurde es hektisch. Harte Sohlen trommelten auf den Boden und kündeten das Eintreffen der Verstärkung an. Björk warf Brand einen Blick zu. Der nickte, ging zur Tür und lehnte sich mit dem Rücken dagegen.

»Was ist mit ihr?«, fragte Björk und hielt den Laptop noch näher an Enzo Farinis Gesicht.

Er murmelte unverständlich.

»Es ist nicht recht«, hörte Björk schließlich heraus.

»Was ist nicht recht? Herr Farini, was ist nicht recht? Dass ich Ihnen die Bilder zeige?«

Er schüttelte den Kopf.

»Die Frau hat Unrecht begangen?«, schlug sie vor, und das Kopfschütteln wurde deutlicher.

»Direttrice …«

Im selben Moment drückten mehrere Personen gleichzeitig von außen so fest gegen die Tür, dass Brand keine Chance hatte, sie zurückzuhalten. Zwei groß gewachsene Männer kamen herein, einer von ihnen der Pfleger, der sie hergebracht hatte. Im Schlepptau folgte ein Mann mit Brille, der nach Arzt aussah. »Was tun Sie hier?«, wollte dieser wissen.

»Direttrice!«, sprach der Alte zu Björk.

»Es ist alles gut«, sagte der Mann zu Farini.

»Was genau fehlt ihm?«, fragte Brand.

»Sind Sie ein Angehöriger?«

»Nein.«

»Dann fällt das unter ärztliche Schweigepflicht.«

»Direttrice«, sprach der Alte wieder, unter sichtlicher Kraftanstrengung. »Direttrice Wei…«

»Sie sollten jetzt gehen!«, wurde der Arzt energischer.

Björk wandte sich zum Patienten um. »Wei …?«, fragte sie. »Direttrice Wei …?«

»Der Patient braucht jetzt Ruhe!«

»Weide … mann«, sagte Farini mit letzter Kraft.

»Raus mit Ihnen!«, befahl der Doktor nun, und die beiden Türsteher plusterten sich auf.

Björk hob ihre Hände zum Zeichen, dass es keinen Grund dafür gab, bedankte sich bei Enzo Farini und bedeutete Brand im Vorbeigehen, mit ihr zu kommen.

»Was ist das bloß für ein Mist?«, gab er zur Seite, als sie im Aufzug waren.

»Es ist traurig«, pflichtete Björk ihm bei.

»Da gehört ihm das gesamte Schloss, und dann liegt er hier …«

Björk ging nicht weiter darauf ein. Mit etwas Nachdenken würde er selbst begreifen, dass Besitz und Reichtum nicht das Gleiche waren. Erst kürzlich hatte sie eine Doku über verarmte Gutsbesitzer gesehen, die sich die Erhaltung ihres Besitzes nicht mehr leisten konnten und oft genug bis über beide Ohren verschuldet waren. Bestimmt war es auch bei Farini so gewesen. Hatte er sein Schloss damals aus dem gleichen Grund an das Institut vermietet? Weil er Geld brauchte?

Als sich die Tür des Fahrstuhls öffnete, läutete Björks Diensthandy. Sie drückte den Anruf aus Den Haag weg, weil sie warten wollte, bis sie draußen waren, doch sofort fing es wieder an.

Mit hochgezogenen Augenbrauen ging sie dran. »Ja?«

Brand hielt ihr die Tür auf. Sie schritt hindurch, während sie sich die Botschaft anhörte, die ihr eine Mitarbeiterin der Europol-Direktion zu überbringen hatte.

Björk verstand die Worte, doch sie ergaben keinen Sinn. Mehrmals versuchte sie, nach dem Grund der Anweisung zu fragen, doch die Kollegin beteuerte, nichts darüber zu wissen und sie auch zu niemandem durchstellen zu können, weil angeblich alle in einer Sitzung waren.

»Okay«, sagte Björk schließlich und legte kopfschüttelnd auf. Sie spürte die Hitze in ihrem Gesicht.

»Was?«, fragte Brand über das Dach des Wagens hinweg.

Björk wartete, bis sie drinsaßen. »Wir fliegen nach Den Haag zurück.«

»Wie bitte?«

»Es ist, wie es ist.«

»Aber wir können doch jetzt unmöglich …«

»Wir müssen. Der Fall ist uns entzogen worden.«

»Aber weswegen denn?«

»Befangenheit.«

»Befangenheit?«, staunte er. »Warum denn?«

»Es ist wegen Ihnen.«

46 UNBEKANNTER ORT

Florentin Heintz

Er schwamm in der Dunkelheit. Es roch nach Meer – nach Fisch und salzgetränkten Algen. Das Wasser war so warm wie in den Tropen. Flache Wellen schlugen aneinander und gluckerten sanft. Über ihm leuchteten unzählige Sterne. Er fühlte sich wie in einem wunderschönen Urlaub, in der Vision seines noch fernen Ruhestands, wo der Sommer niemals zu Ende ging.

Heintz wusste nicht, warum er schwamm und wohin. Er sah sich nach allen Seiten um, konnte aber nichts erkennen, was ihm einen Boden oder wenigstens Halt geben könnte, kein Festland, kein Schiff, kein Treibgut, nichts.

Da begann es zu rauschen. Hinter ihm. Zuerst beunruhigte es ihn nicht. Bis er Tropfen auf seinem Gesicht spürte. Er legte den Kopf in den Nacken und sah dunkle Wolken, die von hinten kamen. Ein Blitz durchzuckte den Himmel. Wind frischte auf und peitschte das Meer in seine Richtung.

Sofort wurden die Wellen höher. Die Gischt spritzte ihm ins Gesicht und drang in seine Nase. Er musste niesen und husten zugleich. Als er die Augen wieder öffnete, sah er eine gigantische Wasserwand, die sich am Horizont abzeichnete, gespenstisch angestrahlt von dem heranrollenden Unwetter.

Heintz musste hier weg. Der Verstand sagte ihm, dass es aussichtslos war und dass man einem Gewitter auf offener See nicht entkommen konnte. Aber der Fluchtinstinkt war stärker. Er schwamm los, kraulte mit aller Kraft und paddelte mit den Beinen. Binnen Sekunden waren die Wellen mannshoch, dann so hoch wie Häuser. Er wurde mehrmals von ihnen emporgehoben und hinterrücks fallen gelassen, bis ein Blitz ins Wasser krachte, der gleichzeitige Donner nahm Heintz fast das Gehör.

Es hat mich erwischt, wusste er, als er plötzlich nichts mehr bewegen konnte. Seine Arme und Beine prickelten, und Funken stoben vor seinen Augen. Er wollte Luft holen, doch auch das Atmen fiel ihm schwer. Meerwasser drang in seine Lunge. Einmal noch kam er an die Oberfläche zurück und hustete seine letzte Luft aus, bevor er in den Fluten versank.

»Nein!«, schrie er gegen den Knebel an, als er wieder zu sich kam – in seinem Verlies und mit dem herabregnenden Wachs und der Gewissheit, dass der wahre Albtraum die Wirklichkeit war.

Mit aller Kraft drückte er seine Zunge gegen das eklige Gummiding, das seine Mundhöhle ausfüllte. Er sog Luft durch die Nase, wieder und wieder, bis sein panikerfüllter Geist genug davon hatte und andere Sinneseindrücke zuließ.

Es war viel zu heiß. Sein Herz raste. Er spürte, wie sich der Schweiß aus jeder Pore seines Körpers drückte, um ihm Kühlung zu verschaffen, doch das Wachs isolierte alles. Bestimmt war seine Körpertemperatur inzwischen viel zu hoch. Der brennende Durst deutete auf Dehydrierung hin. Heintz wusste, dass es schlecht um ihn stand.

Das Wachs hatte ihn nun vollständig überzogen, hatte sich an ihn geschmiegt und war fest wie ein Panzer. Die Tausenden Nadelstiche, die er irgendwann an seinem Körper gespürt hatte, waren nun weg. Er glaubte sogar, sich wieder bewegen zu können. Theoretisch. Er probierte es mit den Händen und den Füßen und spürte deutlich den Widerstand der Wachshülle. Also spannte er die Armmuskeln an, versuchte es mit aller Kraft – und stöhnte vor Schmerzen auf. Nichts ging. So weich das Wachs auch sein mochte, es war zu viel, als dass er es noch hätte verformen, geschweige denn zerbrechen oder abschütteln können.

Warum ausgerechnet Wachs?, überlegte er.

Wachs in fremden Händen. Sollte das etwa die Botschaft sein? Ein Vorwurf an ihn … als Politiker?

Das künstliche Fieber beförderte die merkwürdigsten Gedanken an die Oberfläche. Natürlich musste er als Interessenvertreter gewisse Kompromisse eingehen. Formbar sein. Anpassungsfähig und anschmiegsam wie das Wachs um ihn herum. Aber was war daran verwerflich? Das ganze Leben war schließlich ein Anpassungsprozess. Bevor man formen konnte, wurde man selbst geformt. Wie damals in Bologna. Und später von den Briefen …

Der Gedanke daran verästelte sich schnell. Weil er wusste, dass dies sein wunder Punkt war.

Der erste Brief hatte ihn erreicht, kurz nachdem er einen gut dotierten Vertrag für seinen ersten Fantasyroman in der Tasche hatte, der noch nicht einmal zu Ende geschrieben war. Da hatte er noch an einen Scherz gedacht. Als der zweite Brief dann aber konkrete Wege skizzierte, wie mehr aus ihm werden konnte als ein *Unterhaltungsautor*, und ihm die Schienen zu hohen Funktionsträgern seiner jetzigen Partei legte, war sein Interesse geweckt. Eine Frage aus einem der ersten Briefe hatte sich festgesetzt wie ein Ohrwurm: *Die Menschen da draußen mit Geschichten abzulenken, ist eine Sache. Aber was, wenn du ihr Leben tatsächlich verbessern könntest?*

Eines der ersten Treffen, das der anonyme Briefeschreiber für ihn arrangiert hatte, war mit dem Mann gewesen, den er gerade als Bundesparteivorsitzenden ersetzt hatte. Sein Vorgänger war so beeindruckt von Heintz' rhetorischen Fähigkeiten gewesen, dass er ihn sofort in sein Wahlkampfteam holte – das Heintz dann, Brief für Brief und Schritt für Schritt, für sich kaperte. Ein kleiner Skandal zur rechten Zeit, wieder eingefädelt von seinem unbekannten Mentor, erledigte den Rest und machte Florentin Heintz zum jüngsten Bundesparteivorsitzenden aller Zeiten und zum Hoffnungsträger der deutschen Politik.

Und doch war ich nichts als Wachs in fremden Händen, dachte Heintz bitter.

Er war eine Mogelpackung. Eine Marionette. Jemand musste davon erfahren haben. Und jetzt folgte die Bestrafung. Es ging hier nicht um Sex oder Stalking. Das Motiv gründete viel tiefer. Es ging um eine Botschaft. Und er war der Überbringer. Ob er dabei lebte oder nicht, schien keine Relevanz zu haben.

Trauer überkam ihn. Er wollte nach Luft schnappen und schluchzen – doch das Wachs verhinderte es. Luft zu holen, kostete inzwischen entsetzlich viel Kraft. Irgendwo an ihm oder um ihn herum, vielleicht zwischen Hals und Brust oder irgendwo weiter unten in der Wachshülle, musste ein Loch sein, ein kleiner Ausgang eines strohhalmdicken Kanals, an den man bloß eine Fingerspitze legen musste, um Heintz ersticken zu lassen. Er musste sich zwingen, nicht an den einen Tropfen Wachs zu denken, der exakt an dieser Stelle abkühlte.

Da hörte er etwas. Ein Klacken, gefolgt von metallischen Schlägen. Ein Knarzen. Er konnte nicht sagen, aus welcher Richtung die Geräusche kamen.

Es klackte nochmals, bevor Heintz einen Lichtschein erahnte. Er konnte die Augen nicht mehr öffnen, weil auch sie verklebt waren, aber es war eindeutig heller als eben noch.

Sie haben mich gefunden, dachte er und wollte jubeln. Sie hatten ihn im allerletzten Moment entdeckt. Gleich würde er wieder richtig atmen können, sich abkühlen und etwas trinken dürfen.

Sie würden doch wissen, dass er in dieser Wachshülle steckte? Er hatte keine Kraft mehr, gegen den Knebel zu brüllen, aber gewiss würde man ihn sehen.

Er spürte eine leichte, rhythmische Erschütterung. Wie von

Schritten. Dann hörte es auf und etwas wackelte – *er* in seiner Hülle wackelte. Außerdem veränderte sich die Intensität des Lichts, wurde heller und dunkler und blitzte kurz auf, als würde ihn jemand mit einer Taschenlampe anleuchten und nicht wissen, was zu tun ist.

»Brich es auf!«, schrie er in seiner Vorstellung. »Egal, wo!«

Doch nichts dergleichen geschah.

Stattdessen hörte er ein Schaben. Ein Kratzen und Schlagen, das viel zu feinfühlig war, um ein Befreiungsversuch zu sein.

Sie hatten ihn nicht gefunden, wurde ihm klar. Da draußen waren keine Rettungsmannschaften, keine Polizei und keine Feuerwehr.

Da draußen war sein Ende.

47 IM LUFTRAUM ÜBER DEUTSCHLAND

Inga Björk

Björk ließ den Rückflug über sich ergehen. Sie vertrug das Fliegen nicht mehr und hatte keine wirkliche Erklärung dafür. Als Kind hatte es ihr Spaß gemacht. Als junge Erwachsene war es ihr egal gewesen. Doch irgendwann, bestimmt auf einem viel zu langen Flug während ihrer Karriere als Tattoomodel, hatte sich Appetitlosigkeit eingestellt. Sie hatte es auf das immer gleiche, ungenießbare Zeug geschoben, das einem an Bord vorgesetzt wurde.

Doch dann war es schlimmer geworden. Mit Anfang dreißig litt sie schon regelmäßig an Übelkeit, sobald es in die Höhe ging. Und nun, ein weiteres Jahrzehnt später, reichten leichte Turbulenzen, um ihren Magen zum Rebellieren zu bringen. Sie hatte medizinische Tests gemacht, hatte Kontrastmittel geschluckt und Magensonden in ihrem Körper erduldet – ohne Ergebnis. Am Ende blieb: Zu fliegen war zwar nicht besorgniserregend, aber jedenfalls unangenehm, für sie und alle anderen Passagiere auch …

Eine E-Mail traf ein. Mit größtmöglicher Beherrschung öffnete sie die Augen und klickte sie an.

Es war die Antwort auf die angeforderten Bildauswertungen, von der sie inständig gehofft hatte, dass sie einen entscheidenden Hinweis brachte. Bevor sie den Fall verloren hatten.

Hi Inga, sorry – laut Direktionsweisung keine weiteren Auswertungen an euch. WTF? Gruß an Chris! Jeff

Frustriert schlug sie den Laptop zu. Sie hatte große Lust, ihn wie eine Frisbeescheibe an die Wand zu werfen. Andererseits war das zehntausend Meter über dem Boden, geschützt von einer fragilen Aluhülle, vielleicht doch keine so gute Idee.

»Anschnallen bitte«, sagte der Pilot über den Bordlautsprecher. Offensichtlich würden sie demnächst in den Sinkflug gehen – wesentlich früher, als sie gedacht hatte.

Umso besser.

Sie sah die zerrissenen Wolken unter sich, zog den Gurt fester und schloss die Augen. Um sich abzulenken, dachte sie an Bologna zurück. Zweifellos hatten sie in ein Wespennest gestochen, als sie im Castello Farini und im Umfeld des damaligen Mordes zu suchen begannen. Schon vor Bologna hatten sie gewusst, dass Brüssel ein großes Geheimnis daraus machte. Aber dass man gleich so weit gehen und ihnen den Fall entziehen würde?

Unvermittelt vollführte der Jet einen radikalen Kurswechsel, kippte über die linke Tragfläche weg und ging in einen steilen Sinkflug über. Mehrere Sekunden lang fühlte sich Björk wie schwerelos. Sofort dachte sie an ein technisches Problem, an eine Beinahekollision mit einem anderen Flugzeug oder noch Schlimmeres.

Erschrocken sah sie hinaus, sah aber keinen Anhaltspunkt – kein Flugzeug, dem sie hätten ausweichen müssen, keinen Boden, auf den sie zurasten, kein Oben und kein Unten. Nur Grau in Grau. Als der Pilot den Jet wieder einfing, wurde Björk so stark in den Sitz gepresst, wie man es sonst bloß von Achterbahnen kannte. Wenige Sekunden später flogen sie so normal weiter, als wäre nichts gewesen, wenn auch in Wolken und ruppiger Luft.

Sie überlegte, nach vorne zu rufen, was das irre Manöver sollte, entschloss sich aber dagegen. Die beiden Piloten, von denen sie nur die rechte beziehungsweise linke Schulter sah, wirkten so gelassen wie immer.

Björk merkte, wie flau ihr war. Zur Sicherheit hielt sie den Spuckbeutel bereit. Sie versuchte, draußen einen Anhaltspunkt zu finden.

Es regnete heftig, gut zu sehen an den Wasserschlieren, die quer über die Fenster rasten. Dann, so plötzlich und unvorhersehbar wie der Sinkflug eben, durchstießen sie die Wolkenuntergrenze, und man konnte wieder Boden sehen. Allerdings hatte die Umgebung nichts mit Rotterdam zu tun. Beim Anflug auf die Stadt, in der sie normalerweise landeten, sah man flaches Land, dann Teile der Stadt, rechts den riesigen internationalen Hafen und den Strom der Nieuwe Maas, bevor man bereits auf der Landebahn aufsetzte.

Selbst wenn sie von Nordosten kamen, was wetterbedingt manchmal nötig sein konnte, sah die Umgebung ganz anders aus als hier. Björk fand weder Meer noch Hafen noch sonstige markante Punkte. Es gab landwirtschaftlich genutzte Felder, Wälder und kleine, versprenkelte Ortschaften, vor allem aber Hügel, die ihr verrieten, dass sie nicht über den Niederlanden sein konnten.

»Gibt's ein Problem?«, rief sie nach vorne.

»Alles okay. Wir landen gleich«, antwortete der Pilot.

»Aha. Und wo, bitte?«

Keine Antwort.

»Hey! Kann mir vielleicht mal jemand sagen …«

Weiter kam sie nicht, weil sie im selben Moment hart aufsetzten und so stark bremsten, dass der Laptop nach vorne weg vom Tisch rutschte und auf den Boden fiel. Björk spürte, wie der Gurt ihren Unterleib abschnürte.

Wenige Augenblicke später standen sie auch schon, drehten direkt auf der Landebahn um, rollten zurück und bogen rechts ab, wo sie auf ein Minigebäude zusteuerten, das weder nach

Terminal noch nach sonst was aussah, das man als ziviler Fluggast für gewöhnlich zu sehen bekam.

Björk reichte der Blödsinn jetzt. Sie schnallte sich ab.

Beim Blick zur anderen Seite hinaus erkannte sie weitere, kleine Hallen. Jede einzelne davon hatte einen betonierten Vorplatz und war über eine asphaltierte Rollbahn direkt mit der Startbahn verbunden. *Ein Militärflugplatz*, wunderte sie sich. Einer von denen, wo Jagdstaffeln von Kampfjets stationiert waren. Sie glaubte sogar, einen *Tornado* zu erkennen, was sie vermuten ließ, dass sie in Deutschland war.

Der Europol-Jet kam direkt neben einem silbernen Golf zum Stehen. Björk sah, dass ein Mann ausstieg und einen Schirm aufspannte. Ein Blick reichte ihr, um ihn zu identifizieren.

Einer der Piloten stand auf, ließ die Tür mit der integrierten Treppe hinunter und trat zurück. Björk spürte, wie jemand sein Gewicht draufsetzte und hereinkam.

»Stern!«, sagte sie, ohne aufzusehen.

»Inga! ... Was für eine Freude.«

Björk verzichtete auf Höflichkeitsfloskeln. Wann hatte sie ihn zuletzt gesehen? Es musste auf irgendeiner Tagung gewesen sein. Sie war froh, es vergessen zu haben.

Gustav Stern ließ sich in den Sitz vor ihrem fallen. Björk roch den Regen in seinem Mantel, aber auch Moschusnoten, die sie beinahe spucken ließen.

»Und, wo ist er?«, fragte Stern.

»Wo ist wer?«

»Du weißt genau, wer.«

»Urlaub.«

»Urlaub?«

Sie nickte.

»Inga, im Ernst. Die Sache ist wichtig. Viel wichtiger, als du es dir vorstellen kannst.«

»Ach, ist das so, Gustav?« Sie zwang sich, ihn anzusehen. Gustav Stern vereinte vieles in einem Mann, was sie verabscheute. Nichtssagende Dackelaugen, aufwendig über die Glatze gekämmte Haare und ganz besonders diese duckmäuserische, verschlagene Art. Aber so war das eben: Die allermeisten Geheimdienstmitarbeiter – *Agenten*, wenn man wollte – hatten keinerlei Ähnlichkeit mit James Bond, sondern wirkten wie Abziehbilder des kleinbürgerlichen Spießerlebens.

»Ja, so ist das«, machte er weiter, jetzt leicht pikiert, »und du sagst mir jetzt auf der Stelle, wo ich Christian Brand finde.«

Björk ahnte, dass sie ihn nicht weiter reizen durfte. Männern wie ihm ging es schnell ums Prinzip, und das konnte gefährlich werden. »Ich weiß es nicht.«

»Raus damit.«

»Ich weiß es wirklich nicht«, sagte sie. »Der Fall wurde uns entzogen. Brand macht Urlaub, mehr weiß ich nicht.«

»Die Anweisung war, nach Den Haag zurückzukommen.«

»Sieht das hier etwa nach Den Haag aus?«, konterte sie und zeigte durchs Fenster nach draußen. »Gustav, möchtest du mir nicht wenigstens sagen, worum es geht?«, probierte sie es versöhnlicher.

Er seufzte schwer, was so aufgesetzt wirkte, dass es nur gespielt sein konnte. »Okay. Hör zu, wir suchen jemanden. Und wir wissen, dass Brand in Verbindung mit jemandem stand, der hinter dessen Verschwinden stecken könnte.«

»Brand?«, staunte sie mit aller Theatralik, zu der sie fähig war. Insgeheim wusste sie längst, worauf er hinauswollte und wie falsch er damit lag.

Stern nickte bedeutungsschwer.

»Wen sucht ihr?«

Stern schüttelte bloß den Kopf und zog etwas aus seinem übel riechenden Mantel – ein Blatt Papier, das er auffaltete und ihr hinlegte.

Sie überflog die Zeilen. Wie sie sich schon gedacht hatte, war es das Protokoll der Textnachrichten, die Brand vom Täter erhalten hatte, samt genauer Uhrzeit und anderen technischen Details.

I am not some sort of freak, las sie irgendwo auf dem Blatt. Sie erinnerte sich an die erste Nachricht – das Zitat aus dem Mund des Schachweltmeisters Magnus Carlsen, auf dessen Namen sie beim Toten in Salzburg gestoßen waren.

»Und?«, fragte sie.

»Die Botschaften stehen in direktem Zusammenhang mit einigen aktuellen Gewaltverbrechen.«

»Hab davon gehört«, sagte sie so trocken wie ironisch. Hielt er sie etwa für dumm? Oder wollte er sie provozieren?

Stern machte eine kurze Pause, bevor er noch einen drauflegte: »Die Nachrichten kamen auf Christian Brands Handy.«

Björk legte den Kopf schief. Eine dieser Nachrichten – jene in Paris, mit dem Zitat von Stephen Hawking – hatte ihnen den Hals gerettet. Kein Grund …

»Wir glauben, es sind Codes, mit denen sie sich austauschen.«

»Sie? Wer sollen *sie* denn sein?«

»Das wüsste ich auch gerne.«

»Aber das ist doch Bullshit.«

Stern pausierte wieder und grinste, bevor er sagte: »Brand sollte in Bologna zur Schule gehen.«

Sie riss die Augen auf. »Was?«, staunte sie und hörte, dass draußen weitere Fahrzeuge kamen und dicht an ihren Jet heranfuhren. Türen flogen auf, Menschen sprangen heraus und liefen auf den Jet zu. Björk erkannte Spezialeinheitskräfte mit automatischen Waffen im Anschlag.

Stern holte ein Funkgerät aus seinem Mantel und pfiff die Leute zurück. Unsicher starrte Björk ihn an und sah, dass sich die vielen Fältchen um seine Augen inzwischen vertieft hatten.

»Du wärst niemals für den Nachrichtendienst geeignet, Inga. Viel zu auffällig und außerdem ein offenes Buch. Schade eigentlich. Aber du hast mich schon richtig verstanden. Christian Brands Name findet sich in den Unterlagen der Schule. Und jetzt sagst du mir, wo zur Hölle er steckt.«

48

PARIS

Amélie Leclerc

Als sie die Hand auf der Schulter spürte, draußen vor der Eingangstür ihrer Betreuungseinrichtung, dachte sie im ersten Moment, es sei um sie geschehen. Sie wollte schreien und konnte nicht, weil sich eine zweite Hand auf ihren Mund legte. Dann wurde sie ein Stockwerk höher geschoben, wo sie der Angreifer zum Hinsetzen zwang und sich ihr schließlich offenbarte.

Es war Matteo.

»Amélie, du musst mir vertrauen«, sagte er, »ich will dir helfen.«

Sie schniefte.

»Vertraust du mir?«

Amélie schwieg.

»Vertraust du mir?«, wiederholte er.

Matteo hielt seine freie Hand so lange auf ihren Lippen, bis sie nickte.

Zögerlich ließ er los. Amélie keuchte, während er über das Geländer des Treppenhauses nach unten spähte und sich wieder zu ihr hinunterbeugte.

»Du bist hier nicht mehr sicher. Außerdem ist die halbe Polizei von Paris hinter dir her.«

Amélie erschrak. *Wegen des Papiercontainers*, überlegte sie kurz und tat es als Blödsinn ab.

Unten wurde es wieder hektisch. Die Tür zur Einrichtung stand offen, und so schnappte sie einzelne Wörter auf. Die beunruhigendsten von ihnen waren *Fahndung* und *Haftbefehl*, außerdem hörte sie mehrmals *Leclerc*. Ihr Betreuer Eric wehrte sich lautstark und bedauerte, den Beamten nicht weiterhelfen zu können.

Sie war so froh, seine Stimme zu hören. Auf ihn konnte sie sich bedingungslos verlassen. Allerdings ahnte sie bereits, dass es unmöglich sein würde, ihn heute noch zu sehen.

Matteo zog seine Lederjacke aus und legte sie um Amélie, bevor er sich neben sie setzte.

Sie ließ es zu. Sie spürte die Wärme seiner Jacke und realisierte nach und nach, dass sie beinahe in eine Falle gelaufen wäre. Matteo hatte sie davor bewahrt. Er schien es doch gut mit ihr zu meinen. Schon im Hotel hatte er versucht, sie zu warnen, wie auch später in der U-Bahn. Durch ihn hatte sie nach dem Brief gesucht, aus dem sie erfuhr, dass jemand an sie glaubte und sie nicht für eine Mörderin hielt.

Erst vor wenigen Stunden war Matteo wieder in ihr Leben getreten, und schon verdankte sie ihm so viel. Sogar, dass sie wieder sprechen konnte …

Unten verließen mehrere Männer die Einrichtung und polterten lautstark die Treppen hinunter. Dann flog die Haustür auf und wieder zu, mehrere Wagen fuhren mit quietschenden Reifen davon – und dann war es still.

Sie sind weg, wusste Amélie und blies erleichtert die Luft aus.

»Was habt ihr hier verloren?«, schimpfte eine Frau von oben in das Geräuschvakuum hinein. Amélie erschrak so sehr, dass sie am ganzen Körper zu zittern begann.

»Wir gehen schon«, sagte Matteo und half Amélie hoch. »Komm, schnell«, drängte er sie die Treppen hinunter.

»Verdammtes Drogenpack!«, schimpfte die Frau weiter. »Keinen Tag hat man mehr seine Ruhe hier. Ständig Ärger!«

Als sie an der Eingangstür ihrer Betreuungseinrichtung vorbeikamen, sah Amélie im Türglas einen Schatten, der größer wurde. Sie stellte sich vor, dass jemand herauskam und im Treppenhaus nach dem Rechten sah. Sie stolperte fast, als sie zwei Stufen auf einmal nahm, doch Matteo blieb immer an ihrer Seite und stützte sie.

Dann waren sie draußen. »Hier lang«, sagte Matteo, nachdem er sich kurz umgesehen hatte. Er führte sie in die Avenue du Bel-Air, deren Name so wunderbar zu den vielen Bäumen passte, unter denen sich doppelreihige Parkbuchten erstreckten.

Noch ehe sie einen großen, dunklen und ziemlich verdreckten Transporter mit italienischem Kennzeichen erreichten, blinkte dieser zweimal, und die Zentralverriegelung klackte.

»Du musst leider hinten rein«, sagte Matteo und öffnete einen Flügel der Hecktür. »Nicht besonders bequem. Aber es ist ja nur, bis wir aus der Stadt raus sind. Keiner darf dich sehen.«

Der Laderaum war leer und schmutzig. Er hatte keine Fenster, nicht mal nach vorne in die Fahrerkabine.

»Glaubst du, es geht?«, fragte er.

Sie nickte und stieg ein.

»Behalte die Jacke an«, sagte er.

Als er die Tür zuwarf, umfing Amélie Dunkelheit. Sie kauerte sich in eine Ecke – gerade noch rechtzeitig, bevor Matteo startete. Er beschleunigte stark, und in der ersten scharfen Kurve wurde ihr Rücken an die Wand gepresst, bis es wehtat. Aber sie ertrug alles, wenn sie bloß von hier fortkam. Mit den Beinen stützte sie sich am Boden ab und verkroch sich tief in Matteos Lederjacke, die wie ein Schutzpanzer um sie herum war.

Sie zitterte, und zum ersten Mal seit vielen Jahren kam ihr ein Gebet über die Lippen. »Notre Père qui es aux cieux, que ton nom soit sanctifié …« Jedes Wort war Flehen und Triumph zugleich. Während der Kastenwagen eine Kurve nach der anderen nahm, beschleunigte und bremste, rief Amélie alle höheren

Mächte an, dass sie schnell aus der Stadt kommen würden. Dass sie bald sicher vor denen wären, die hinter ihr her waren. Dass sich aufklären würde, wer dieser Briefeschreiber war, der an sie glaubte.

Amadeus.

Dass ihre Unschuld herauskam.

Ihre *Unschuld* …

Sie dachte an die entscheidenden Tage in Bologna zurück. An Serena und die Musik, die sie für sie geschrieben hatte. Amélie wusste, dass die Töne immer noch da waren, irgendwo gut versteckt in ihrem Innersten. Was für ein Hochgefühl es gewesen war, sie dazu tanzen zu sehen.

Der Kuss …

Weiter reichte ihre Erinnerung nicht. Egal, wie sehr sie sich auch bemühte: Der Tag, an dem sie das schreckliche Verbrechen begangen hatte – begangen haben *soll*, wenn sie Amadeus vertraute –, war weg. Sie wusste weder, wie sie zum Steinbau gekommen war, noch, was sie dort gewollt hatte. Sie konnte sich denken, dass es mit Serena zu tun gehabt hatte, aber niemals hätte sie ihr etwas Böses antun können …

Da merkte Amélie, dass es nun schon eine ganze Weile geradeaus ging und sie schneller fuhren als zu Beginn, womit es keinen Grund mehr gab, sie hinten im Laderaum zu lassen. Langsam musste sie auch aufs Klo.

Sie klopfte gegen die dünne Blechwand, die zwischen ihr und dem Fahrerhaus lag.

Nichts.

Sie klopfte fester, bis sie schließlich hämmerte. Doch Matteo schien nichts davon mitzubekommen.

49

DEN HAAG

Inga Björk

Sie erreichte Den Haag erst nach Einbruch der Dunkelheit. Björk war müde und frustriert. Sie ahnte, dass man schon in wenigen Stunden den nächsten Toten finden würde, irgendwo in Europa. Sie wusste nicht, wer noch wo, bloß dass zwischen den bisherigen Funden stets zwei Tage gelegen hatten. Abgesehen davon hatten sie aber einiges herausfinden können – vom Kreis der Opfer über deren Verbindung bis hin zum Motiv, das hinter den Taten stecken könnte.

Es war weder fair noch klug, Brand und sie gleichzeitig von dem Fall abzuziehen. Neue Ermittler brauchten Zeit zur Einarbeitung. Umso wichtiger war es, die Sache schnell und ordentlich zu übergeben. Aber das wollte Europol nicht. Die Interne Ermittlung erwartete von ihr, dass sie sich am Montag um Punkt 09:00 Uhr früh zur Befragung einfand und bis dahin gar nichts mehr tat.

Bis Montag ist die Sache gelaufen, ahnte Björk. Der Täter musste damit rechnen, dass man ihm längst auf den Fersen war. Womit mehr als wahrscheinlich war, dass er bald zum Ende kam.

Aber das hatte sie nicht mehr zu interessieren. Wieder einmal erlebte sie am eigenen Leib, wie das in großen Organisationen lief: Bis die Mühlen zu mahlen begannen, dauerte es oft zu lange – aber wenn sie dann mahlten, waren sie so gründlich, dass nichts als Staub übrig blieb.

Sie sperrte ihre Wohnungstür auf, trat ein und warf die hellbraune Ledertasche auf die erstbeste Ablage. Fragen kreisten in ihrem Kopf. Besonders jene Fragen, die Gustav Stern ihr noch auf dem Militärflughafen in Deutschland gestellt hatte, ohne dass sie ihm zufriedenstellende Antworten hätte geben können.

»Wie hat Brand auf dich gewirkt?«

»War er anders? Sentimental?«

»Hat er je über seine Schulzeit gesprochen?«

»Wieso hast du nichts gemerkt?«

»Könnte er dich reingelegt haben?«

»Wo könnte er jetzt sein?«

Sie wusste nicht, wo er steckte. Er konnte überall sein. Jede Wette, dass er sein Handy längst ausgeschaltet oder ganz weggeworfen hatte. Sie hatte es mehrmals versucht, doch stets hatte ihr eine freundliche Frauenstimme gesagt, sie solle es später probieren.

Während sie eilig duschte, versuchte sie, gedanklich nach Bologna zurückzukehren, an den Punkt, als sie Brand über das Telefonat mit Den Haag informiert hatte.

Sie erinnerte sich an seine ehrlich wirkende Betroffenheit, dass er etwas mit dem Entzug des Falles zu tun haben sollte. »Ist es vielleicht wegen der Nachrichten, die ich bekommen habe?«

»Ich weiß es nicht. Aber es wäre möglich.«

»Björk, glauben Sie mir, ich habe keine Ahnung, woher der Täter meine Nummer kennt.«

»Was könnte er von Ihnen wollen?«

Sein Kopfschütteln. Die frustrierten Gesten. Das Nicht-wahrhaben-Wollen, dass jetzt ein anderer die Ermittlungsarbeit fortführen sollte. Die stille Fahrt zum Flughafen.

»Sie geben das Mietauto zurück, Brand. Ich erledige inzwischen die Formalitäten.«

»Fliegen Sie allein, Björk.«

»Was?«

»Morgen ist Freitag. Ich nehme mir frei.« Der Unterton in seiner Stimme, der nicht passte.

»Sind Sie sicher?«

»Natürlich bin ich sicher.«

»Sie ermitteln hier nicht etwa weiter, oder?«

»Sehe ich so aus? Ich will mir bloß die Stadt anschauen. Wir sehen uns kommende Woche, Björk. Guten Flug.« Ein letzter Blick, der andere Absichten verriet.

Es war ihr egal gewesen. Vielleicht sogar recht.

Aber das war noch nicht die ganze Wahrheit. Sie hatte einen Stich gefühlt, der nicht davon kam, dass Brand sich offensichtlich über die Anweisungen seines Dienstgebers hinwegsetzte. Es war die Erkenntnis gewesen, dass sie sich trennen würden. Dass es von jetzt an auf eigene Faust weiterging. Was ja auch Sinn machte. Jedenfalls dann, wenn man es mit den Dienstvorschriften nicht so genau nahm. Was allerdings eine neue Bedeutung bekam, wenn man bedachte, dass Brand in den Unterlagen der Schule vorkam.

»Jävla skit!«, schrie sie den Duschkopf an und schlug ihre Faust gegen die Fliesen. Plötzlich schwebte ein riesiges Fragezeichen über allem. Christian Brand war zum unbekannten Faktor in der Gleichung geworden.

Sie musste handeln, und sie musste es ohne fremde Hilfe tun. *Fast ohne fremde Hilfe*, verbesserte sie sich in Gedanken, stieg aus der Dusche und trocknete sich ab. Sie kleidete sich an und streifte sich zuletzt noch einen dunklen Kapuzenpullover über.

Keine Minute später verließ sie ihr Wohnhaus und schlich in der Deckung der Dunkelheit mehrere Straßen weiter, stets auf Wegen, wo keine Kameras zu befürchten waren – bis sie absichtlich mitten ins Zentrum einer Überwachungskamera trat, die gut versteckt in einem Mauervorsprung lag, direkt über einem mit Graffittis bemalten Holztor. Wer es nicht wusste, hätte die Kamera nicht bemerkt und das Haus für einen Leerstand gehalten, den man irgendwann abreißen würde, um Platz für neues Betongold zu schaffen.

Björk streifte die Kapuze nach hinten und sah direkt in die Kameralinse, während sie mit der linken Hand eine Klingel betätigte.

Sie musste keine zwei Sekunden warten, bevor ein leises Surren verriet, dass Vincent online war.

Wie immer.

»Inga! Wie lange ist das her?«, empfing er sie überschwänglich, als sie in den Keller kam, der bestimmt mehr Strom verbrauchte als manches Mehrfamilienhaus.

»Zu lange«, sagte sie und bemühte sich um ein Lächeln.

»So schlimm?«

Jetzt war ihr Grinsen echt. Vincent war einer von wenigen Menschen, die ihre Emotionen stets richtig einschätzten. Sie hatte ihn erst vor fünf oder sechs Jahren kennengelernt, zufällig auf irgendeinem Fest, und sie sahen sich nur selten. Trotzdem zählte er inzwischen zu ihren Vertrauten.

»Schlimmer«, sagte sie und sah sich um. Überall strahlten Monitore und RGB-Lichter, wie man sie von modernen Spielecomputern kannte. Die Wärme, die von den Servern abstrahlte, machte Vincents Bleibe heiß wie eine Backstube, und ohne die vielen Grünpflanzen, die mit künstlichen Lampen bestrahlt wurden, wäre die Luft in diesem Keller ungesund trocken gewesen.

»Kein Hanf mehr?«, stichelte sie. Der süßliche Geruch fehlte, um ihre Erinnerung an diesen Keller zu vervollständigen.

»Zu teuer«, sagte er. »Kriegst du legal um einen Bruchteil der Stromkosten hier. Ich schürfe jetzt Bitcoins.«

Sie hob die Augenbrauen.

»Scherz. Alles Bullshit. Businessserver sind die neue Währung.«

»Wenn du es sagst.«

»Du bist nicht deswegen gekommen.«

Sie schüttelte den Kopf. So gut er sie durchschaute, wusste sie selbst nur wenig von ihm. Sie kannte weder seinen vollständigen Namen, noch konnte sie sagen, ob er tatsächlich Vincent hieß. Obwohl sie sich bemüht hatte, es herauszufinden. Sie wusste bloß, dass er der bestaussehende IT-Nerd aller Zeiten war, dem man die Jahre im Keller nicht ansah. Dabei fand Björk es angenehm, dass sie umgekehrt nicht sein Typ zu sein schien. Er war einer von wenigen Männern, die sie liebestechnisch in Ruhe ließen, und der Grund dafür war ihr egal.

»Du musst mir mit einem Namen helfen.«

»Ich ... muss? Wieso muss ich?«

Sie ließ ihn selbst überlegen. Irgendwann letztes Jahr hatte sie etwas für ihn geregelt, etwas, das mit seiner Bleibe hier zu tun hatte – wozu sie sich ziemlich weit hatte hinauslehnen müssen.

Wie erwartet, zeigte er ihr wenige Augenblicke später sein schönstes Lächeln. »Natürlich muss ich«, sagte er. »Also, um wen geht's?«

»Weidemann«, sprach sie den Namen aus, den Schlosseigentümer Enzo Farini unter großen Mühen ausgesprochen hatte.

»Das ist nicht viel.«

»*Direttrice* Weidemann«, versuchte sie, alles zusammenzukratzen, was sie hatte. »Bologna, Castello Farini, europäische Bildungseinrichtung, irgendwann in den Nullerjahren.«

»Schon besser«, murmelte Vincent, und seine Finger tippten los, so schnell, dass man die einzelnen Anschläge nicht mehr auseinanderhalten konnte und ein durchgängiges Rauschen entstand. Vincent griff kaum jemals zur Maus, und wenn, dann widerwillig. Fenster öffneten sich und Programme, auf denen Codes und manchmal auch banale Webseiten zu sehen waren, Foreneinträge und Verzeichnisse, die wie Archive aussahen. Genauer war es bei Vincents Tempo unmöglich zu sagen.

»Claire Weidemann«, sagte er plötzlich. »Oh, Mann.«

»Was?«

Zwei Fenster gingen auf und wieder zu. Ein Foto blieb im Zentrum stehen. Ein Bild, das eine überraschend attraktive Frau mit langen, blonden Haaren zeigte, die um die fünfzig sein musste. Björk hatte sie noch nie gesehen.

Vincent nahm seine Hände von der Tastatur. »Ist sie das?«

Björk ging näher heran. Sie sah, dass das Foto auf der Webseite einer EU-Behörde zu finden war. Aber es fehlten Einzelheiten.

»Glaubst du, dass sie es ist?«, fragte Björk, setzte sich zu Vincent an den Tisch, öffnete ihren Laptop und tippte den Namen in die Websuche ein.

»Willst du mir jetzt Konkurrenz machen?«, fragte er lachend.

»Zusammen sind wir schneller.«

»Wenn du es sagst, Inga.«

Björk hatte die Seite der EU-Behörde aufgerufen und sah das Foto nun auch auf ihrem Bildschirm. »Education, Youth, Sport and Culture«, las sie laut und spürte, wie ihr Herz schneller schlug. Weidemann arbeitete für eine Generaldirektion der Europäischen Kommission, die für die EU-Politik in den Bereichen Bildung, Kultur, Jugend, Sprachen und Sport zuständig war. Ihre konkrete Funktion wurde nicht erwähnt. Außerdem war ihr Name als einziger nicht mit einem Link unterlegt, der auf eine Unterseite mit näheren Informationen zur Person geführt hätte.

»Wenn das nicht zu einer Phantomschule passt.«

»Phantomschule?«

»Ich muss an sie ran. Inoffiziell.«

»Das könnte schwierig werden.«

»Ist mir schon klar. Aber du hast doch bestimmt eine Idee.«

Vincent rieb sich das Kinn. »Vielleicht«, sagte er dann und grinste.

Keine halbe Stunde später bestieg Björk einen Intercity im Bahnhof Den Haag Centraal, der sie rasch Richtung Süden brachte.

50

UNBEKANNTER ORT

Amélie Leclerc

Es dauerte noch eine Stunde, bis der Transporter hielt. Amélie blies erleichtert die Luft aus. Keine Minute länger hätte sie mehr durchgehalten. Nur mit allergrößter Beherrschung war es ihr gelungen, ihre Blase zu kontrollieren.

Sie hörte Matteo aussteigen und um den Wagen herumgehen. Als er die Hecktür aufmachte, stand sie schon bereit und sprang heraus.

Sofort packte er sie und hielt sie fest. »Hey!«, schrie er. »Was soll das?«

Sie funkelte ihn an. *Es ist ja nur, bis wir aus der Stadt raus sind*, hatte sie seine Worte im Kopf und wollte ihn damit anschreien. Aber etwas hielt sie zurück. Und so machte sie nur einen ihrer typischen Laute, die ihr Missfallen ausdrücken sollten. Sie schämte sich dafür.

»Ist ja schon gut«, sagte er und ließ sie los.

Amélie hielt nach der nächsten Gelegenheit Ausschau, um aufs Klo zu gehen. Offensichtlich hatten sie an irgendeiner Tankstelle entlang der Autobahn gehalten. Restaurant oder Shop sah sie nicht, suchte auch nicht lange nach einem WC, sondern lief in die Büsche, wo sie sich erleichterte.

Matteo kam ihr nach, was ihr peinlich war. Sie gestikulierte, er solle weggehen, bevor sie wieder aufstand und sich den Staub vom Laderaum aus der Kleidung und Matteos Lederjacke klopfte.

»Du kannst vorne einsteigen«, sagte er dann, und ging voraus, wo er die Tür aufhielt. »Wir müssen aber noch tanken.«

Sie nahm Platz. Im Fahrerhaus sah es aus wie auf einer Müllhalde. Überall waren Papier, Plastikmüll und anderer Kram. Obwohl ihr solche Unordnung widerstrebte, setzte sie sich dazwischen. Alles war besser als der Laderaum.

Matteo sah zu ihr herüber. »Du siehst echt furchtbar aus«, sagte er, und sie erschrak darüber. Wie meinte er das? Fand er sie etwa hässlich? Unwillkürlich machte sie die Augen groß.

»Das da!«, sagte er lächelnd und deutete auf ihre Wunde am Finger und die Kleidung, die blutverschmiert war.

Er öffnete verschiedene Ablagefächer, bis er ein rotes Päckchen mit Verbandsmaterial fand. Dann machte er das Innenlicht an und rutschte zu ihr herüber, um sich den Finger anzusehen. Es blutete nicht mehr dauernd, nur wenn man die Wunde belastete – was hinten im Laderaum unvermeidbar gewesen war.

Matteo säuberte ihre Hand vorsichtig mit Wasser und tupfte sie mit einem Taschentuch ab. Amélie, die körperliche Nähe eigentlich nicht mochte, sah ihm dabei zu. Sie spürte seine kräftigen, geschickten Hände. Und für einen klitzekleinen Moment konnte sie sich fast vorstellen, wie es sein musste, wieder jemanden um sich zu haben. Wie ihre Schwester Marie damals, vor Bologna. Oder Mama, als sie noch lebte …

»Das reicht erst mal. Aber wir müssen dich sauber kriegen und was zum Anziehen besorgen«, sagte er, startete den Motor und fuhr an die Zapfsäulen heran. »Du bleibst hier und verhältst dich unauffällig, klar?«, sagte er und stieg aus.

Sehnsüchtig sah Amélie zum kleinen Gebäude mit der Kasse hinüber, wo Schokoriegel, Softdrinks und anderes angeboten wurden. Sie hatte Hunger und Durst. Als Matteo kurz zu ihr sah, machte Amélie eine entsprechende Geste, die er zum Glück verstand. Nach dem Bezahlen kam er mit allerlei Zeug zum Wagen zurück.

Er kippte noch eine Flasche Motoröl nach, die er ebenfalls aus dem Tankstellenshop hatte. »Das Auto ist echt Schrott«, sagte er beim Einsteigen, »verliert mehr Öl als ein alter Panzer. Aber wird schon noch durchhalten.« Dann fuhren sie weiter.

Erst als Amélie ausreichend gegessen und getrunken hatte, konnte sie wieder an etwas anderes denken als an ihre elementarsten Bedürfnisse. Zum Beispiel, welches Ziel er ansteuerte.

Sie vertraute Matteo. Wollte ihm vertrauen. Er brachte sie weg von der Polizei, die hinter ihr her war, und weg von ihrem Wohnort, wo man sie jederzeit finden konnte. Trotzdem brauchte sie einen Anhaltspunkt.

Matteo, wohin fahren wir? Sie wollte es aussprechen, aber es war wie verhext. Sobald sie Luft holte, war da wieder eine Sperre. Ob es an seiner Nähe lag? Ob sie nur dann mit Menschen sprechen konnte, wenn diese ausreichend weit entfernt waren?

Besser als nichts, dachte sie. Sie hatte gelernt, bescheiden zu sein. Sich nicht zu viel vom Leben zu erhoffen. Dieser Tag hatte schon mehr gebracht, als sie sich jemals hätte erwarten können.

Als sie Matteo einen Seitenblick zuwarf, wurde sein Gesicht kurz vom Gegenverkehr angestrahlt. Amélie erschrak, als sie erkannte, wie angespannt es war.

Wohin fahren wir?, drängte ihr Verstand.

Sie sah sich nach irgendetwas um, das ihr einen Hinweis hätte geben können. Doch sie fand nichts. Kein Navigationsgerät und auch kein Handy, auf dem eine entsprechende App gelaufen wäre. Draußen war es zu dunkel, als dass sie landschaftliche Orientierungspunkte hätte erkennen können. Es waren nur wenige Autos unterwegs, und die Straßenschilder sagten ihr nichts.

Amélie starrte durch die Windschutzscheibe auf die Fahrbahn

hinaus und suchte nach etwas, das sie zählen konnte. Dinge zu zählen, würde sie wieder beruhigen.

Matteo drehte das Radio auf. Amélies erster Instinkt war, es sofort wieder auszumachen. Ihre linke Hand zuckte bereits, bevor sie sich zurückhielt. Nicht, weil sie das Lied gekannt hätte oder es hätte hören wollen – es war eines dieser grässlichen Stücke, denen man kaum entgehen konnte, wenn man in der Stadt wohnte. Ihr fiel vielmehr auf, dass der Takt genau mit den Fahrbahnmarkierungen übereinstimmte, mit jenen Spuren, die die Linien unterbrachen. Es wirkte fast, als fuhren Matteo und sie an einem Notenblatt entlang, die einzelnen Schläge zu schnell zum Zählen, aber Takt für Takt ging es.

Nach vierunddreißig Takten war das Lied zu Ende, ging aber fast nahtlos in das nächste über. Amélie zählte weiter. Ihr Geist kam zur Ruhe, und bald auch ihr Körper, während sich Lied auf Lied addierte, nahezu immer im Takt mit den kurzen Streifen der Fahrbahnmarkierung. Schließlich wurden ihre Augen schwer. Sie lehnte den Kopf seitlich ans Fenster und zwang sich zum Weiterzählen, bis es nicht mehr ging.

Eine Männerstimme riss sie aus dem Schlaf. Amélie fuhr hoch und musste erst ein paar Momente lang nachdenken, bevor sie wieder wusste, wo sie war.

»Autobahn A2 Richtung Belgien. Kurz nach Valenciennes fünf Kilometer Stau wegen Grenzkontrollen. Rechnen Sie mit einer Verzögerung von bis zu zwei Stunden.«

»Merda!«, schrie Matteo und bremste scharf. Viel zu schnell fuhr er in eine Ausfahrt, sodass Amélie in seine Richtung gedrückt wurde, sich aber gerade noch am Griff in der Beifahrertür festhalten konnte.

»Das schaffen wir schon!«, rief er.

Sie wollte es ihm zu gerne glauben. Doch manchmal merkte

sogar sie, dass jemand etwas ganz anders sagte, als er es meinte. Matteo klang nicht überzeugt, und das ließ ihre Angst noch größer werden.

Grenzkontrollen. Weswegen? Sie grübelte.

Wegen mir?

Aber was sollte sie denn verbrochen haben, für das sie nicht schon gebüßt hatte?

Sie kamen zu einem Kreisverkehr und fuhren auf der gegenüberliegenden Seite wieder hinaus, kreuzten auf einer Überführung die Autobahn, wo Amélie rechts in der Ferne unfassbar viele rote Rücklichter ausmachen konnte. Es war der Stau, in den sie beinahe geraten wären.

Dann erreichten sie ein Siedlungsgebiet. Die Straßenschilder wiesen ins Zentrum von Valenciennes – ein weiterer Hinweis, wie knapp sie den Grenzkontrollen entkommen waren.

Und was jetzt?

Sie kamen an Backsteinhäusern vorbei, die mal Wohnhaus, mal Betriebsgebäude waren und jenem Stadtrandgebiet von Paris ähnlich sahen, in dem Amélie arbeitete. Die Häuser wurden rasch größer, bis ein Kreisverkehr kam, der einen kleinen Obelisken in der Mitte hatte und im Zentrum eines Platzes stand, der Amélie an eine Miniaturausgabe des Place de la Nation denken ließ. Matteo umkreiste ihn vollständig. Er schien selbst nicht zu wissen, welche Ausfahrt er nehmen sollte.

Seine Unsicherheit übertrug sich immer mehr auf Amélie. Sie begann wieder zu zweifeln, ob es klug war, ihm zu vertrauen. Als sich die Verkehrsdurchsage mit dem Stau vor der Grenze wiederholte, drehte er das Radio ab und riss den Wagen in die nächstbeste Abzweigung. Er legte die Gänge mit Gewalt ein und gab viel zu viel Gas.

Amélie wollte nur noch raus.

Sie irrten weiter durch die Stadt. Amélie glaubte, eines der Gebäude schon einmal gesehen zu haben. Doch irgendwann wurden die Wohnhäuser weniger und die Geschäfte und Fabrikanlagen wieder mehr. Amélie wusste, dass sie endlich aus dem Zentrum waren. Ihr Herzschlag beruhigte sich.

Der nächste, wesentlich kleinere Ort hieß Condé-sur-l'Escaut. Die Straße wand sich zwischen einzelnen Backsteinbauten hindurch, bis sie von hohen, beeindruckenden Bäumen umsäumt war und geradeaus ging.

Plötzlich waren Blaulichter zu sehen, in der Ferne am Ende der Allee. Amélie erkannte sie im selben Moment, als sie den Sicherheitsgurt spürte, der sie bei Matteos Vollbremsung im Sitz hielt. Schlagartig war die Aufregung zurück. Matteo schimpfte etwas auf Italienisch, viel zu schnell. Aber sie verstand genug, um zu wissen, dass auch dieser Grenzübergang kontrolliert wurde.

Matteo drehte die Scheinwerfer ab, stieß zurück und wieder vor, um den Wagen auf der schmalen Straße zu wenden – als er erneut fluchte. Amélie folgte seinem Blick durch das linke Seitenfenster.

Auch in der Richtung, aus der sie gekommen waren, sah sie jetzt Blaulichter.

51

BRÜSSEL

Inga Björk

Zwei Stunden nach ihrem Aufbruch in Den Haag erreichte sie den Bahnhof Bruxelles-Midi/Brussel-Zuid. Ein letztes Mal versuchte sie noch, Christian Brand anzurufen, und verfluchte die Stimme der Sprecherin, die ihr zum x-ten Mal die gleiche Botschaft überbrachte: Brand war nicht erreichbar.

Björk konnte inzwischen nur der aussichtsreichsten Spur nachgehen, die sie hatte: jener zu Claire Weidemann, die Enzo Farini so wichtig schien, dass er ihren Namen unter größten Mühen ausgesprochen hatte.

Draußen vor dem Bahnhof stieg Björk in ein Taxi. Sie sagte dem Fahrer die Adresse in der Rue Joseph II, wo die Generaldirektion für Bildung, Kultur, Jugend, Sprachen und Sport ihren Sitz hatte. Dort aufzutauchen, war ein Schuss ins Blaue, um diese Uhrzeit noch dazu. Allerdings hatte Björk einen Plan.

Das Wetter draußen war besser geworden. Zum ersten Mal seit Tagen waren die Scheibenwischer nicht mehr selbstverständlicher Teil jeder Autofahrt. Björk sah in die Straßen hinaus. Vor Jahren war sie mal hier gewesen, anlässlich einer Weiterbildung, und hatte die Stadt gemocht. Sie fand es schade, dass Brüssel so oft in einem Atemzug mit Verfehlungen und Skandalen genannt wurde, für die die Stadt nichts konnte.

Als sie auf eine breite Verbindungsstraße kamen, klappte Björk den Laptop auf und verband ihn mit dem Internet. Bereits im Zug hatte sie versucht, mehr über Claire Weidemann herauszufinden. Doch ohne das Europol Information System EIS oder offizielle Meldedaten der Mitgliedsstaaten, die Björk aus Vorsichtsgründen nicht benützte, war sie auf das angewiesen, was sich für jedermann herausfinden ließ.

Sie fand bestenfalls Krumen zu Claire Weidemann. Reste, die übrig blieben, wenn man etwas zu beseitigen versuchte. Angelegte Webseiten, wie etwa auf Onlineportalen großer Zeitungen, deren Inhalte fehlten, während die Adressen aber noch in den Suchmaschinen aufschienen. Eine davon hatte die Endung *2009/05/italien/weidemann-institut_ende–mit-paukenschlag.html*, eine andere aus dem darauffolgenden Jahr */carreer/brussels/after-high-potentials-desaster_weidemann-rehabilitated.* Die Fragmente wirkten wie ein stiller Protest der Medienhäuser gegen fremde Einflussnahme, nach dem Motto: Mochte man auch den Inhalt entfernen müssen – die Spur dorthin sollte wenigstens bestehen bleiben.

Vor allem die Webadresse aus England klang interessant. Wie es schien, war Direktorin Weidemann *rehabilitiert* worden. Das klang, als hätte sie selbst im Zentrum von Vorwürfen gestanden.

Aber weswegen? Was konnte so schlimm sein, dass man Himmel und Hölle in Bewegung setzte, um die Erinnerung daran auszuradieren?

Noch einmal versuchte sie, mehr über diese mysteriöse Frau herauszufinden, und sah sich auch auf den sozialen Netzwerken um – ohne Erfolg.

»Wir sind da«, sagte der Fahrer. Im selben Augenblick traf eine Nachricht auf dem Handy ein.

Zirkus unterwegs. Bald großer Bahnhof. Viel Glück! Gruß, V.

Björk rätselte, woher Vincent wusste, dass sie gerade angekommen war. Aber sie wettete, dass sich sein *Zirkus* sehen lassen konnte.

»Das macht dreizehn fünfzig«, sagte der Fahrer ungeduldig. Nebenbei telefonierte er mit jemandem. Seine Unruhe übertrug sich automatisch auf Björk, die ihm zwei Scheine vorstreckte und auf das Retourgeld verzichtete. Noch ehe die Tür zufiel, hatte er Gas gegeben und war davon.

Björk fand sich vor einem glasverkleideten Gebäude wieder, dessen Erdgeschoss vollflächig mit farbenfrohen Illustrationen zugeklebt war. Bestimmt war man erst nach Errichtung des Gebäudes draufgekommen, dass Transparenz nur so lange sinnvoll war, wie es keine Angestellten gab, die man von draußen beobachten konnte wie die Fische in einem Aquarium.

Sie ging an der Fassade entlang. Die Illustrationen zeigten Radios, Musikinstrumente, ein Mikroskop und ein Riesenatom, außerdem Sportler, Seiltänzer, Dirigenten und andere Leute, deren Tätigkeit Talent erforderte. Sofort musste Björk an die Schule in Bologna denken, womit ihre Zuversicht wuchs.

Sie wechselte die Straßenseite, um weiter an der Fassade hochsehen zu können. In manchen Stockwerken brannte noch Licht. Schließlich ging sie zum großen Metalltor zurück, neben dem das Taxi angehalten hatte. Eine kleine, unauffällige Glocke hing daneben. Um diese Uhrzeit hätte es nichts gebracht, sie zu drücken. Aber Björk musste ohnehin nur warten …

Da kam ein Auto in hohem Tempo die Straße herauf, während sich gleichzeitig das Eisentor neben Björk öffnete. Sie trat zwei Schritte zurück. Der Fahrer des Wagens bremste scharf und steuerte hektisch durch die Einfahrt auf einen Innenhof mit Parkplätzen. Björk überlegte, ihm gleich hinterherzulaufen – als ihr Vincents *großer Bahnhof* wieder einfiel. Bestimmt war das erst der Anfang.

Und sie hatte recht. Immer mehr Autos kamen aus allen Richtungen und fuhren in den Hof, alle sichtlich in Eile. Erst dem fünften huschte Björk hinterher. Sie wurde, wie erhofft, nicht weiter beachtet. Ein junger Mann eilte ihr voraus zu einer Tür, die Björk gerade noch schnappen konnte, bevor sie zugefallen wäre.

Einen Augenblick später war sie drin und staunte, wie frei sie sich hier, abseits des normalen Parteienverkehrs, bewegen konnte.

Umso besser.

Sie ging zu den Fahrstühlen und drückte auf den Knopf. Alle Kabinen standen im dritten Stock. Jede Wette, dass dort die EDV-Abteilung des Hauses war, der Vincent gerade einiges Kopfzerbrechen bereitete. Sie konnte nur mutmaßen, wie genau er seine Hackerattacke anlegte. Möglicherweise überfrachtete er die Server gerade mit Hunderttausenden Anfragen aus aller Welt. Doch egal, was es war, es sorgte für die notwendige Ablenkung.

Björk bestieg eine der Kabinen und wählte den letztmöglichen Stock. Chefetagen waren immer oben. Als die Türen sich schlossen, hörte sie eilige Schritte. »Kann ich noch mit?«, rief ihr jemand zu, während sich die Türen bereits zu schließen begannen.

Im selben Moment hörte sie draußen das Piepen des Rufknopfs. Sie würde garantiert auffliegen. Selbst die Leute aus der EDV-Abteilung mussten Verdacht schöpfen, wenn sie Björk in ihrem Kapuzenpullover im Fahrstuhl sahen, den Knopf der obersten Etage gedrückt …

Doch sie hatte Glück, und der Lift fuhr ab. Erleichtert blies sie die Luft aus.

Oben stieg Björk aus, und das automatische Licht auf dem Gang ging an. Ganz hinten brannte Licht, das durch die Glastür eines Raumes drang. Vielleicht hatte man gehört, dass der Lift gekommen war, weshalb sie die andere Richtung nahm.

Eine weitere Nachricht traf auf dem Handy ein.

Firewall = Scheunentor ;) versuch, an eine Workstation zu kommen. Gruß, V.

Vincent musste genau wissen, wo sie steckte. Bestimmt war er drauf und dran, Kameras und anderen Kram in dem Gebäude hier anzuzapfen, wenn es nicht längst geschehen war.

Björk ging langsam weiter. Nirgendwo sonst war Licht. Hören konnte sie auch nichts. Die Schilder neben den Türen deuteten darauf hin, dass sie tatsächlich in der Chefetage war. Eine Aufschrift wies ins Sekretariat der stellvertretenden Generaldirektorin, deren Name griechisch anmutete. Björk drückte die Klinke, doch die Tür war versperrt.

Erst vier Türen weiter war eine offen, und Björk fand sich in einem Besprechungszimmer wieder – leider ohne Computer.

Keine Workstation hier, tippte sie eine Nachricht ins Handy und schickte sie ab.

LAN? Die Antwort hatte nicht lange auf sich warten lassen.

Draußen auf dem Gang ging automatisch das Licht aus. Björk wollte unerkannt bleiben, weshalb sie die Helligkeit des Handydisplays nutzte, um sich im Zimmer umzusehen. Tatsächlich fand sie eine Netzwerkbuchse unter einem Deckel im Teppichboden. Sie holte das Kabel aus ihrer Tasche und verband es mit dem Laptop. Als sie versuchte, ins Intranet zu kommen, erschien eine Loginmaske. Vincent schickte ihr drei Benutzerpasswort-Kombinationen, die sie probieren sollte – wo auch immer er diese aufgetrieben hatte.

Die zweite klappte.

Dann sollte sie noch eine kleine Datei hochladen, die er im Anhang mitschickte.

Was jetzt, textete sie.

Doppelklick!

Björk tat es – und sah, wie sich wenige Sekunden darauf der Bildschirm des Intranets zu verfremden begann.

Vincents Reaktion ließ nicht lange auf sich warten. *Perfekt. Daten kommen.*

Im selben Moment öffneten sich draußen die Lifttüren. Das Licht auf dem Gang ging wieder an.

Björk hörte, wie sich jemand näherte.

Und er war nicht allein.

52 UNBEKANNTER ORT

Amélie Leclerc

Amélie hielt sich fest, wo es nur ging. Trotzdem konnte sie nicht verhindern, dass sie immer wieder irgendwo anstieß. Sie stöhnte und brüllte ihre unverständlichen Laute, während Matteo den Transporter über einen Feldweg jagte, der aussah, als sei dort seit Ewigkeiten niemand mehr entlanggekommen. Sie fuhren immer tiefer in ein Dickicht hinein, fort von der befestigten Straße, auf der sie eben noch gewesen waren.

Wäre ein Hindernis aufgetaucht, hätten sie es nicht gesehen. Matteo hatte nur das Standlicht angemacht, das kaum fünf Meter weit reichte. Es ging nicht anders, das wusste sie. Die Polizei war hinter ihnen her.

Denkst du, wir wurden entdeckt?, wollte sie ihn fragen. *Wohin geht es hier?* Aber sie konnte nicht. Sie musste Matteo vertrauen.

Amélie sah den umgefallenen Baum im selben Moment, wie Matteo schrie: »Festhalten!« Sie gab beide Hände über den Kopf und presste sich in den Sitz, spürte den Schlag gegen die Reifen und den Unterboden. Es knallte laut, und der Wagen sprang über das Hindernis, bevor er wieder in den Waldboden einschlug, mehrmals nachfederte und seitlich ausbrach, direkt auf einen dicken Baumstamm zu, dem Matteo nur im allerletzten Moment ausweichen konnte.

»Merda!«, schimpfte er und lenkte mehrmals heftig links und rechts, weil sie zu schleudern drohten.

Deutlich langsamer fuhr er weiter. Amélie hörte ein rhythmisches Klackern irgendwo unter sich. Das war nicht gut. Was, wenn ihr Wagen jetzt liegen blieb und die Polizei sie schnappte?

Die Polizei, blieb Amélie in ihren Gedanken bei den Verfolgern hängen. *Wieso eigentlich nicht die Polizei?*, überlegte sie. Was hatte sie zu befürchten? Einen ausgeräumten Altpapiercontainer? Sie wusste genau, dass sie sich nach Bologna nichts mehr zuschulden hatte kommen lassen. Es würde sich aufklären. Sie konnte ja wieder reden! Sie hatte Worte, um ihre Unschuld zu beweisen …

Nein, das stimmte nicht. Worte waren unverlässlich. Und missverständlich. Man konnte sie ganz leicht verdrehen.

Worte würden ihr nichts nützen.

Es war richtig, vor der Polizei davonzufahren. Die Polizei war niemals ihr Freund oder Helfer gewesen. Matteo schon.

Er bremste, bis sie stillstanden, stieg aus und machte sich am linken Vorderrad zu schaffen. Amélie hörte mehrere Schläge und sah einen Lichtkegel vor dem Wagen herumzucken. Matteo schien etwas in Ordnung zu bringen. Der ganze Transporter wackelte von seiner Kraft.

Dann stieg er wieder ein, machte die Taschenlampe auf seinem Handy aus und wischte auf dem Display herum, bis er es ausmachte und alles still war.

Amélie ahnte, dass Matteo nicht mehr weiterwusste. Dass sie weder vorwärts- noch zurückkamen. Der Wunsch, ihm Hoffnung zu machen, wurde übermächtig.

»Danke«, flüsterte sie.

Ein Rascheln verriet, dass er zu ihr herübersah.

»Wie bitte?«

»Danke«, sagte sie fester.

»Endlich machst du mal den Mund auf.«

»Ja«, sagte sie, und in ihr regte sich Stolz. »Dank dir«, fügte sie hinzu.

»Wie meinst du das?«

Sie dachte, er würde sich darüber freuen. Aber es klang anders. Obwohl sie ihn nicht sehen konnte, glaubte sie zu merken, dass er noch angespannter war als vorhin.

Wieder raschelte es.

»Ich habe seit damals nicht mehr sprechen können«, erklärte sie. Immer noch staunte sie über den Klang ihrer erwachsenen Stimme. Es war anstrengend, so viel am Stück zu reden, aber auch ermutigend.

Matteo löschte das Standlicht. Alles wurde dunkel, sodass man nicht einmal mehr die eigene Hand vor Augen sah.

Amélie erinnerte sich an Amadeus' Worte aus dem Brief. Dass sie unschuldig war. Und Talent hätte. Beides war so unglaublich und dabei so sonnenklar, dass sie rätselte, warum sie es niemals ernsthaft in Betracht gezogen hatte. Warum sie sich gefügt hatte und in ein Leben drängen ließ, das nicht für sie vorgesehen war.

»Was stand in deinem Brief?«, fragte er.

»Dass ich ... dass er mich für talentiert hält.«

»Was noch?«

Sie blieb still. Das Talent war eine Sache, die angebliche Unschuld eine ganz andere. Obwohl sie es Matteo erzählen wollte, fürchtete sie, es nicht zu können.

»Hör zu, ich ...«, fing er an und brach wieder ab.

»Was?«

»Es tut mir so leid.«

Amélie überlegte. Was sollte ihm denn leidtun? Er hatte sich doch immer für sie eingesetzt, damals wie heute. Niemals hatte es etwas gegeben, wofür er sich entschuldigen müsste.

Da plötzlich blitzte etwas in ihren Gedanken auf. Eine Erinnerung, ein Bild, uralt und tief in ihrem Innersten verborgen.

Unwillkürlich schnappte sie nach Luft.

Das Bild, es war Matteos Gesicht. Und es war nicht freundlich.

»Was tut dir leid?«, fragte sie nun mit zitternder Stimme.

Er schwieg. Schien zu überlegen. Dann schniefte er plötzlich und schluchzte. Er legte seine Arme um das Lenkrad, lehnte seinen Kopf daran und weinte hemmungslos.

Instinktiv wollte sie ihn trösten. Sie hatte bereits die Hand gehoben, um sie ihm auf den Rücken zu legen – als ein weiterer Gedankenblitz sie stoppte. Matteo, der sie wütend anstarrte.

Sie holte Luft, wollte etwas sagen. Etwas, das sie beide aus der Situation herausholen würde. Sie mussten … was mussten sie eigentlich? Abhauen? Amélie war sich nicht mehr sicher.

»Wohin fahren wir?«, fragte sie. Dabei brach ihre Stimme. Amélie merkte, wie panisch sie sich anhörte.

Lautlos legte sie die rechte Hand an den Türöffner. Sie starrte in die Dunkelheit und hoffte beinahe, irgendwo ein Licht zu entdecken, ein Blaulicht oder die Taschenlampe eines Verfolgers, der Matteo zum Handeln bringen würde. Alles kam ihr besser vor als die Situation, in der sie jetzt steckte. Sie musste allein sein. Sich erinnern. Erst dann konnte sie entscheiden, was richtig war und was falsch.

Sie überlegte, am Türgriff zu ziehen, herauszuspringen und fortzulaufen. Da merkte sie, dass sie immer noch angeschnallt war, obwohl sie längst standen. Mit der linken Hand tastete sie nach dem Gurtschloss, konnte es aber nicht finden.

Sie musste hier weg.

Wie hatte sie nur jemals in diese Situation geraten können? Gestern war ihr Leben noch ganz normal gewesen. Jetzt stellte sie alles infrage.

Ein weiterer Blitz durchzuckte ihr Bewusstsein. Eine Hand, voll mit Blut. *Ihre* Hand.

Das Messer darin.

Matteos verzweifelte Augen.

Immer schneller reihten sich die Bilder aneinander. Amélie glaubte außerdem, sich an einen Geruch erinnern zu können. Ganz langsam hob sie die verletzte Hand an ihre Nase. Der gleiche Geruch.

Matteo war dort in dem Steinbau gewesen, begriff sie. An dem Tag, der alles verändert hatte. Aber er hatte nichts gesagt. Keiner hatte etwas gesagt, niemand hatte etwas gesehen. Das wusste sie von den Ermittlern und Staatsanwälten. *Da warst nur du. Und die tote Serena. Und das Messer in deinen Händen.*

Aber Matteo war da, sie weiß es nun. Und er hatte es gesehen, sie gesehen – und nicht darüber gesprochen. Aber warum? Um sie zu schützen?

Was gab es dann zu entschuldigen?

Sie wollte ihn fragen. *Musste* ihn fragen.

»Was tut dir leid, Matteo?«

Er hielt die Luft an.

Sie starrte weiter in die Dunkelheit. Worauf der nächste Blitz in ihr Bewusstsein schlug, mit einer Urgewalt, die keine Zweifel mehr übrig ließ.

All das Blut.

Serena.

Das Messer in ihrer Hand.

Matteo.

Ihr Herzschlag wurde schneller. Sie fühlte sich wie gelähmt, obwohl sie laufen wollte, so schnell und so weit es ging.

Endlich fand sie das Gurtschloss. Sie drückte es auf und zog gleichzeitig den Türöffner.

»Hey!«, rief Matteo. Sie spürte noch seine Hand am Kragen der Lederjacke. Dann lief sie am Wagen vorbei nach hinten und weiter in jene Richtung, aus der sie gekommen waren.

»Amélie! Bleib stehen!«, zischte er. »Du verstehst das falsch!« Dann schien er zu straucheln.

Amélie rannte und rannte. Licht zuckte von hinten durch die Bäume. Sie hörte ihn wieder laufen. Sie wusste, dass er viel schneller war, und ihr Vorsprung viel zu klein.

»Hilfe!«, schrie sie und wiederholte es, so laut sie konnte.

»Amélie! Ich meine es gut mit dir! Wieso glaubst du mir nicht, verflucht?«

Sie lief weiter, immer weiter, glaubte es fast schaffen zu können …

… als sie über etwas stolperte. Sie schaffte es gerade noch, die Arme nach vorne zu strecken, doch ihre Kraft reichte nicht aus, um den Sturz abzufangen. Schlimmer noch: Sie prallte mit dem Kopf gegen etwas Hartes, Unnachgiebiges.

Das begriff sie gerade noch, ehe alles schwarz wurde.

53

LISSABON – vor drei Jahren

Maarja Lubarska

Die Gäste der Eröffnungsfeier waren erst spät gegangen. Maarja hatte ein letztes Glas Rotwein zur Seite gestellt, um ihren Triumph für sich allein auskosten zu können.

Sie streifte die hochhackigen Schuhe ab und spazierte barfuß durch die dunklen Räume, die sich bald schon mit Leben füllen würden und die ideale Plattform boten, um ein neues Kapitel in der Humanmedizin aufzuschlagen.

Sie strich über die edlen Oberflächen des brandneuen Labors und stellte sich an ein Fenster, durch das sie auf die *Ponte 25 de Abril* hinabschauen konnte, jene Brücke, die Lissabon mit Almada verband und aussah wie die Golden Gate Bridge in San Francisco. Unter den Pfeilern hindurch konnte man bei Tageslicht die Masten der Segelboote erkennen, die im Hafen lagen. Rechts hinaus, über den Dächern der Stadt, schimmerte der Atlantik und bescherte den Bewohnern von Lissabon die unglaublichsten Sonnenuntergänge.

Maarja wusste, dass sie nicht oft die Gelegenheit haben würde, die Aussicht zu genießen. Aber schon die Lage des Europäischen Forschungszentrums unterstrich eindrucksvoll, wie bedeutend es war und wie viel Vertrauen man in sie und ihre Mitarbeiter legte.

Sie nahm einen Schluck ihres Lieblingsweins. Der *Redoma* wurde von Dirk van der Niepoort gekeltert, einem der Superstars der portugiesischen Weinszene. Abgesehen von der Welt der

Medizin hatte Maarja nicht viel, was ihr wichtig war, aber wenn sie etwas benennen sollte, dann waren es edle Produkte aus regionalem Anbau – wie die Rotweine aus dem Dourotal.

Mit geschlossenen Augen genoss sie die Aromen. Sie versuchte, sich den Höhepunkt ihres bisherigen Lebens mit allen Sinnen einzuprägen. Sie war jetzt die Leiterin eines brandneuen Forschungsinstituts, das mit riesigem finanziellem Aufwand aus dem Boden gestampft worden war. Von hier aus würde eine völlig neue Art der Medizin die Welt erobern. Fernab der Horrorgeschichten, die man landläufig hörte, würden Gensequenzierung und darauf aufbauende Therapien neue Möglichkeiten eröffnen, von denen die früheren Generationen von Menschen bloß hätten träumen können. Nichts war mehr unmöglich.

Nicht einmal die Unsterblichkeit.

Es war der Gedanke an das ewige Leben, der sie daran erinnerte, dass alles im Leben ein Preisschild trug. Wer klug war und schnell durch Schule und Studium kam, bezahlte dafür mit seiner Jugend. Wer ein Forschungszentrum leitete, bezahlte mit seinem Privatleben und dem Neid all jener, die er auf dem Weg dorthin überholt hatte.

Maarja wusste, dass die Zeit des Behütetseins für sie vorbei war. Dass die Verantwortung für alles, was jetzt geschehen würde, auf ihren Schultern lastete. Rückschläge waren erwartbar. Patienten, die nicht genesen würden, sondern an Dauerfolgen zu leiden hätten, vielleicht sogar an ihren Therapien starben. Diese Vorstellung widersprach eindeutig dem hippokratischen Eid, den sie abgelegt hatte. Aber die Last musste sie tragen. Weil es jetzt um das Ganze ging. Um Dinge, die größer waren als sie.

Sie trank das Glas aus und spürte, wie der Alkohol sie benebelte. Das war gut. Weil sie Mut für das brauchte, was sie sich noch für diese Nacht vorgenommen hatte.

Sie stellte das Weinglas auf einen der Edelstahltische, bückte sich hinunter zu ihren Pumps und ging in ihr Büro, das sich in der obersten Etage des Gebäudes befand. Es war viel zu groß, doch der Architekt hatte darauf bestanden, dass die zentrale Person eines so zentralen Projekts auch entsprechend residieren sollte.

Du wirst schon hineinwachsen, hatte Albert ihr geschrieben, als hätte er die Gedanken gelesen, die sie gleich bei der ersten Präsentation der Baupläne gehabt hatte.

Womit sie beim Stichwort war. *Albert* und seine Briefe. Die Briefe, die sie erst zu der Person gemacht hatten, die sie jetzt war. Die Briefe, die ihr genau verrieten, was kommen würde und wie. Welche Personen sie kontaktieren sollte und wann. Wozu sie Ja sagen sollte und wozu Nein. Bis sich am Ende wie von Zauberhand die richtigen Türen für sie öffneten.

Alberts Briefe waren wie Botschaften aus der Zukunft. Wie Nachrichten, von denen sich die allermeisten Menschen wünschten, sie könnten sie einer früheren Version von sich selbst schicken. Weil man mit ihrer Hilfe alle Fehler vermeiden konnte, die man sonst machen würde und die einen wertvolle Lebenszeit und oft genug auch viel Geld kosteten. Weil man damit Dinge vorhersah, die nicht vorherzusehen waren. Weil sie einen schlauer machten als den Rest der Welt.

Maarja verdankte ihrem Unterstützer so viel und fragte sich, womit sie das verdiente. Jeder Mensch machte Fehler, die ihn vielleicht hinfallen ließen, am Ende aber auch besser machten. So war der natürliche Lauf der Dinge. Man korrigierte Fehler und lernte daraus.

Aber dazu musste man erst einmal Fehler machen.

Sie selbst hatte nur einen wirklichen Fehler in ihrem Leben gemacht. Wenigstens diesen wollte sie endlich eingestehen. Nicht nur sich selbst. Also setzte sie sich in den riesigen Bürodrehstuhl, in den sie ebenfalls erst hineinwachsen musste, klappte den brandneuen Laptop auf und schrieb eine E-Mail.

Lieber Albert,
ich habe mich nie für deine Briefe bedankt. Weil du es ausdrücklich nicht wolltest. Ich habe es respektiert.
Wie du siehst, habe ich deine Ratschläge stets befolgt. Ich kann nur hoffen, dass ich mich ihrer als würdig erweise.
Heute, an diesem bedeutsamen Tag, kann ich jedoch nicht mehr länger schweigen. Ich möchte dir in aller Form danken.
Danke, Albert. Danke für dein Vertrauen in mich. Danke für alles, was du möglich gemacht hast. Danke für ein Leben, das ich mir nicht zu erträumen gewagt hätte.
Ich weiß nicht, was ich dir als Gegenleistung anbieten könnte. Du hast niemals nach etwas gefragt, doch wenn auch ich etwas für dich tun kann, so sage es mir bitte.
Inzwischen bleibt mir nur, mich wegen einer Sache an dich zu wenden, die mich schon zu lange quält. Ich muss sie dir anvertrauen, weil ich sonst dem Anspruch nicht gerecht werden kann, den du an mich stellst. Es ist etwas, was weit zurückliegt. Ich hatte niemals die Chance, es wiedergutzumachen, und heute ist es zu spät. Ich bereue diesen dunklen Schatten auf meiner Seele und bitte dich inständig um ein persönliches Gespräch. Wenn du es irgendwie einrichten kannst, dann komm hierher und sieh dir das wundervolle neue Gebäude an, in dem ich dank dir nun arbeiten darf.
In tiefer Zuneigung
Deine Maarja

Die Worte flossen klar und schnell. Sie brauchte nichts mehr zu ändern. Weil sie den Brief an Albert schon so viele Male in ihrem Kopf vorformuliert und ausgeschliffen hatte, dass sie ihn bloß noch in die Tasten zu klopfen brauchte.

Auch die Empfängeradresse hatte sie schon lange im Kopf.

Dann schickte sie die E-Mail ab.

Sie packte ihre Sachen zusammen, verließ das Gebäude, sah es noch mal von draußen an und dankte der Welt für ihr Schicksal.

Sie würde sich dieser Welt erkenntlich zeigen. Mit allem, was sie zu geben hatte.

VIERTER TAG DER ERMITTLUNGEN

54

BRÜSSEL

Inga Björk

Björk hatte ein Hotel ganz in der Nähe der Generaldirektion gefunden, das groß und anonym genug aussah, um dort niemandem aufzufallen.

An Schlaf war nicht zu denken. Doch wenigstens konnte sie hier in Ruhe arbeiten. Immer noch staunte sie darüber, wie einfach sie aus der Generaldirektion hatte entkommen können …

Als sie gemerkt hatte, dass jemand kam, draußen am Gang der Chefetage, hatte sie den Laptop geschnappt und sich unter dem Besprechungstisch verkrochen. Sie hörte, wie alle Türen überprüft wurden, genau wie sie selbst es nach ihrem Eintreffen getan hatte. Nur diese eine Tür zum Besprechungszimmer war unversperrt gewesen. So wie auch jetzt.

Zwei Männer traten ein und machten Licht. Björk sah nur die untere Hälfte der beiden. Sie sprachen in aufgeregtem Französisch miteinander, das Björk aufgrund des Dialekts nicht verstand. Ihre Hosen erinnerten sie stark an die schlecht sitzenden, vom vielen Tragen zerschlissenen Uniformen mancher Sicherheitsdienste.

Sie dachte, sie sei aufgeflogen. Sie wusste, dass es keine Ausrede für sie gab. Man würde die Polizei rufen und sie verhaften lassen. Zwangsläufig würde es zu weitreichenden Komplikationen führen, nicht nur strafrechtlich, sondern auch mit ihrem Arbeitgeber …

Aber nichts davon geschah. Vielleicht waren die Männer zu faul, um mal schnell in die Knie zu gehen und unter den Tisch zu sehen, vielleicht wäre es ihnen auch zu absurd vorgekommen.

Sie redeten noch ein wenig. Björk glaubte zu verstehen, dass es um Fußball ging. Dann verließen sie das Zimmer, und Björks Glück ging in die Verlängerung: Die Tür blieb unversperrt.

Ein paar Minuten darauf textete ihr Vincent – *Alles drauf. Jetzt raus mit dir!*

Sie packte ihr Zeug zusammen, als noch eine weitere Nachricht eintraf.

PS: Nimm nicht den Fahrstuhl.

Noch ehe sie überlegen konnte, wie er das meinte, wurde alles schwarz. Das Klicken einer elektrischen Schaltung ließ Björk vermuten, dass der Strom weg war. Sie kroch unter dem Tisch hervor und drückte den Lichtschalter neben der Tür – ohne Ergebnis.

Fünf Sekunden später ging der Notstrom an und wies Björk den Fluchtweg ins Treppenhaus. Keine zwei Minuten später spazierte sie unbehelligt über den dunklen Innenhof hinaus.

Nun im Hotel, versuchte sie, aus den vielen Daten schlau zu werden, die auf ihrem Rechner waren. Vincent war inzwischen offline. Kein Wunder um diese Zeit. Außerdem konnte er auch nichts mehr für sie tun. Sie musste sich allein in den unzähligen Unterlagen zurechtfinden.

Es waren Dateien aller Art – die meisten davon Textdokumente, aber auch Excel-Tabellen, Präsentationen und Grafiken. Björk durchsuchte sie nach Schlüsselbegriffen, von denen *Bologna* ein Fixpunkt war, doch sie fand nichts, was zum geschlossenen Institut gepasst hätte.

Also konzentrierte sie sich auf Claire Weidemann. Die Frau, die eine unbekannte Funktion in der Generaldirektion innehatte, schien wie alle anderen Angestellten auch als Unterordner der Personalabteilung auf. Allerdings waren bei ihr, im Unterschied zu den anderen, keine Dateien abgelegt.

»So geheim?«, murmelte Björk und beschwor den Laptop, ihr doch irgendeinen Hinweis auf sie zu geben, und sei er noch so klein. Björk klickte sich durch unzählige weitere Dateien und Suchergebnisse aller Art, doch bis auf diverse Projekte der EU-Kommission und allerlei Datenmüll war nichts im zentralen Datenspeicher der Generaldirektion zu finden.

Wäre auch zu schön gewesen, dachte Björk und rieb sich die brennenden Augen. Sie schloss das Ladekabel an, weil der Akku des Laptops bald leer wurde, und probierte ein weiteres Mal erfolglos, Brand am Handy zu erreichen.

Einmal noch gab sie den entwendeten Daten eine Chance. Sie nahm Listen mit Dienstreisen ins Visier, die ein Mitarbeiter abgespeichert hatte. Zwar fand Björk keine konkreten Reisedaten, dafür aber eine Tabelle mit zahlreichen Untertabellen, von denen eine die Abholadressen für Taxidienste enthielt. Dort waren einige Mitarbeiter mit Klarnamen und mutmaßlich privaten Wohnadressen angelegt, sogar der aktuelle EU-Kommissar und dessen Stellvertreterin, an deren griechisch klingenden Nachnamen sich Björk erinnern konnte.

Aber keine Claire Weidemann, musste sie nach einer einfachen Textsuche feststellen.

Die Neugier, wo hohe EU-Beamte wohl so wohnten, ließ Björk weiter durch die ganze Liste scrollen – bis sie an einem einzelnen Buchstaben in der Spalte mit den Namen hängen blieb.

W.

W. … wie Weidemann?

»Bull's Eye!«, rief Björk, packte eilig ihr Zeug zusammen und bestellte ein Taxi vor das Hotel.

»Square du Bois«, sagte sie dem Fahrer und erkannte an seinen hochgezogenen Augenbrauen, dass das Ziel alles andere als alltäglich war.

»Square du Bois«, wiederholte der Fahrer zehn Minuten später und ließ keinen Zweifel darüber, dass Björk hier nur falsch sein könne. Er zeigte zu einem verschlossenen Tor. Die Straße dahinter erinnerte Björk an die verbarrikadierte Downing Street in London, wo der britische Premierminister lebte. Ähnlich wichtig schienen sich die Bewohner der majestätischen Bauten hier zu nehmen.

Björk bezahlte die Fahrt und nahm auch das Kärtchen des Fahrers entgegen, der ihr versicherte, sie jederzeit wieder abholen zu können – oder gegen einen kleinen Extratarif auch auf sie zu warten. Sie bedankte sich und schickte ihn weg.

Björk fühlte sich fremd in der Nobelgegend. Sie hielt Abstand zum Tor und tat, als gehörte sie zu einem der anderen Häuser, vielleicht zu dem zehnstöckigen Wohnhaus auf der anderen Seite des Platzes. Trotz der Dunkelheit sah Björk, dass neben der Toreinfahrt eine herrschaftliche Parkanlage mit jeder Menge Grün begann.

»Square du Bois«, murmelte sie vor sich hin und spähte die Überwachungskameras aus, dann das schmiedeeiserne Tor mit den vergoldeten Spitzen. Daran hingen eine kleine Ampel und ein knallroter Briefkasten. Klingel sah sie keine. Die gut zwei Dutzend Häuser der Straße standen Mauer an Mauer, womit man auch von nirgendwo sonst hereinkam. Björk hätte nicht erwartet, mitten in Brüssel eine *Gated Community* zu finden, eine ganze Häuserzeile, die sich vor der Welt einigelte – aber so war es.

»Passt zu dir, Claire Weidemann«, sagte sie und bemerkte einen Securitymann, der die Nobelstraße entlangpatrouillierte. Der große Wachhund an seiner Seite wirkte deutlich einschüchternder als sein Herrchen.

Björk wog ihre Möglichkeiten ab. Sie konnte einerseits warten, bis ein Bewohner kam oder ging, andererseits warten, bis es Morgen wurde und das Tor vielleicht offen stand ... oder sie konnte jetzt etwas tun.

Wie leicht hätte sie es gehabt, wäre sie offiziell im Einsatz gewesen. Aber die Sache mit Brand hatte alles verkompliziert. Sie konnte nicht einmal einem Kollegen hier oder in Den Haag einen Tipp geben, weil sie nicht wusste, was zum Kuckuck Brand gerade tat und welche Auswirkungen das auf den Fall haben würde. Die Sackgasse, in die er sie gebracht hatte, war der Nobelstraße hier nicht unähnlich.

Der Aufpasser war am Zaun angekommen und hatte sie entdeckt. Er musterte sie argwöhnisch, wie sie aus dem Augenwinkel zu erkennen glaubte. Dann knurrte der Hund, was einen Reflex in ihr auslöste: Sie ging auf die beiden zu.

»Guten Abend«, sagte sie.

»Tag. Was machen Sie hier?«

Björk trat entschlossen an das Tor heran. Der Wachmann konnte maximal fünfundzwanzig sein. Der Hund knurrte lauter, was den Mann dazu veranlasste, sich hinunterzubücken und ihn zu maßregeln.

Björk zog derweil ihren Dienstausweis aus der Tasche und hielt ihn ans Tor.

»Europol«, sagte sie, »ich muss sofort mit Claire Weidemann sprechen.«

Er machte die Augen groß und musterte sie. Björk war bewusst, dass sie nicht in sein Bild von einer Polizistin passte. Er griff durch die Eisenstäbe und nahm den Ausweis an sich, den er mit seiner Taschenlampe prüfte, während er Björks Gesicht anleuchtete.

»Nehmen Sie die Lampe weg«, schimpfte sie. »Zu Weidemann, sofort.«

Er gab ihr den Ausweis zurück. »Bitte entschuldigen Sie, ich bin neu hier und muss erst fragen, wo …«

»Ich kenne ihre Adresse. Machen Sie das Tor auf.«

»Aber das ist gegen die Vorschriften.«

Björk merkte, dass sie das schwächste Glied der Sicherheitskette gefunden hatte. »Ich zeige Ihnen gleich meine Vorschriften. Öffnen Sie oder Sie werden sich bei der Kripo zu rechtfertigen haben.« Worauf der Mann sie in die Straße ließ und zum Haus Nummer 564 begleitete, das ganz am Ende der Sackgasse lag. Die Protzbauten links und rechts schienen Spalier zu stehen, und Björk glaubte, von zahlreichen Augenpaaren hinter den dunklen Fenstern beobachtet zu werden, was um diese Uhrzeit allerdings höchst unwahrscheinlich war.

In einem der Stockwerke ihrer Zieladresse brannte Licht. Björk trat an die Tür heran und klingelte. Als eine halbe Minute lang niemand öffnete, läutete sie Sturm. Auch darauf passierte nichts. Aber Björk würde nicht aufgeben. Sie versuchte es wieder und wieder, bis das Funkgerät des Wachmanns in ihrem Rücken piepte und jemand aufgeregt mit ihm sprach. Es klang nach einem Rüffel seines Vorgesetzten.

Der junge Mann nannte ihren Namen, woraufhin eine noch deutlichere Ansage aus dem Funkgerät kam.

»Ich muss Sie bitten, sofort zu gehen«, sagte der junge Mann. Der Hund nahm seine Stimmung auf und knurrte wieder.

Björk dachte ja gar nicht daran. Sie trat fünf Schritte auf die Straße zurück und rief auf Deutsch: »Frau Weidemann, öffnen Sie sofort die Tür. Ich muss mit Ihnen über Bologna sprechen. Ich kann es Ihnen auch hier zurufen, wenn Sie wollen. Oder Sie lassen mich rein!«

Sie spürte die Hand des Sicherheitsmanns an ihrem Oberarm und riss ihn weg. Der Hund bellte.

Dann hörte sie hinter sich das Türschloss.

Björk drehte sich um.

In der Tür stand eine große, blonde Frau, die Björk sofort vom Foto auf der Homepage wiedererkannte. Selbst im Halbdunkel sah sie gut aus. Zu gut für jemanden um die fünfzig und jedenfalls zu gut für diese Uhrzeit.

55 LISSABON – vor drei Jahren

Maarja Lubarska

Liebe Maarja,
danke für deine Nachricht, die mich überrascht, aber auch sehr gefreut hat. Ich bin geschmeichelt, dass du mich als derart wichtig für deine Entwicklung erachtest. Aber in Wahrheit hast du alles selbst geschafft.
Khalil Gibran sagte einmal: »Solange deine Kinder klein sind, gib ihnen Wurzeln, wenn sie größer werden, schenk' ihnen Flügel.« Wie schön, dass ich dir jetzt beim Fliegen zusehen darf.
Dabei erfüllen mich deine Zeilen aber auch mit Sorge. Du schreibst, es läge ein dunkler Schatten auf deiner Seele.
Jeder Schatten lebt vom Licht, in dem man ihn betrachtet.
Lass mich dir helfen, die Dinge im richtigen Licht zu sehen. So nehme ich gerne deine Einladung an und freue mich auf ein Wiedersehen. Ich könnte schon kommende Woche in Lissabon sein. Würde dir der Mittwoch passen?
In tiefer Zuneigung
Dein Albert

56 BRÜSSEL

Inga Björk

»Kommen Sie herein«, sagte Claire Weidemann und ließ Björk eintreten.

Der Empfangsbereich der Stadtvilla am Square du Bois war beeindruckend groß und nur mit den edelsten Materialien ausgestattet. Björk kannte die Immobilienpreise in Brüssel nicht, aber das Haus hier musste Millionen wert sein. Verdiente man so gut als EU-Beamtin? Björk warf Weidemann einen Blick zu. Selbst deren Hausanzug hatte mehr Klasse als Björks Sachen.

Nirgends war etwas zu sehen, was man üblicherweise in Hauseingängen fand – Schlüssel, Mäntel, Schuhe und Ähnliches. Alles war sorgsam aufeinander abgestimmt und wirkte mehr wie eine Repräsentanz als ein Wohnhaus. Björk schloss aus, dass Weidemann Kinder hatte. Auch Mann und Haustier passten nicht hierher.

»Wenn Sie mit dem Staunen fertig sind, könnten Sie sich mir vielleicht vorstellen?«, sagte Weidemann und schürzte ihre Lippen.

»Für einen Geist leben Sie ziemlich nobel«, parierte Björk die Provokation. »Mein Name ist Inga Björk. Ich muss mit Ihnen über Bologna reden.«

»In welcher Funktion?«

Björk ahnte, dass sie den Dienstausweis besser stecken ließ.

»Sagen wir, ich habe ein berechtigtes Interesse daran, gewissen Dingen auf den Grund zu gehen.«

»Indem Sie mitten in der Nacht durch die Nachbarschaft brüllen?«

»Sie ließen mir keine andere Wahl.«

Weidemann wirkte unentschlossen, wie es weitergehen sollte, und sah kurz zur Tür, bevor sie sich zu besinnen schien. »Es ist spät. Aber wenn Sie unbedingt reden wollen, lassen Sie es uns wie zivilisierte Leute tun.« Ohne Björks Reaktion abzuwarten, ging sie voraus.

Björk folgte ihr.

Die Villa verfügte über einen modernen Aufzug, doch sie nahmen die Treppen aus Carraramarmor. Schon hier im Aufgang hing die Kunst dicht an dicht, Aktmalereien unterschiedlichster Künstler, die Björk allesamt nichts sagten.

Über die gesamte erste Etage breitete sich ein Wohnzimmer aus. Zwei riesige Couchmöbel aus weißem Leder wurden von violetten, samtgepolsterten Sitzmöbeln ergänzt, die Björk an Königsthrone denken ließen. Der Couchtisch in der Mitte war aus schwarzem Stein gefertigt und hatte in etwa die Grundfläche von Björks Badezimmer in Den Haag. Bei allem Protz fehlte Björk aber jegliche Wärme – was auch an ihrem Schlafmangel liegen konnte.

»Bitte«, sagte Weidemann und wies Björk einen Platz auf einer der langen Couchbänke an, bevor sie sich gegenübersetzte und einen Blick auf den Laptop warf, der auf dem riesigen Tisch stand.

»Gibt es dringende Arbeit? Um diese Uhrzeit?«, stichelte Björk.

Weidemann antwortete nicht gleich, sondern sah Björk auf eine Weise an, die schwer einzuschätzen war. Vielleicht ahnte sie, dass Björk hinter der Aktion mit den gestohlenen Daten stand. Möglicherweise hielt sie die Frage auch nur für überflüssig. »Wir haben einen kleinen Sicherheitsfall in der IT. Nichts Beunruhigendes, aber ich will über solche Dinge Bescheid wissen.«

»Leiten Sie die EDV-Abteilung?«, provozierte Björk weiter.

Weidemann klappte den Laptop zu. »Nein«, sagte sie schlicht.

»Wie kommt man eigentlich zu einem solchen Anwesen, Frau Weidemann?«

Sie seufzte. »Bevor Sie noch länger darauf herumreiten, Frau Björk – dank meiner Vorfahren habe ich das Privileg, mich nicht um Geld sorgen zu müssen und mich auf andere Dinge konzentrieren zu können. Die Integrität der Generaldirektion ist eines davon.«

Macht ist ein anderes, dachte Björk. Ihr fiel eine Bilderreihe auf, die an der Wand hinter Weidemann hing. Es waren Kohlezeichnungen begnadeter Körper. Muskulöse Männer und grazile Tänzerinnen, die dem Idealbild moderner Ästhetik entsprachen. »Frau Weidemann, wie ich schon sagte, ich muss mit Ihnen über Bologna sprechen.«

»Ich wüsste nicht, was es da zu besprechen gibt.«

»Zum Beispiel, dass Sie die Schule geleitet haben.«

»Das ist zwar lange her, aber kein Geheimnis.«

»Warum versuchen Sie dann mit allen Mitteln, eines draus zu machen?«

Weidemann schüttelte theatralisch den Kopf, als wüsste sie nicht, wovon Björk sprach.

Also tat Björk ihr den Gefallen, es auszuführen. »Es gab einen Mordfall, der zur Schließung Ihres Instituts führte. Aber weder der Mord noch die Hintergründe der Ereignisse im Castello Farini sind in irgendeiner Weise nachvollziehbar. Ermittlungsakten liegen in Ministerien, Zeitungen wurden zensiert.«

»Ts!«, machte Weidemann spöttisch und setzte einen angewiderten Gesichtsausdruck auf, der sie schlagartig um mindestens zehn Jahre älter wirken ließ. »*Zensiert*. Dass ich nicht lache.«

»Eingeschüchtert und bedroht«, legte Björk nach.

»Das ist doch Blödsinn. Ist es so abwegig, dass man gewisse Artikel nach einiger Zeit nicht mehr sehen will? Muss ein Bericht für alle Zeiten online verfügbar sein? Jede Zeitung verschwindet spätestens am nächsten Tag im Papiermüll, aber das Internet vergisst nichts. Darf es in dieser Welt kein Recht auf Vergessen geben? Auf Heilung?«

»Was ist mit den Ermittlungsakten? Wieso liegen die in Rom? Sollen die auch gelöscht werden?«

»Sie vergreifen sich im Ton, Frau Björk.«

»Mich interessieren weder Ihre Philosophie noch die Machtspielchen, die Sie treiben. Ich will die Fakten. Ich muss wissen, was damals passiert ist.«

»Weshalb sollte das noch wichtig sein?«

»Aus dem gleichen Grund, aus dem Sie mich reingelassen haben.«

Björk ließ die Ansage wirken. Weidemann zog kurz die Augenbrauen hoch und bemühte sich dann wieder um ein entspanntes Gesicht. *Treffer*, dachte Björk. Niemals hätte Weidemann sie ins Haus gelassen, wenn sie nicht bereits wüsste, dass die alte Sache keine alte Sache mehr war.

Da nahm Björk etwas aus dem Augenwinkel wahr, das sie im ersten Moment nicht festmachen konnte. Es war etwas Statisches an einer Wand, weiter hinten im Raum.

Sie sah hin – und ein Schauer jagte über ihren Rücken.

Ein Bild hing dort, das sie unter Tausenden zuordnen könnte, obwohl sie weder das Motiv kannte noch besonders viel von Malerei verstand. Björk wusste augenblicklich, wer es gemalt hatte. Weil es nur einen Menschen auf der Welt gab, der so malte.

Christian Brand.

Sofort stand sie auf und ging hin. »Wo haben Sie das her?«

Weidemann kam ihr nach, blieb zunächst aber still.

Das Bild zeigte eine düstere Szene in irgendeiner Stadt. Eine Frau stand auf dem Dach eines Hochhauses und blickte in ein Häusermeer hinunter. Man sah sie von hinten, aus erhöhter Perspektive. Die Farben verrieten, dass die Frau auf dem Bild verzweifelt war. Dass sie jederzeit springen konnte.

Springen *wollte*.

Björk suchte nach der Signatur. Brand unterschrieb seine Werke auf klassische Art. Doch hier war nichts.

»Es ist sehr intensiv, nicht wahr? Man wird mitten in die Verzweiflung hineingezogen.«

»Woher haben Sie dieses Bild?«, drängte Björk und merkte, wie sie zitterte. Was ging hier vor? Und welche Rolle spielte Brand in diesem Spiel? Sie hatte mindestens so viel Angst davor, es herauszufinden, wie es nicht zu tun.

»Ich habe es in meiner alten Sammlung gefunden«, sagte Weidemann. »Von wem es ist, weiß ich nicht. Aber es sprach mich sofort an.«

»Ich glaube Ihnen nicht.«

Weidemann drehte den Kopf zu Björk. »Was?«

»Dass Sie es nicht wissen. Ich denke, Sie wissen viel mehr, als Sie mir sagen wollen.«

»Bin ich hier in einem Verhör, Frau Björk? Dann lassen Sie mich meinen Anwalt beiziehen.«

»Was wissen Sie von den toten Talenten?«

»Welchen toten … Talenten?«

»Lissabon, Salzburg, Paris. Die Statuen.«

»Ich weiß nicht, was Sie meinen.«

»Ich meine zum Beispiel Reto Schuler und Liv Persson. Sie gingen in Bologna zur Schule. Erzählen Sie mir nicht, Sie erinnern sich nicht mehr an ihre Namen. Sie hätten mich niemals reingelassen, wenn Sie nicht genau wüssten …«

»Wenn ich *was* nicht genau wüsste?«

»Dass Ihre ehemaligen Schüler sterben.«

Weidemann wandte sich um und starrte Björk an. »Das ist tragisch – aber warum sollte ich mich deshalb mit Ihnen unterhalten?«, sagte sie kühl.

»Vielleicht wollen Sie ja wissen, was ich darüber weiß – und über Sie?«

Weidemann wirkte unpassend amüsiert, als sie zur Couch zurückging und sich setzte. »Sie haben keine Ahnung, wie viele Dinge ich um die Ohren habe, oder?«

»Sie tun ja auch alles, um es zu verheimlichen. Warum? Was genau ging damals in Bologna schief, Frau Weidemann?«, fragte Björk. »Und welchen Teufel haben Sie damit geweckt?«

Wie aufs Stichwort hörte Björk Schritte. Jemand kam die Marmortreppe herunter.

Björk erschauderte ein weiteres Mal. Sie hatte ihre Dienstwaffe nicht dabei. Und das Handy war in ihrer Tasche auf der Couch, mehrere Meter von ihr entfernt.

57 BERLIN

Die Luft in Berlin war so klar wie oft nach lang anhaltenden Schlechtwetterperioden. Der Frühverkehr hatte gerade erst eingesetzt. Bald schon würde er auch hier zwischen Trabi-Museum und Checkpoint Charlie dichter werden. Die unzähligen Touristen würden sich den ganzen Tag gegenseitig auf die Zehen steigen, weil die Gehsteige zu schmal für den Andrang waren. Ein Ausweichen auf die Fahrbahn, und sei es nur für ein schnelles Selfie, kam gar nicht gut bei den Lenkern der verschiedensten Fortbewegungsmittel an.

Bald schon drangen erste Sonnenstrahlen in die Zimmerstraße und blendeten die Autofahrer, die nach Osten wollten. An der Ecke zur Friedrichstraße, wo der Checkpoint Charlie lag, sorgte eine Baustelle für Chaos. Die Arbeiten waren schon vor Wochen eingestellt worden, weil es Einsprüche gegeben hatte und jetzt die Gerichte entscheiden mussten, wie es weitergehen sollte. Bis es so weit war, blieb dem Verkehr nur eine Fahrspur übrig, was oft zu Hupkonzerten und wütenden Auseinandersetzungen führte.

Wer hier entlangkam, war vor allem damit beschäftigt, dieses Nadelöhr unbeschadet zu passieren. Und so dauerte es eine ganze Weile, bis jemand die Lücke bemerkte, die sich über Nacht im Baustellenzaun aufgetan hatte.

Streng genommen war es ein junger Mischlingshund, der als

Erster auf die Veränderung an der Baustelle aufmerksam machte. Er riss sein Herrchen, einen grauhaarigen Mann im Rentenalter, an der Leine zurück und beschnüffelte etwas. Trotz mehrmaligem Ziehen kehrte er immer wieder schwanzwedelnd an den Punkt zurück und brachte den Mann schließlich dazu, sich ebenfalls umzudrehen und genauer hinzusehen.

Der Alte staunte.

Er sah eine schneeweiße, lebensgroße Figur, die in der Lücke des Baustellenzauns stand. Der dargestellte Mann wirkte erhaben und klug, wie ein Vater vielleicht oder ein Lehrer.

Der Alte verstand nicht viel von Kunst und hätte das Objekt womöglich als unnötigen Quatsch abgetan, für den bestimmt wieder jemand zu viel Fördergeld kassiert hatte – wären ihm nicht einige Details aufgefallen, die nicht ins Bild passten.

Da war zum einen diese Lücke im Bauzaun, die so bestimmt nicht erlaubt war, Kunst hin oder her. Jemand hatte das Gitter grob durchtrennt, wie mit einem Seitenschneider, und die spitzen Enden nach außen gebogen, sodass sich jederzeit jemand daran verletzen oder seine Kleidung aufreißen konnte.

Zum anderen war die Figur aus einem hellen, weich anmutenden Material gefertigt, das dem alten Mann ungeeignet für den öffentlichen Raum erschien. Man wusste ja, wie das mit dem Vandalismus war. Der geringste Krafteinsatz würde reichen, um das Werk zu beschädigen. Aber vielleicht war das ja gewollt. In den Augen des Mannes gab es einen guten Grund, weshalb man Denkmäler aus Metall fertigte und nicht aus … ja, woraus eigentlich? Er streckte seine Hand nach vorne und legte sie an das Material. Ein winziger Grat stand hervor. Der Alte sah sich kurz um, brach ihn ab und drehte ihn zwischen seinen Fingern. Genau wie er vermutet hatte: Es war Paraffin.

Der Hund hatte sein Interesse an der Stelle verloren und wollte weiter, zog sein Herrchen einen Schritt zur Seite, doch dieser hielt ihn zurück. Er sah nun, dass die Türen des Baustellencontainers hinter der Figur offen standen und den Blick auf Dinge freigaben, die man normalerweise nicht mit einer Straßenbaustelle in Verbindung brachte.

Eine große Menge Wachs hatte sich über den Boden ausgebreitet und war erstarrt. Ein Tisch stand in dem Container, auf dem allerlei Werkzeug lag. Auf die Entfernung waren sie schwer zu erkennen, aber sie erinnerten an Schnitzwerkzeuge. »Ts!«, machte der Mann und begriff, dass die Figur hier an Ort und Stelle aus dem Wachs modelliert worden sein musste. »Was sagst du dazu, Fritz? Das ganze Baustellenchaos für ein Kunstwerk. Na, die Vögel im Rathaus werden noch heute von mir hören, das verspreche ich dir.«

Er schüttelte den Kopf und wollte schon weiter, als er bemerkte, dass an einer Stelle der Statue etwas durchschien.

»Fritz, Stopp«, rief er, zog den Hund zurück und ging noch einmal an die Skulptur heran. Er bückte sich langsam, was ihm schwerzufallen schien, und nahm die Hand in Augenschein, die einen Stift hielt. Sie war dunkler als der Rest der Figur, fast hautfarben …

Ja, es sah tatsächlich aus wie Haut, die unter einer dünnen Wachsschicht war. Der Mann fuhr hin. Er konnte die Paraffinschicht ganz einfach ablösen.

Der Alte war hin und her gerissen zwischen Abscheu und Neugier. Ihm kamen Aktionen von Künstlern in den Sinn, die sich selbst in Lebensgefahr brachten oder ihren Tod kunstvoll inszenierten.

Zögerlich legte der Mann die Oberseite seines Zeige- und Mittelfingers an das Handgelenk der Figur.

Und fühlte einen schwachen Puls.

58

BEI SALZBURG

Christian Brand

Es war nicht mehr weit bis Salzburg. Brand gähnte und rieb sich den Dreitagebart. Er brauchte nicht erst in den Spiegel zu sehen, um zu wissen, wie er aussah. Aber nichts war unwichtiger.

Er war die ganze Nacht gefahren. Normalerweise waren es nur sechseinhalb Stunden von Bologna nach Salzburg, aber er hatte mit erschwerten Umständen zu kämpfen, die mit einem Bild zu tun hatten – einem Gemälde, das er im Keller des Castello Farini gefunden hatte, kurz bevor er den beiden Polizisten öffnen musste. Wie beiläufig war es zwischen zwei Kartons mit Gerümpel auf dem Boden gestanden. Beinahe hätte Brand es übersehen. Doch irgendein Gefühl hatte ihn ein zweites Mal hinsehen lassen, worauf er es wiedererkannte.

Das Bild war von ihm.

Er hatte es gemalt, vor vielen Jahren, in der Zeit am Borromäum in Salzburg. Er wusste es deshalb so genau, weil es ebendieses Gymnasiumsgebäude darstellte. Er hatte es malen müssen, auf Befehl seines damaligen Kunstprofessors und Mentors Karl Schmidhammer. Brand sollte sich an etwas Realistischem versuchen und hatte es auch ganz gut hinbekommen. Trotzdem fand er es schrecklich, weshalb er es achtlos seinem Lehrer überließ.

Wieso ist es hier?, fragte Brand sich viele Jahre später im Keller des Castello Farini und musste nicht lange überlegen.

Weil es eine Botschaft ist.

Ein Bauchgefühl ließ ihn die Sache den Polizisten und Björk gegenüber verschweigen. Als sie vom Fall abberufen wurden, wurde dieses Gefühl nur noch stärker.

Es ist wegen Ihnen, hatte Björk die Abberufung begründet und behauptet, nichts weiter zu wissen. Sein Instinkt hatte ihm sofort gesagt, dass er nicht mit Björk nach Den Haag zurückfliegen durfte. Dass er sich jetzt ganz auf das Spiel des Täters einlassen musste.

Und das Ziel seines nächsten Spielzugs stand fest: Brands altes Gymnasium in Salzburg. Also ließ er sich die Ausrede mit dem verlängerten Wochenende in Italien einfallen. Und Björk hatte sie geschluckt.

Doch leider konnte er nicht einfach so nach Salzburg fahren. Er musste befürchten, überwacht zu werden, weshalb er sein Handy ausmachte und nur Nebenstraßen nahm. Er kam durch unzählige pittoreske italienische Städtchen, für die er kein Auge hatte. Es war schon dunkel, als er über den Plöckenpass fuhr, wo es, wie vermutet, keine Kontrollen gab. Doch ein Unfall kurz nach Oberdrauburg kostete ihn mehrere Stunden, die er so unauffällig wie möglich absitzen musste.

Er dachte viel über seinen alten Kunstprofessor nach. Karl Schmidhammer hatte Brand immer gefördert und sogar ein gutes Wort bei anderen Lehrkräften für ihn eingelegt. Brand war überzeugt, ohne Schmidhammer niemals die Hochschulreife geschafft zu haben. Er wäre bestimmt auch nicht an der Universität für angewandte Kunst in Wien aufgenommen worden. Aber was dieses Bild nun in Bologna verloren hatte und ob Schmidhammer damit zu tun hatte, wusste er nicht.

Jetzt, nach einer Nacht ohne Schlaf, war Brands Bedarf an Autofahrten gedeckt. Sein Körper wollte ruhen. Aber er durfte noch nicht. Also fuhr Brand die letzten Kilometer zum Erzbischöflichen Privatgymnasium Borromäum, das viel elitärer klang, als Brand es in Erinnerung hatte.

Dort angekommen, stellte Brand den Mietwagen an der Straße ab und eilte auf den herrschaftlichen Bau zu. Als Kind hatte ihn der Anblick stets eingeschüchtert. Viel bessere Erinnerungen hatte er an die Sportanlagen rechts hinten, wo er bestimmt heute noch so manchen Rekord hielt.

Brand betrat das alte Gebäude. Es musste gerade Unterrichtsstunde sein, weil er niemanden sah oder hörte. Alles hier war ihm vertraut, auch der Geruch. Irgendwo in einem Klassenraum sagte jemand etwas, ein Lehrer vermutlich, und ein Mädchen antwortete.

Mädchen, stutzte Brand. An Mädchen in der Schule konnte er sich nicht erinnern, so sehr er sich damals, mitten in der Pubertät, nach ihnen gesehnt hätte. Sowohl die Schule als auch das Internat waren stets nur männlichen Schülern offengestanden. Anscheinend hatte sich manches hier zum Besseren gewandelt.

Brand steuerte sogleich die Direktion an, trat ein und fragte die junge Sekretärin ohne Umschweife nach Karl Schmidhammer. Sie musste zuerst nachsehen, um ihm sagen zu können, dass er nicht zum derzeitigen Lehrkörper gehörte.

»Was ist mit ihm?«, fragte Brand, der seinen alten Kunstlehrer trotz des guten Dutzends an Jahren, die seit damals vergangen waren, als zu jung für den Ruhestand erachtete.

Draußen erklang die Pausenglocke, worauf der übliche Trubel in den Gängen ausbrach, den man bis in die Direktion hinein hörte.

»Ich weiß nicht, ob ich Ihnen dazu Auskunft geben darf«, sagte die junge Bedienstete, »der Datenschutz, wissen Sie?« Der Blick, den sie dabei aufsetzte, sagte Brand, dass es wohl eher an seinem Dreitagebart und dem fehlenden Deo liegen könnte als am Datenschutz. Also tat er etwas, was er eigentlich hatte vermeiden wollen: Er wies sich als Europol-Beamter aus und verlangte, mit dem Schulleiter zu sprechen.

Die Sekretärin zögerte noch etwas länger, merkte aber wohl, dass sie Brand nicht abwimmeln konnte. Schließlich griff sie zum Hörer.

»Sie waren also Schmidhammers Schüler«, sagte der Schuldirektor wenig später. Er hatte sich als Bernhard Kocher vorgestellt.

Brand wunderte sich über die sonderbare Ausdrucksweise des Mittvierzigers, der ihn ein wenig an die erwachsene Version von Harry Potters bestem Freund Ron Weasley erinnerte. *Schmidhammers Schüler.* Sein Professor hatte bestimmt Hunderte Schüler gehabt und nicht bloß ihn.

Brand nickte. »Ich muss mit ihm reden. Wo finde ich ihn?«

Der Direktor antwortete nicht gleich. Er seufzte, bevor er sich erhob und mit hinterrücks verschränkten Armen ans Fenster stellte. »Es ist also so weit«, sagte er in einem Ton, der Brand die Stirn runzeln ließ.

»Was soll so weit sein? Wo ist er denn?«

»Er ist nicht mehr hier.«

»Und wo kann ich ihn finden?«

»Karl Schmidhammer ist leider verstorben.«

Brand schnappte nach Luft. »Was?«, rief er. »Wann denn? ... Wie?« Automatisch dachte er an eine Verbindung zum aktuellen Fall.

Der Direktor sah ihn aus traurigen Augen an. »Er hat sich das Leben genommen. Vor einem Jahr.«

»Aber das kann doch nicht sein«, sagte Brand sofort. Er hatte Schmidhammer als lebensfrohen Menschen in Erinnerung, der jeden Tag in vollen Zügen genoss. Ein Selbstmord war undenkbar.

»Er war krank, Herr Brand. Ein Tumor, soweit ich weiß. Es ging sehr schnell. Und er wollte kein Pflegefall werden.«

Direktor Kocher ging zu seinem Schreibtisch zurück und öffnete eine der unteren Laden. Er zog etwas heraus, kam zurück und reichte es Brand. »Ich hätte nie gedacht, dass der Fall jemals eintritt, aber offensichtlich hat er es vorausgesehen. Er meinte, Sie würden eines Tages hier auftauchen und gewisse Dinge erfahren wollen. Dann sollte ich Ihnen den Brief hier geben.«

59

UNBEKANNTER ORT

Amélie Leclerc

Langsam kam sie wieder zu sich. Sie wusste nicht, ob Tag war oder Nacht, wie lange sie weg gewesen war oder wo sie sich befand.

Dafür erinnerte sie sich noch ganz genau, was zuletzt geschehen war. Die Flucht vor der Pariser Polizei. Matteos Transporter. Noch einmal Polizei an der belgischen Grenze, vor und hinter ihnen. Der schmale Weg in den Wald hinein.

Matteo, dem sie davonzulaufen versuchte.

Der Sturz, den sie nicht mehr abfangen konnte.

Amélie stöhnte vor Schmerzen. Ihr Kopf dröhnte, und ihr Hals und Nacken waren krampfartig verspannt. Sie merkte, dass sie Probleme hatte, sich zu bewegen.

Wo war sie bloß?

Sie hustete, was ihr schwerfiel. Sie konnte kaum durch die Nase atmen und nichts riechen. Sie fasste sich ins Gesicht und erschrak, weil es so stark geschwollen war. Außerdem war ihre Brille weg. Sie tastete ihre unmittelbare Umgebung danach ab – ohne Erfolg.

Es war ohnehin zu dunkel, um etwas sehen zu können. Da war nur ein schwacher Lichtschein, der in einem Rechteck an der Wand verlief. Vermutlich war dort ein Fenster, das abgedunkelt worden war.

Amélie spürte, dass sie auf etwas Weichem lag, einem Bett vielleicht oder einer Couch. Um sie herum war es still, so still, dass sie es sonst herrlich gefunden hätte. Jetzt beunruhigte es sie.

Wo bin ich?, fragte sie sich wieder. Auf dem Land? In einem der oberen Stockwerke eines Hochhauses? In einem gut isolierten Keller? Der Gedanke, gefangen zu sein, beunruhigte sie – umso mehr, als zuletzt die Polizei hinter ihr her gewesen war.

Sie versuchte sich aufzusetzen, ließ es aber sofort wieder bleiben, weil die Schmerzen über die Grenzen des Erträglichen schossen. Ihr Herz hämmerte von der kleinsten Anstrengung. Noch dazu wurde ihr so übel, dass sie froh war, lockerlassen und sich wieder ausstrecken zu können.

Mehrmals atmete sie durch, tief und ruhig.

Wenn der Körper nicht konnte, musste ihr Verstand dieses Rätsel lösen.

Matteo fiel ihr wieder ein. Er hatte sie hierhergebracht.

Ich weiß, wo wir sicher sind, hatte er zu ihr gesagt, bevor sie in der U-Bahn-Station vor ihm davongelaufen war. Dann hatte sie sich wieder erinnert. An damals. An sein Gesicht im Steinbau – bei Serenas blutverschmiertem, totem Körper.

Matteo war dort gewesen. Er hatte Amélie gesehen, mit dem Messer in der Hand. Aber wieso hatte er nichts gesagt?

Weil er mich nicht belasten wollte, beantwortete sie ihre Frage selbst. Hätte er im Prozess gegen sie ausgesagt, wäre sie noch viel länger weggesperrt worden.

Matteo meinte es gut mit ihr.

Ich weiß, wo wir sicher sind.

Wieder einmal hatte Amélie menschliche Absichten falsch gedeutet. Sie würde es niemals lernen. Sie würde für immer eine Belastung bleiben, für sich, für die Menschen um sie herum und für die ganze Welt.

Da hörte sie plötzlich Musik. Möglicherweise aus einem Autoradio. Es war eine erstickte, quäkende Melodie, die eine asiatische Tonleiter hoch- und runterkletterte und dabei so aufdringlich war, dass sie Amélie augenblicklich störte, ja fast quälte.

Um sich von ihr abzulenken, summte Amélie etwas. Ihr Kopf protestierte dagegen, doch sie machte weiter.

Bis sie begriff, was da aus ihr herauskam.

Serenas Lied.

Wie lange war es tief in ihr verborgen geblieben? Sie hatte nicht nach ihm gesucht, und nun war es plötzlich wieder da. Genau wie die Erinnerungen an jenen schrecklichen Tag – und an Serena, die sich mit ihr treffen wollte, im alten Steinbau …

Wo ich sie umgebracht habe.

Weil ich krank war.

Weil ich krank bin.

Liv ist tot.

Habe ich auch sie umgebracht?

Aber wieso weiß ich es nicht mehr?

Amélies Nacken schmerzte, dass es kaum auszuhalten war.

»Matteo?«, fragte sie in die Dunkelheit hinein.

Nichts.

Sie wollte sich gerade ein zweites Mal zwingen, sich aufzusetzen – als sie wieder etwas hörte.

Eine Türklinke. Ein Knirschen.

Schritte, die näher kamen.

60

SALZBURG

Christian Brand

Brands erster Gedanke war, mit dem Öffnen des Briefes zu warten, bis er aus der Schule war. Es widerstrebte ihm, Schmidhammers letzte Nachricht hier zu lesen, in Gegenwart des Schulleiters. Doch er brauchte Antworten, und er brauchte sie jetzt.

Lieber Christian,
wenn du diesen Brief in Händen hältst, habe ich die irdische Welt bereits hinter mir gelassen und bin in eine neue eingetreten, von der ich überzeugt bin, dass es sie gibt. Ich weiß, dass wir in diesem Punkt unterschiedlicher Meinung sind.
Dass du nicht an das ewige Leben glaubst, habe ich schon sehr früh in deinen Bildern gesehen. Womit ich schon beim Anlass dieses Briefes bin. Es fällt mir nicht leicht, es dir zu gestehen. Aber ich muss reinen Tisch machen und sichergehen, dass du es erfährst.
Du warst mein bester Schüler. Der, der anders war als alle anderen, der Dinge gesehen hat, die für die meisten von uns verborgen bleiben. Ich habe gedacht, ich könnte dich zu einem der bedeutendsten Künstler des Landes machen und noch weit darüber hinaus.
Doch ich habe versagt.
Es hätte einen anderen Weg für dich gegeben, dem ich mich in den Weg gestellt habe. Aus Ignoranz, aus Egoismus und aus dem Wunsch heraus, mich in deiner Unsterblichkeit zu sonnen.

Du hättest nur wenige Monate nach deinem Eintritt ins Borromäum die Möglichkeit gehabt, ans Institut für Hochbegabung in Bologna zu wechseln, das die EU für Menschen wie dich eingerichtet hat. Doch ich hatte bereits den Rohdiamanten in dir erkannt und wollte mir nicht nehmen lassen, dich selbst zu unterrichten. Deshalb habe ich alle Kontaktversuche aus Bologna abgeblockt. Niemand außer mir weiß davon.
Das war ein schwerer Fehler, vielleicht der schwerste meiner Karriere. Auch wenn dem Institut selbst keine allzu rosige Entwicklung vergönnt war, so brachte sie doch bedeutende Menschen hervor, die allesamt etwas aus sich machen konnten. Die Informationen, die ich kürzlich dazu erhalten habe, sind so eindeutig wie deprimierend. Es scheint, als hätte ich dir vorenthalten, was mit dem Institut für dich möglich gewesen wäre. Dabei habe ich gedacht, dass du mit dem Studienplatz in Wien das optimale Resultat aus dem Gymnasium gezogen hättest.
Ich habe mich getäuscht. Weil ich es nicht besser wusste. Ich habe geglaubt, dass sich Talent immer durchsetzen würde. Heute weiß ich, dass Talent nicht alles ist. Genauso wichtig sind die Kontakte und vor allem die Möglichkeit, etwas aus seinem Talent zu machen.
Ich kann nur hoffen, dass deine Laufbahn eine letzte, große Wendung nehmen wird, zurück zur Kunst, die deine wahre Bestimmung ist.
Der Weg zur Hölle ist mit guten Vorsätzen gepflastert, und das Gegenteil von gut ist gut gemeint. Meine Vorsätze dir gegenüber waren so groß wie meine Ignoranz. Ich kann deshalb nur auf Vergebung hoffen, von dir, von Gott oder wem auch immer ich demnächst Rechenschaft ablegen muss.
Ich wünsche dir alles Glück der Welt.
Karl Schmidhammer

Brand ließ den Brief sinken. Er versuchte, sich an damals zu erinnern. Alte Wünsche und Visionen tauchten auf, das abgebrochene Studium in Wien und damit auch sein Kurzzeitkommilitone und späterer *bester Kumpel* Erich Langthaler, in dem er sich so sehr getäuscht hatte … die Polizei, die Spezialeinheit und die Menschen, die durch seine Hand gestorben waren …

All das sollte auf dem falschen Verhalten seines Lehrers am Gymnasium gründen? Brand glaubte nicht an die Ewigkeit nach dem Tod, da hatte Karl Schmidhammer recht. Genauso wenig glaubte er allerdings daran, dass man Entwicklungen bedauern sollte, die auf Entscheidungen in der Vergangenheit gründeten.

Aber was, wenn man diese Entscheidungen nicht selbst getroffen hatte? Und was hatte das alles – verdammt noch mal – mit dem Fall der toten Talente zu tun?

»War jemand bei ihm?«, fragte er den Direktor, der ihn die ganze Zeit über angestarrt hatte.

»Wie meinen Sie das?«

»Bei Schmidhammer. Bevor er Ihnen den Brief gegeben hat.«

Er schüttelte den Kopf. »Er hat nichts gesagt, aber sehr betrübt gewirkt. Kein Wunder bei seiner Diagnose.«

Brand stand auf, trat neben Direktor Kocher und zeigte auf eine Stelle im Brief.

»Was könnte Schmidhammer damit gemeint haben, dass er kürzlich Informationen zu den Talenten aus Bologna bekommen hätte? Woher? Wer hat es ihm gesagt?«

»Das kann ich Ihnen leider auch nicht sagen.«

Brand dachte laut weiter. »Aber ich meine … wenn eine Schule einen Schüler abwerben will, dann erfährt man in der Direktion davon, oder nicht? Man müsste hier etwas davon wissen.«

»Solche Fälle kommen nur sehr selten vor, aber selbst wenn … Sie sehen ja, dass sich hier inzwischen alles verändert hat. Die Lehrerschaft, das Sekretariat, ich. Ich kann Ihnen leider nicht weiterhelfen … Warum ist die Sache denn so wichtig für Sie – und Europol?«

Brand ging nicht auf die Frage ein, da sie schnell verfänglich werden konnte. »Gibt es irgendwas, das Ihnen noch dazu einfällt? Oder jemanden?«

»Was ist mit Ihren Eltern?«

»Wie?«, fragte Brand erschrocken.

»Bevor man sich an die Schule wendet, wird man wohl Kontakt zu den Eltern suchen, meinen Sie nicht?«

Brand dachte an sein Zuhause. Hatte man dort etwas von Bologna gewusst? Hatte seine Mutter womöglich mit jemandem gesprochen, ohne ihm etwas davon zu sagen? Und wollte er das überhaupt wissen?

Ich muss es wissen.

Er holte sein Diensthandy aus der Tasche, schaltete es wieder an und sah, dass es, wie üblich, eine Weile brauchen würde, um in einem neuen Land ein neues Netz zu finden. Mit wachsender Frustration starrte er aufs Display und grübelte.

Er mochte vielleicht auf einer heißen Spur sein, würde aber stets nur so viel erfahren, wie der Architekt dieses grausamen Spiels es zuließ. Was Brand nicht zu einem Spieler, sondern zu einem Spielball machte.

Er würde nicht weiterkommen. Nicht ohne Björk, nicht ohne offiziellen Ermittlungsauftrag, nicht ohne neue Fakten.

Plötzlich erschien der Signalbalken. Zeitgleich trudelte eine Nachricht ein.

Treulos ist, wer Lebewohl sagt, wenn die Straße dunkel wird.

Wieder von einem unbekannten Teilnehmer. Wieder war klar, dass es derjenige war, hinter dem sie her waren, während er sie in Wahrheit vor sich hertrieb …

»Treulos ist, wer Lebewohl sagt, wenn die Straße dunkel wird«, las er die Nachricht laut.

»Tolkien«, sagte Direktor Kocher sofort.

»Was?«

»Das ist aus *Der Herr der Ringe*. Von Tolkien.«

Brand riss die Augen auf. Ein Zitat, klar. Womit es wohl das nächste Opfer gab. Es passte zeitlich in den bisherigen Tatrhythmus. Und wenn das Tatmuster gleich blieb, musste es jetzt ein männliches Opfer sein.

Sofort leitete er die Nachricht an Björk weiter. *Zitat Tolkien, Herr der Ringe, nächstes Opfer?* – schickte er hinterher.

Keine Minute später kam die Antwort – *Wo sind Sie?*

Salzburg.

Die nächste Antwort kam nicht gleich.

Der Direktor fragte, ob das alles sei. Als Brand nicht auf ihn reagierte, setzte er sich an seinen Schreibtisch zurück und tippte irgendetwas in seinen Computer.

Endlich traf Björks Nachricht ein – *Kommen Sie zum Flughafen. ASAP!*

As soon as possible, hatte Brand seine Kollegin im Ohr, rannte grußlos aus der Direktion und der Schule zum Mietwagen, den er mit durchdrehenden Reifen in Bewegung versetzte, um schnellstmöglich über die Karolinenbrücke und südlich am Festungsberg vorbei zum Flughafen Salzburg zu kommen.

Auf der Strecke brach er fast jede Verkehrsregel mindestens dreimal. Er musste all seine Konzentration aufwenden, und zwei oder drei haarsträubende Überholmanöver waren auch dabei, aber er schaffte die Fahrt in nur etwas mehr als zehn Minuten.

Er stellte das Auto auf einem Grünstreifen vor dem General-Aviation-Gebäude ab und lief hinein. Er sah weder Björk noch sonst jemanden von Europol. Was angesichts der kurzen Zeit, die inzwischen vergangen war, nur logisch war. Also trat er an den Mann bei der ersten Sicherheitskontrolle heran.

»Europol, Christian Brand. Sie erinnern sich an mich?«

Der Mann brauchte etwas, nickte dann aber. »Wie kann ich Ihnen helfen?«

»Ist der Jet schon unterwegs?«

Er sah auf seinen Bildschirm. »Tut mir leid, hier sehe ich nichts.«

»Es ist alles sehr kurzfristig.«

Der Mann griff zum Hörer und telefonierte. Kopfschüttelnd legte er auf. »Im Tower wissen sie auch nichts. Es wurde kein Flugplan aufgegeben. Auch nicht von unterwegs.«

Brand runzelte die Stirn. Er wusste, dass im zivilen Flugverkehr nichts ohne Flugplan ging. Einen Flugplan gab es immer, und er musste immer aktuell gehalten werden.

Er holte sein Handy heraus und tippte – *Bin da. Was jetzt?*

»Wenn ich Ihnen sonst noch irgendwie behilflich sein kann …?«, gab der Angestellte an der Sicherheitskontrolle zu erkennen, dass er noch andere Dinge zu tun hatte.

»Ja … danke«, sagte Brand und entfernte sich ein paar Schritte, während er das Display nicht aus den Augen ließ. So eilig Björk es vorhin hatte, so langsam war sie jetzt …

Da hörte Brand die Sirenen mehrerer Polizeiwägen, die sich rasch dem Gebäude näherten und vor dem Eingang hielten.

So war es also. Björk kam nicht aus der Luft, sondern mit dem Auto. Was hieß, dass sie schon hier in Salzburg war … aber warum?

Er lief hinaus – und sah nicht Björk, sondern uniformierte Beamte der neuen Bereitschaftstruppe der Polizei in voller Montur, bewaffnet mit Sturmgewehren, die auf ihn zielten.

»Bleiben Sie stehen!«, rief einer der Einsatzpolizisten. »Hände über den Kopf!«

Brand glaubte, nicht recht zu hören. Das musste ein Missverständnis sein.

»Mach einfach, was sie sagen, Christian!«, rief jemand von

weiter hinten, der bei einem zivilen Fahrzeug stand. Es war Mathias Lackner, der Kollege von der Salzburger Mordgruppe und Björks Bettpartner.

»Mathias?«, staunte Brand. »Wo ist Björk?«

»Christian«, sagte Lackner und ging auf ihn zu, »ich wollte es nicht glauben.«

»Was … glauben?«

61

BRÜSSEL

Inga Björk

Sie saß in einem Verhörraum der Police Fédérale in der Rue Royale. Ihr Handy lag vor den beiden Männern, die ihr gegenübersaßen. Einer von ihnen war Gustav Stern – der Mann vom Geheimdienst, der sie einige Stunden zuvor vom Himmel geholt hatte. Den Namen des anderen – er war Kriminalpolizist – hatte sie längst wieder vergessen.

Stern war bereits bei Claire Weidemann gewesen, als sie dort aufgetaucht war. Björk konnte nicht sagen, ob Gustav Stern sie überwacht hatte oder ob er selbst auf die Idee mit Weidemann gekommen war.

Auch die Rollenverteilung zwischen Stern und Weidemann war ihr unklar. Stern verweigerte jede Auskunft darüber, behandelte sie wie eine Gefangene und befragte sie seit Stunden zu Christian Brand, worauf sie wieder und wieder nur die gleichen Antworten geben konnte. Nein, er hatte ihr gegenüber nichts von seiner Schulzeit erwähnt. Ja, er war die letzten Tage stets an ihrer Seite gewesen. Nein, sie wusste immer noch nicht, wo er steckte.

Nein, sie deckte ihn natürlich nicht.

Dann kamen plötzlich die zwei Nachrichten von ihm auf ihr Handy.

Treulos ist, wer Lebewohl sagt, wenn die Straße dunkel wird.

Zitat Tolkien, Herr der Ringe, nächstes Opfer?

»Na sieh mal einer an«, sagte Stern süffisant und schob ihr das Smartphone zu, das sie ihm – im Laufe dieser sogenannten Befragung – entsperrt hatte aushändigen müssen. Sie wusste, dass er dazu ohne gerichtliche Anordnung auch in Belgien kein Recht hatte, trotzdem hatte sie es zugelassen. Weil sie nichts zu verbergen hatte, was den Aufwand wert gewesen wäre, sich dagegen zu wehren.

Stern antwortete Brand in ihrem Namen. Auch das ließ sie zu, wenngleich mit deutlich schlechterem Bauchgefühl.

»Wir haben ihn«, sagte Stern jetzt und klickte den Anruf weg, den er eben auf seinem eigenen Gerät entgegengenommen hatte. Seine Augen umspielte jene Überheblichkeit, die Typen wie ihn stets befiel, wenn sie es anderen so richtig gezeigt hatten.

»Großartige Leistung«, spottete Björk, »Brand durch Missachtung meiner Rechte in eine Falle zu locken.«

»Du willst natürlich nicht einsehen, dass du dich in ihm getäuscht hast. Ihr skandinavischen Frauen seid alle so stolz … blind vor Stolz. Oder ist es gar noch mehr, Inga? Steckt ihr, du und Brand, sozusagen … unter einer Decke?«

Sie stieß verächtlich die Luft aus, bevor sie fragte: »Und jetzt, Gustav? Glaubst du, Brand verrät dir demnächst, wo dein Vermisster steckt?«

Stern schwieg.

»Dein Mann ist wahrscheinlich tot. Wenn du dich nur ein bisschen für den Fall und nicht nur für Brand interessiert hättest, wäre dir das klar«, sagte sie. »Wer ist es denn? Wann und wo ist er verschwunden?«

Stern schüttelte den Kopf, wirkte nun aber weniger souverän.

»Wo, Gustav?«, schrie sie ihn an und sah, dass er vor Schreck zusammenzuckte, genau wie der schweigsame Kriminalbeamte. Sofort machte sie weiter: »Du setzt auf das falsche Pferd! Also, wo ist dein VIP verschwunden? Wenigstens das darf ich wohl wissen, findest du nicht? Ich wette, ich könnte es inzwischen ohnehin schon googeln!«

Er rang mit sich und senkte sein Kinn, bevor er schließlich sagte: »Berlin.«

»Dann würde ich dort jetzt nach einer neuen Statue suchen. Vorzugsweise an einem öffentlichen Ort. Wie wär's mit dem Brandenburger Tor?«

»Ts!«, lachte er.

»Ich fände es nicht so lustig, in deiner Haut zu stecken. Dein Abgängiger steht als Kunstwerk in Berlin, und ich erzähle es dir aus meinem gestrigen Wissen heraus. Könnte peinlich für dich werden.«

Stern verlor zusehends sein Pokerface. Seine Wangen erröteten.

»Was man beim Verfassungsschutz wohl davon halten wird, dass du lieber Europol-Beamte torpedierst, statt ihnen zuzuhören?«

»Weshalb war Brand Schüler in Bologna und hat es dir verschwiegen?«, schrie Stern wütend. Seine Faust krachte auf den Tisch.

»Woher soll ich das wissen? Er ist mein Ermittlungspartner und nicht mein Lebensmensch!«, schrie sie zurück. Weil ihr der Nachhall dieser Worte nicht gefiel, machte sie gleich weiter: »Du hast dich völlig verrannt. Ich an deiner Stelle würde mich fragen, wer es darauf angelegt hat. Wer hat dir das von Brand und Bologna erzählt? Hm?«

Stern wollte etwas sagen, hielt sich aber zurück. Sein Handy klingelte erneut. Er sah aufs Display, stand auf und ging in ein Eck. Er redete so leise, dass Björk nicht verstehen konnte, was er sagte.

Schließlich kam er an den Tisch zurück und setzte sich. Jetzt zitterte er.

»Sie haben ihn gefunden, nicht wahr? ... Und, wo in Berlin, Gustav?«

Sterns Augen wanderten schnell hin und her. »Checkpoint Charlie«, sagte er. »Aber er lebt. Mein Gott, er lebt.«

»Wer denn?«

»Florentin Heintz.«

Der Name sagte ihr nichts. Sie wettete, dass er auf Liv Perssons altem Gruppenbild aus Bologna zu sehen war, vielleicht sogar auf den Fotos vom Fundort der toten Mitschülerin. Aber das war unwichtig. Wichtig war, jetzt endlich wieder in die Spur zu kommen und den Spuk zu beenden.

»Gustav, hör zu, Brand war mit mir in Bologna und ist inzwischen gerade mal bis Salzburg gekommen. Er ist weit weg von Berlin. Er versucht weiterhin, den Fall zu lösen, genau wie ich.«

Stern schwieg. Seine Körpersprache offenbarte tiefe Beschämung.

»Dein Mann lebt, Gustav«, sagte Björk eindringlich. »Auch wenn du es unnötig verzögert hast, ist es ja noch einmal gut gegangen. Also, wer hat dir das mit Brand gesagt? Claire Weidemann? ... Gustav, jetzt rede endlich oder lass mich gehen, bevor du noch mehr Zeit verschwendest.«

»Es war ein anonymer Hinweis«, antwortete Stern mit Grabesstimme.

Björk lag die nächste Spitze schon auf der Zunge – ob er anonymen Hinweisen wirklich mehr Bedeutung beigemessen hatte als den Aussagen bewährter Europol-Mitarbeiter. Sie schluckte sie aber hinunter. So sanft sie konnte, fuhr sie fort: »Weidemann hat ziemlich viel zu verheimlichen, findest du nicht? Könnte sie nicht hinter all dem stecken?«

Er schüttelte vehement den Kopf, konnte seine Unsicherheit aber nicht mehr verbergen.

»Wieso bist du so überzeugt davon? Wo steckt sie denn gerade?«

Er zögerte kurz und nickte dann zum Einwegspiegel im Verhörraum.

Björk runzelte die Stirn. »Sie sieht uns zu?«

Er nickte.

»Wieso? Was ist das für ein seltsames Spiel, das ihr hier abzieht?« Sie sah zum Spiegel und versuchte, sich Weidemann dahinter vorzustellen. »Da draußen stirbt ein ehemaliger Schüler nach dem anderen – Schüler von Ihnen! –, und wir werden aus dem Verkehr gezogen?«, sagte sie, ohne den Blick vom Spiegel zu nehmen. »Aus welchem Grund wohl?«

»Inga …«, sagte Stern, hielt den Rest aber zurück.

Sie drehte den Kopf zu ihm zurück. »Was? Warum sieht sie uns zu? Wie kann sie dort hinter dem Spiegel stehen und uns beobachten, wo du eigentlich sie befragen solltest und nicht mich? Was zum Teufel geht hier vor?«

»Das ist nicht so einfach.«

»Kommen Sie herein, Weidemann«, sagte Björk zum Spiegel. »Oder haben Sie etwa Angst? Weil Sie mehr über die Toten wissen, als Sie zugeben wollen?«

Aus dem Augenwinkel sah Björk, dass auch Stern seinen Kopf zum Spiegel drehte.

Eine Minute verging, ohne dass etwas geschah.

»Je vais l'amener«, sagte der Kriminalbeamte neben Stern und ging hinaus, um Weidemann zu holen.

Björk lehnte sich nach vorne. »Ich hoffe, du hast einen guten Grund für das Theater hier«, wisperte sie Stern zu, »ich sehe nämlich keinen.«

Gustav Stern schwieg. Björk sah Schweiß auf seiner Stirn.

Hinter ihr ging die Tür wieder auf. Sie wandte sich um, erkannte aber nur den Belgier.

»Elle a disparu«, sagte er.

Björk drehte sich zu Stern zurück und machte ihre Augen schmal.

Er wich ihrem Blick aus. Sein Mund formte ein Wort, ohne es auszusprechen. »Verschwunden?«, las sie von seinen Lippen ab.

62

SALZBURG

Christian Brand

»Tja, so schnell kann es gehen«, sagte die Leiterin des LKA Salzburg, Oberstleutnant Anna Bilgeri, in ihrem strengen Vorarlberger Dialekt.

Brand saß in Handschellen im Vernehmungsraum. Zwei uniformierte Beamte flankierten ihn, als hätte man Angst, dass er jederzeit auf Bilgeri oder Mathias Lackner losgehen könnte.

Mit einem süffisanten Grinsen blätterte Bilgeri durch die Ermittlungsakte. »Da haben Sie uns ja einen schönen Bären aufgebunden. Wer hätte das gedacht?«

Lackner machte weiter: »Wie hast du es gemacht? Wann hast du den Toten auf den Kapitelplatz gestellt?«

»Ts!«, stieß Brand aus. Er wusste, dass er besser die Klappe hielt, um sich nicht selbst zu belasten. Andererseits wusste er auch, dass die Sache hier an Lächerlichkeit kaum zu überbieten war. Aber wie sollte er das den beiden auf der anderen Seite des Tischs ausreichend schnell klarmachen, wo er doch selbst erst vor Kurzem von seiner Verbindung zur Schule in Bologna erfahren hatte, die der Dreh- und Angelpunkt dieses Falls zu sein schien?

»Wir können warten«, sagte Bilgeri und bestätigte damit Brands Befürchtung, dass sie ihm wertvolle Zeit stehlen würden. Er musste sich aus der Situation herausreden. Doch Diplomatie war noch nie seine Stärke gewesen.

Lackner seufzte theatralisch und setzte sich gerade hin, bevor er ein Blatt aus der Ermittlungsakte nahm. »Drei Tote sind es also inzwischen?«, fragte er rhetorisch. »Und ein vermisster Spitzenpolitiker.«

Brand horchte auf.

»Wer hätte das gedacht?«, sagte Bilgeri noch einmal und schaffte es damit, Brand herauszufordern.

»Welcher Spitzenpolitiker?«, fragte er.

»Sag du es mir«, konterte Lackner spitz.

»Woher soll ich das wissen?«

»Weil du ihn entführt hast. Oder hast du ihn bereits ermordet?«

»Blödsinn.«

»Also?«

»Also sagt mir einfach, wer es ist.«

Lackner sah zur Seite, das einzelne Blatt in seinen Händen.

»Meinetwegen«, sagte Bilgeri und sah zu ihrem Mitarbeiter.

»Florentin Heintz«, sagte dieser bedeutungsschwer.

Brand zog die Augenbrauen zusammen. Insgeheim hatte er bei einem Spitzenpolitiker an Olaf Scholz oder Emmanuel Macron gedacht – den Namen Florentin Heintz hatte er noch nie gehört. »Wer soll das sein?«

Lackner warf das Blatt hin. »Tu nicht so, als wüsstest du das nicht ganz genau!«

»Psch!«, beruhigte Bilgeri und sprach gleich weiter: »Von mir aus spielen wir Ihr Spiel mit, Brand. Florentin Heintz wurde vor wenigen Tagen in Berlin zum Bundesparteivorsitzenden der Neuen Union gewählt. Am selben Tag ist er aus seinem Hotel verschwunden. Seither wird er fieberhaft gesucht.«

»Dein Schulkollege, Christian«, sagte Lackner.

Brand musste seine Wut hinunterschlucken. Mit größtmöglicher Beherrschung sagte er: »Wenn du dich informiert hättest, Mathias, dann wüsstest du, dass ich im Borromäum zur

Schule gegangen bin. Das ist hier in Salzburg, falls du es nicht kennst.«

»Natürlich kenne ich das Borromäum«, wehrte er sich, was etwas peinlich wirkte.

»Dann kann ich schwer zur selben Zeit in Bologna zur Schule gegangen sein, oder? Habt ihr den Brief meines Professors nicht gelesen?«, brachte er das Schreiben ins Spiel, das er sich gleich bei seiner Verhaftung aus der Jackentasche hatte ziehen lassen, in der Hoffnung, es würde die Sache hier schnell aufklären – was leider ebenso vergebens war wie sein Wunsch, mit Björk telefonieren zu dürfen.

»Nichts ist leichter, als einen Brief zu fälschen.«

»Und ihn einem Sterbenden in die Hand zu drücken, damit er ihn in seinem Namen an den Schuldirektor aushändigt, für den Fall, dass ich irgendwann zufällig bei ihm vorbeischaue? Also bitte, das ist doch lächerlich«, protestierte er und merkte, dass einer der beiden uniformierten Wachbeamten einen Schritt näher kam. Brand sah zu ihm hin. »Was? Was soll der ganze Zirkus?«

»Beruhigen Sie sich«, sagte der Mann mit Bart, der gerade mal so in seine Uniform passte.

Brand wandte sich wieder Lackner und Bilgeri zu. »Ich war nie in diesem Institut in Bologna. Euer Politiker vermutlich schon. Bestimmt könnten wir ihn sofort auf dem alten Gruppenfoto erkennen. Wären wir nicht abgezogen worden, hätten wir ihn längst gefunden. Das ist alles eine riesige …«

Lackner hob die Augenbrauen, und Brand ahnte schon, was kommen würde. »Was? Eine Verschwörung? Willst du das sagen, Christian? Weißt du, was ich glaube? Ich glaube, du erzählst uns gerade irgendwelche Märchen. Du hast Europol und die Ermittlungen bloß benutzt, um in Ruhe deinen Tatplan umsetzen zu können.«

»Indem ich gleichzeitig in Paris und Berlin auftauche, während ich woanders ermittle, oder wie? Lasst mich endlich telefonieren!«

»Beruhigen Sie sich«, sagte der Bärtige.

»Halten Sie die Klappe!« Brand atmete zweimal tief durch, bevor er weiterredete: »Ihr seht doch, dass ich zur fraglichen Zeit an keinem der Orte gewesen sein kann. Es ist absurd, mich zu verdächtigen.«

Bilgeri rückte ihre knallrote Brille zurecht. »Es soll in der Kriminalgeschichte bereits Verbrechen gegeben haben, die unter Zuhilfenahme von Komplizen begangen wurden«, dozierte sie.

»Aber welchen Grund hätte ich dafür haben sollen?«

»Das würden wir gerne von Ihnen wissen.«

»Ich kenne keinen dieser Schüler.«

»Hättest du sie gerne gekannt?«, fragte Lackner.

»Wie meinst du das?«

»Vielleicht warst du ja beleidigt, dass du damals nicht aufgenommen wurdest. Was dir dein ganzes Leben versaut hat – wenn man nach dem Brief hier geht«, sagte er und zog das Schreiben seines alten Lehrers aus der Akte.

»Ich habe erst heute von der Anfrage aus Bologna erfahren.«

»Schutzbehauptungen sind noch häufiger als Taten, die mit Komplizen begangen werden«, spottete Bilgeri.

Lackner lehnte sich vor. »Hör zu, Christian«, sagte er mit aufgesetzter Freundlichkeit, »wir sind nicht hier, um verschwundene Politiker zu suchen oder Taten zu verfolgen, die in anderen Ländern begangen wurden. Du und ich, wir kommen doch von hier aus der Gegend. Meine – unsere – Aufgabe ist es, den Mord in Salzburg aufzuklären, nicht mehr.«

Brand runzelte die Stirn. Er erkannte die Taktik hinter Lackners Andeutung, konnte einer Verbrüderung gegen das sogenannte Ausland aber nichts abgewinnen, zumal es ihn stets besser behandelt hatte als die ach so liebe Heimat.

Lackner fuhr fort: »Wenn du uns etwas gibst, können wir dich hier in Schutz nehmen und Vereinbarungen treffen, die dir alles Weitere erleichtern. Ich bin mir sicher, dass das auch für Auslieferungsbegehren …«

»Wie ihr wollt!«, rief Brand.

Lackner und Bilgeri starrten ihn so aufmerksam an, als könnte er jetzt jeden Moment gestehen.

»Wenn ihr euch weiter so blöd stellt, sage ich gar nichts mehr. Aber dann fliegt euch dieser Fall später so was von um die Ohren, das verspreche ich euch!«

»Wollen Sie uns etwa drohen?«, fragte Bilgeri.

»Wenn ihr hier weiter auf kleingeistige Provinzpolizisten macht, dann ja.«

Keiner sagte etwas. Aber Bilgeri wirkte pikiert. Sie rückte ihr Kostüm zurecht, dann auch noch mal ihre Brille, und stand auf. »Wie gesagt, wir haben Zeit, Herr Brand«, sagte sie und stöckelte sichtlich angerührt davon.

»Das war jetzt vielleicht nicht so gescheit«, sagte Lackner.

»Gut zu wissen«, konterte Brand, der auch keinen Zweifel darüber lassen wollte, dass eine Fortsetzung der losen Freundschaft zu Lackner mit dem heutigen Tag ausgeschlossen war. Ihn und Björk im Bett zu erwischen, war eine Sache, doch die sinnlosen Anschuldigungen hier waren unverzeihlich. »Und jetzt hätte ich gerne ein Telefon.«

Lackner gluckste, als gehörte das Recht zu telefonieren zu den Dingen, die das Papier nicht wert waren, auf die es gedruckt war. Was Brands Erfahrung nach leider allzu oft der Wahrheit entsprach.

»Du wirst schon noch reden«, sagte Lackner und verließ den Raum.

63

BRÜSSEL

Inga Björk

»Wie kann man sich nur so übertölpeln lassen«, schimpfte sie zur Seite, als sie neben Gustav Stern die Police Fédérale in der Rue Royale verließ und in einen zivilen Audi A8 stieg, der bereits auf sie wartete.

Stern sagte nichts. Er wirkte wie ein angeschlagener Boxer, der einen Großteil seiner Konzentration dafür aufwenden musste, die Balance zu halten.

Sowie die Türen geschlossen waren, fuhren sie schon los, dem Taxi hinterher, in dem Claire Weidemann durchgebrannt war – allerdings hatte sie mittlerweile fast eine Stunde Vorsprung.

»Antwerpen«, rief Stern dem Fahrer nach vorne, während er sich parallel von der Taxizentrale updaten ließ. »Nein, Sie sollen das Taxi verdammt noch mal *nicht* anhalten. Kein Wort an den Fahrer!«, schnauzte er ins Telefon. »Verlieren Sie es bloß nicht, verstanden?«

Sie konnten froh sein, überhaupt eine Spur zu haben. Die belgische Polizei hatte es erstaunlich schnell geschafft, Weidemanns Weg aus dem Gebäude nachzuvollziehen. Eine Kamera hatte sie beim Verlassen der Police Fédérale und beim Besteigen des fraglichen Taxis gefilmt.

Inzwischen hatte Björk ihr Handy und den Laptop wieder. Ihren Europol-Zugang konnte sie nach wie vor nicht verwenden, denn an ihrer Abberufung hatte sich nichts geändert. Björk wusste inzwischen, dass sie diese dem überforderten Kerl zu verdanken hatte, der da neben ihr saß.

Was Gustav Stern mit Claire Weidemann zu tun hatte und weshalb er ihr bis zu ihrem Verschwinden vertraut hatte, konnte Björk noch immer nicht einschätzen. Eine Verbindung Weidemanns zum Geheimdienst war wahrscheinlich – umso mehr, wenn man Weidemanns beinahe zwanghaftes Bemühen bedachte, die Spuren ihrer Vergangenheit und ihrer aktuellen Funktion zu verwischen.

Dachte man sich aber den aktuellen Fall hinzu, bekam die Sache noch eine weitere Dimension. Eine, in der Weidemanns Geheimhaltetaktik auch persönliche Gründe haben könnte, die Gustav Stern verborgen geblieben waren – was für Stern eine riesige Blamage gewesen wäre.

»Natürlich E19«, fauchte er unwirsch ins Handy und bedeutete dem Fahrer immer wieder, schneller zu machen und die Autos vor ihnen zu überholen, was zu vielen waghalsigen Manövern führte.

Mittlerweile schien das Taxi irgendwo auf der Umfahrung des Antwerpener Stadtzentrums still zu stehen. Björk rief die Strecke auf Google Maps auf und ließ sich die Verkehrsdaten anzeigen. Sie sah, dass es einen Stau gab, der allerdings nur drei oder vier Kilometer lang sein konnte und laut der Navigations-App maximal zehn Minuten Zeitverlust bedeutete.

Immerhin zehn Minuten, dachte sie.

Dass Weidemann in die Niederlande wollte, war inzwischen wahrscheinlich.

»Wer oder was ist in Holland?«, fragte sie deshalb zur Seite und vermied es, dabei an Christian Brand zu denken, der ebenso wie sie seinen Wohnsitz in Den Haag hatte. Brand aktuell in Salzburg zu wissen, gab ihr wenigstens die Sicherheit, dass er nicht Weidemanns Ziel sein konnte.

Stern tat, als habe er die Frage nicht gehört.

»Gustav, wohin will sie? ... *Helvete!* Jetzt rede endlich!«

»Sei froh, dass ich dich nicht in Brüssel gelassen habe«, keifte er mit hochrotem Kopf.

»Das hätte deine Lage bloß verschlimmert«, erinnerte sie ihn an seine Misere. Falls dieser Fall noch ein weiteres Opfer fordern sollte, war Stern daran schuld. Björk würde ohne zu zögern gegen ihn aussagen, vor welchem Tribunal auch immer. »Wir brauchen Brand«, setzte sie den nächsten Nadelstich, »die in Salzburg müssen ihn sofort gehen lassen!«

Stern antwortete nicht darauf, was Björk schon hoffen ließ, dass er ihrer Meinung war. Dabei hörte Stern nur der Taxizentrale zu und schimpfte dann mit der Frau, die mittlerweile so laut und ungehalten mit ihm war, dass Björk es bis zu sich rüber hören konnte.

Stern gab dem Fahrer die letzten Anweisungen durch. »Such eine Umfahrung für den Stau!«, befahl er Björk anschließend.

»Was ist mit Brand?«, insistierte sie.

»Das klären wir später.«

»Lass ihn gehen. Frag ihn wenigstens, was er weiß!«

»Wenn du mir erklären kannst, was er mit Bologna zu schaffen hatte.«

Frustriert biss Björk die Zähne zusammen und klappte ihren Laptop auf.

Kurz vor dem Stau bei Antwerpen-Zuid, den Google anzeigte, verließen sie die Autobahn und durchquerten das Viertel Berchem auf Straßen, die früher – bevor es anpassungsfähige Navigationsapps gegeben hatte – kein Mensch als Umfahrung genommen hätte. Alle paar hundert Meter drängte Stern den Fahrer, noch mehr aufs Gas zu drücken, bis sie hinter einer engen Kurve beinahe eine Fahrradfahrerin mit Kind rammten. Einen Unfall konnten sie mit einer beherzten Vollbremsung und grotesk anmutenden Lenkbewegungen gerade noch vermeiden.

Björk hielt sich fest, wo es nur ging. Sie sah sich schon als Zeugin eines Verkehrsunfalls, womit auch niemandem geholfen war. »Wir kennen ihre Position. Kein Grund für diese Raserei«, machte sie die beiden Männer aufmerksam.

Stern lachte spöttisch. Er war widerlich. Sie hatte es schon bei ihrer ersten Begegnung vor Jahren erkannt, und der Eindruck verfestigte sich mit jedem weiteren Aufeinandertreffen. Niemals, wirklich niemals hätte sie unter normalen Umständen an seiner Seite sein wollen, wenn es brenzlig wurde.

Stern nahm für einen Moment sein Handy vom Ohr und wischte darauf herum. Björk spähte hin und sah, dass er eine Nachricht bekommen hatte. Ein Foto. Sofort kam es ihr bekannt vor.

»Was hast du da?«, fragte sie.

»Lissabon.«

Die Tonstatue, dachte Björk und brachte das Foto aus dem Obduktionsbericht mit dem des Gruppenbilds aus Bologna und der Aufnahme aus Sterns Handy in Einklang. Es handelte sich eindeutig um dieselbe Person. Sterns Version sah wie ein Passbild aus, was hieß …

»Ihr habt sie gefunden?«, sprach sie es laut aus.

Stern las ein paar Absätze, bevor er antwortete. »Sieht so aus. Sie hieß Maarja Lubarska. Spitzenmedizinerin. Leitete eine Forschungseinrichtung, bis sie vor einem Monat überraschend kündigte, um sich einer NGO anzuschließen … für ein Projekt in Afrika.«

»Wo sie niemals ankam … und man nichts von ihr wusste«, schloss Björk, die gleich weiterkombinierte: Weder Kündigung noch NGO noch Afrika gingen auf die Initiative der Medizinerin zurück. Es war der Vorwand, unter dem es dem Täter gelang, ihr Verschwinden so lange geheim zu halten.

»Sieht so aus«, bestätigte Stern.

»Was noch?«

»Nichts. Das war's.«

Wäre auch zu schön gewesen. Frustriert wandte sie sich Google Maps zu und verfolgte virtuell mit, wie sie das vordere Stauende passierten und dann wieder auf die Autobahn auffuhren. Gleich darauf gelang es Björk, die letzte Position des Taxis zu erkennen, die Stern am Telefon mitgeteilt worden war.

»Sie müssten direkt hinter uns sein«, sagte sie und sah durchs Rückfenster.

Der Fahrer verzögerte, bis sie fast zum Verkehrshindernis wurden.

Stern zog seine Waffe und legte sie auf seinen Oberschenkel. Auch er sah nach hinten.

»Da ist es«, sagte Björk wenig später und deutete auf den Mercedes, der rasch aufholte. Sie blockierten ihn, während Stern ihn bei heruntergelassener Scheibe auf den Pannenstreifen lotste.

Schließlich standen sie, das Taxi hinter ihnen.

Sie stiegen aus. Stern hielt seine Linke flach ausgestreckt und hatte die Waffe bereit. Björk eilte zur anderen Seite hin. Sie sah, wie der verdutzte Fahrer seine Hände vom Lenkrad nahm und ängstlich den Kopf schüttelte.

Claire Weidemann, die hinter ihm saß, wirkte so gleichgültig wie immer.

64

SALZBURG

Christian Brand

Das LKA ließ ihn sitzen. *Im eigenen Saft schmoren*, wie man so schön sagte. Die beiden uniformierten Aufpasser, die ihn hinterrücks flankierten, vertrieben sich die Zeit mit irgendwelchen Späßen, die Brand nur halb mitbekam. Immer wieder flüsterten sie, räusperten sich oder zischten sich unangemessene Sachen zu. Brand kannte den Umgangston in ihren Kreisen und hatte nicht die geringste Lust, sich darauf einzulassen.

Er musste dieses Rätsel lösen.

Treulos ist, wer Lebewohl sagt, wenn die Straße dunkel wird.

Der Spruch aus *Der Herr der Ringe* spukte in seinem Kopf herum. Das neueste Zitat, das auf sein Handy gekommen war. Der Direktor des Borromäums hatte es gekannt. Jede Wette, dass man auf der nächsten Statue einen Hinweis finden würde, der zu seinem Urheber J. R. R. Tolkien passte. Bisher war stets der Vorname des Zitatgebers genannt worden. Albert in Lissabon, Magnus in Salzburg, Stephen in Paris.

Brand glaubte nicht, dass die Zitate selbst eine Botschaft waren. Teilweise widersprachen sie sich sogar. Albert Schweitzer wollte, dass der Mensch nicht vergaß, auf die Blumen zu schauen, die zu seinen Füßen blühten. Stephen Hawking hingegen riet, in die Sterne zu schauen und nicht zu den Füßen hinunter. Und Magnus Carlsen behauptete bloß, nicht irgendein Freak zu sein.

Woraus Brand schloss, dass die Urheber die eigentliche Botschaft waren. J. R. R. Tolkien war der neueste von ihnen.

J. R. R. …, grübelte Brand. Würde man diese Buchstaben auf der nächsten Statue finden? Irgendwie passte das nicht so richtig. Brand wusste nicht viel über Tolkien oder *Der Herr der Ringe*. Er hatte die Filme gesehen, die Bücher waren jedoch viel zu umfangreich gewesen, als dass er sich jemals herangewagt hätte.

»Kennt einer hier Tolkien? … *Der Herr der Ringe*?«, fragte er aus einer Laune heraus nach hinten über die Schulter.

Der Aufpasser zu seiner Linken stieß belustigt die Luft aus. Der auf der rechten Seite blieb still.

»Sie vielleicht?«, drängte Brand, drehte sich zu ihm hin und starrte ihn an.

»Wieso?«, fragte er und wirkte fast kleinlaut dabei.

»Willst du uns verarschen?«, fragte der andere.

»Wofür stehen Tolkiens Initialien? J. R. R.?«

»Trainierst du jetzt für den Telefonjoker?«, stichelte der Clown.

»Halten Sie die Klappe … Also? Wissen Sie's?«

Er schüttelte den Kopf.

»Könnten Sie bitte auf Ihrem Smartphone nachsehen?«

Der eine sah zum anderen, als ginge es um ein Staatsgeheimnis.

»Bitte?«, bemühte sich Brand.

Sie zögerten noch kurz, erkannten aber wohl selbst, dass die Information unverfänglich war. Schließlich holte einer sein Telefon heraus und tippte darauf herum. »John Ronald … Reuel«, sagte er kurze Zeit später und erntete einen belustigten Kommentar des anderen.

Brand hingegen traf die Erkenntnis wie ein Blitz.

John Ronald Reuel.

John Ronald.

Der Name seines Ausstellers. Jenes Mannes, der Brand seine Räumlichkeiten in Den Haag zur Verfügung stellte. Er hatte diesen Gönner noch nie zu Gesicht bekommen. Erst gestern hatte Brand Mailin gebeten, ihm die Bilder zu bringen … und hatte sie so direkt in die Fänge jenes Menschen getrieben, der gut und gerne hinter all dem hier stecken könnte.

Plötzlich machte er sich riesige Sorgen um sie.

»Okay … ich rede«, sagte Brand zum Einwegspiegel des Verhörraums, hinter dem er Lackner vermutete. »Ich sage alles, okay? Können wir das hier beenden?«

Er musste wissen, was mit Mailin war. Außerdem musste er Björk verständigen. Aber was sollte, nein, konnte er ihr sagen? Er wusste nicht mal, wo diese Ausstellung stattfinden sollte. John Ronald wollte eine spontane Veranstaltung, ein *Pop-up-Event*, bei dem die Örtlichkeit bis zum Schluss geheim gehalten wurde. Brand wäre ein klassisches Format lieber gewesen, doch um seinen Gönner nicht zu vergraulen, hatte er sich auf die Sache eingelassen.

Er war mit beiden Füßen in die Falle getappt.

Die Tür öffnete sich, und Lackner kam herein.

»Wo ist Bilgeri?«, fragte Brand sofort.

»Wieso?«

»Ich will mit jemandem reden, der entscheiden kann«, antwortete er und kümmerte sich kein Stück um den Ton. Freunde würden Lackner und er ohnehin keine mehr werden.

»Kann ich.«

»Kannst du mich auch freilassen?«

Lackner lachte. »So weit wird es wohl kaum kommen. Du wolltest doch gestehen.«

Nein, Brand wollte nicht gestehen, sondern reden – aber er sah über die Formulierung hinweg. Auch weil jetzt Bilgeri kam.

»Nun, Herr Brand? Ich hörte, Sie wollen auspacken?«

Die beiden setzten sich vor ihn hin und sahen ihn groß an. Bestimmt malten sie sich gerade aus, wie sie ihn abführen ließen und den Fahndungserfolg für sich beanspruchten. Was sie allerdings vergessen konnten.

»Ich wurde reingelegt«, sagte Brand, so eindringlich und überzeugend er konnte, »der Täter spielt mit mir. Von Anfang an. Ich weiß jetzt, wer es ist.«

»Na, da bin ich aber mal gespannt!«, ätzte Bilgeri.

»Er nennt sich John Ronald. Wie John Ronald Reuel Tolkien alias J. R. R. Tolkien, passend zu dem Zitat, das ich heute auf mein Handy bekommen habe. Es müsste inzwischen einen neuen Toten geben. Den Spitzenpolitiker aus Berlin, von dem ihr gesprochen habt. Dieser Heintz – wurde er schon gefunden?

Die beiden sahen sich kurz an, bevor Bilgeri sich ihm zuwandte. »Was einem alles einfällt, wenn man mit dem Rücken zur Wand steht, was? Wollten Sie nicht gestehen? Stattdessen plaudern Sie einen Dampf daher, der sich gewaschen hat.«

»Aber es stimmt doch, oder? Dieser Politiker steht als Statue irgendwo in Berlin. Sie sollten sich die Hülle ansehen. Garantiert steht so was wie J. R. R. oder Tolkien oder John Ronald drauf.«

»Täterwissen«, kommentierte Lackner und erntete Bilgeris Kopfnicken.

»Blödsinn. Das geht eindeutig aus unseren Ermittlungen hervor. So lief es bei allen. Was du wissen könntest, wenn du dich nur ein bisschen dafür interessiert hättest.«

»Er lebt«, sagte Bilgeri. »Knapp, aber doch.«

Brand war überrascht und erleichtert zugleich. Immerhin hatte die Verzögerung zu keinem weiteren Todesfall geführt. Aber was war mit Den Haag und seiner Ausstellung?

»Dann fragt den Politiker sofort, was er weiß. Wir dürfen keine Zeit verlieren. Es geht weiter. Ich muss sofort Europol informieren. Geben Sie mir endlich mein Handy.«

»Erst, wenn du alles gestanden hast«, sagte Lackner.

»Sehen Sie sich die Textnachrichten auf meinem Handy an«, appellierte Brand an Bilgeri. »Rufen Sie Inga Björk an und sagen Sie ihr, dass es mit meiner Ausstellung zu tun hat. Sie soll Mailin Ho kontaktieren. Sie arbeitet in einem Waschsalon in der Nieuwe Molstraat in Den Haag und hat den Kontakt zum Veranstalter. Ich glaube, er schickt die Botschaften. Er hat mich in diese Lage hier gebracht. Sie … wir alle wurden getäuscht. Bitte – ich mache mir Sorgen um Mailin. Tun Sie was!«, flehte er und hätte sich auch auf die Knie geworfen, wenn es etwas genutzt hätte.

Doch Bilgeri tat überhaupt nichts. Sie starrte ihn bloß an, durch ihre dumme knallrote Brille. Dann zog sie einen Mundwinkel hoch. »Immer wieder aufregend, einem Mann dabei zuzusehen, wie er sich an den letzten Strohhalm klammert.«

»Du verschwendest unsere Zeit«, kommentierte Lackner.

»Und ihr verschwendet die Zeit der Menschen, die ihm noch zum Opfer fallen werden. Hört endlich auf, mir mit Gewalt etwas in die Schuhe schieben zu wollen. Schaut euch die Sachen an. Alles, was ich sage, ist nachvollziehbar.«

Bilgeri schüttelte bloß den Kopf, mit provozierender Langsamkeit. Die Polizisten an Brands Seite fanden es lustig, Lackner auch.

Brand spürte es in sich brodeln. Er wollte aufspringen und laufen. Aber eine Kurzschlussaktion hätte nichts gebracht. So streng bewacht, wie er war, wäre er niemals unbehelligt aus dem Gebäude gekommen. Was konnte er noch tun?

Er überlegte, ob er jemanden aus der Salzburger Polizei kannte, der über mehr Vernunft verfügte als die beiden Kollegen, die vor ihm saßen. Doch er erinnerte sich an niemanden.

Da ging die Tür wieder auf. Ein junger Mann brachte ein Funktelefon herein und reichte es Bilgeri. »Ist wichtig«, sagte er dazu.

»So wichtig, dass Sie es vor einem Verdächtigen ausplaudern?«, blaffte die Leiterin des Landeskriminalamts.

Der Mitarbeiter entschuldigte sich kleinlaut und verließ den Raum.

Bilgeri schüttelte wieder den Kopf und wartete noch ein paar Sekunden, bevor sie mit dem Telefon am Ohr aufstand und aus dem Raum verschwand.

Lackner lehnte sich zurück und besah seine Fingernägel. »Ach, Christian«, plapperte er, voll auf seine Hände konzentriert. »Sie durchschaut dich. Genau wie ich. Ich durchschaue dich schon lange.«

Das war zu viel. Bevor Brand sich selbst hätte einbremsen können, hatte er seine gefesselten Hände schon auf den Tisch geschmettert. Der ganze Raum vibrierte. Brands Handgelenke schmerzten vom Metall der Handschellen. Doch ihm war alles egal, auch die Hände der Aufpasser, die sich keine zwei Sekunden später links und rechts um seine Oberarme legten.

Brutal rissen sie ihn vom Tisch zurück und zwangen ihn auf den Boden. Einer der Uniformierten öffnete eine der Handschellen und fesselte Brands Hände hinter dem Rücken. Anschließend hoben sie ihn hoch und ließen ihn auf den Stuhl zurückfallen.

Lackner gab sich unbeeindruckt. Er seufzte schwer und sagte: »Wenn du wüsstest, was ich hier in diesem Zimmer schon alles erlebt habe …«

»Ihr macht einen schweren Fehler!«, protestierte Brand.

»Den hast gerade du gemacht.«

»Ihr werdet es bereuen!«

»Ach, wirklich? Was soll uns *Provinzpolizisten* denn deiner Meinung nach passieren, hm?«

»Lass mich endlich telefonieren, Mathias.«

»Ts, ts, ts«, machte Lackner bloß, noch immer auf seine Fingernägel konzentriert.

Schließlich kam Bilgeri wieder herein. »Okay«, sagte sie und blieb am Tisch stehen. »Wir haben die Order, Sie gehen zu lassen. Aber Lackner kommt mit Ihnen. Wir sprechen uns noch. Glauben Sie bloß nicht, die Sache …«

»Handschellen auf!«, fuhr Brand ihr mitten in den Satz, schoss hoch und streckte einem der Polizisten seine Arme hin. »Außerdem will ich mein Handy zurück. Sofort!«

65

BEI DEN HAAG

Amélie Leclerc

Matteo stand am Fenster und spähte hinaus. In einer Hand hielt er sein Handy, das immer wieder piepte und ihn zum Antworten veranlasste. Jedenfalls glaubte Amélie, das aus den verschwommenen Umrissen zu erkennen, die sie ohne Brille sehen konnte. Mit wem er da kommunizierte, wusste Amélie nicht.

Sie blieb still und hielt sich den Eisbeutel ans Gesicht, den Matteo ihr gebracht hatte. Immer noch konnte sie keinen klaren Gedanken fassen. Ihr Kopf dröhnte. Ihr war übel, und sie wusste nicht, wie lange sie das Würgen noch bekämpfen konnte.

Seit Licht durch das Fenster fiel, konnte Amélie mehr von dem Raum sehen, in den Matteo sie gebracht hatte und der viel größer war als gedacht. Alles war ein einziges Durcheinander. Hier stand etwas Gebogenes wie ein Lampenschirm, dort ein rechteckiges Irgendwas mit farbenfrohem Gekritzel drauf, weiter hinten Stühle, dazwischen große Pakete. Amélie dachte an eine Abstellkammer, in der nichts eine Ordnung hatte, was sie an etwas aus ihrem früheren Leben erinnerte. Aber sie kam nicht drauf und wollte sich auch keine besondere Mühe geben. Weil sie ahnte, dass die Vergangenheit sie ohnehin wieder einholen würde.

Nicht nachdenken, zwang sie sich selbst. Sie wollte nach Hause, in ihre kleine Wohnung, in ihr Bett. Sehnsüchtig dachte sie auch an ihren Dienst im Hotel, an die Routinen, die Erschütterungen der U-Bahn auf dem Weg zur Arbeit. Zweihundertvierundzwanzig hin, hundertachtundneunzig zurück. Hier hingegen gab es nichts, was ihr vertraut gewesen wäre.

Nicht mal Matteo.

Sie nahm den Eisbeutel vom Kopf und schob ihn sich unter den Nacken.

Matteo zog den Vorhang weiter auf und kippte das Fenster. Er sah hinaus. Amélie hörte, wie draußen ein Wagen vorbeifuhr. Dann drehte Matteo seinen Kopf zu ihr. Trotz ihrer Sehschwäche bemerkte sie, wie blass er war. Hatte er womöglich Angst? Amélie hatte ihn noch nie so gesehen. Matteo war immer der Draufgänger gewesen. Der vor Gesundheit strotzende, unerschrockene, kreative Lockenkopf. Der Schwarm der Mädchen.

Doch nun war er ganz anders.

»Alles wird gut«, sagte er, und selbst Amélie erkannte, wie wenig überzeugend er sich anhörte. Worauf wartete er? Auf wen? Auf seinen Engel? Oder auf ihren – wer auch immer es war?

Maestro Arturo, überlegte sie. Es ergab überhaupt keinen Sinn mehr, dass ausgerechnet er diesen Brief an sie geschrieben haben sollte. All die Jahre war sie ihm egal gewesen. Kein einziges Mal hatte er sie besucht oder sonstwie versucht, Kontakt aufzunehmen. Maestro Arturo war zu einer der größten Enttäuschungen ihres Lebens geworden.

»Auf wen wartest du?«, fragte sie Matteo. Mit ihrem geschwollenen Gesicht schmerzte jedes Wort und hörte sich komisch an, war aber deutlich genug, um es verstehen zu können.

»Es dauert nicht mehr lange. Du bist in Sicherheit.«

»Wo bin ich denn?« Ihre Stimme brach. Es klang verzweifelter als beabsichtigt.

Matteo schwieg und drehte seinen Kopf weg. Dann tippte er wieder auf seinem Handy herum.

Amélie schloss die Augen, legte den Eisbeutel aufs Gesicht zurück und versuchte, sich zu entspannen – was nur halb gelang. Schnell tauchten alte Bilder in ihrer Erinnerung auf …

Sie im Sommerkleidchen, wie sie aufgeregt nach unten lief, in der Dunkelheit, durch die Wiese …

… Gras, das sie an ihren Beinen spürte …

… das Steinhaus, in dem sie sich mit Serena verabredet hatte …

Amélie hielt die Luft an. Sie meinte fast, den Steinbau betreten zu können, so plastisch erschien nun alles. Amélie wollte nicht zurückdenken. Doch das war ihrem Gedächtnis egal. Nun, da der Bann gebrochen war, hielt nichts mehr das Erlebte zurück.

Der Blick zum Schloss hoch. Die Turmuhr, die ein Uhr früh schlug.

Das Stöhnen eines Menschen.

Die Tür und das Schleifgeräusch, das sie beim Öffnen machte.

Wieder dieses Stöhnen …

Doch es kam nichts weiter.

Da klingelte Matteos Handy. Er ging dran und sprach mit jemandem. Auf Englisch. Ihre Sprachkenntnisse waren zwar eingerostet, aber manche Brocken schnappte sie dennoch auf.

Sie ist hier bei mir, verstand sie. *Wo bist du jetzt?* Und dann: *Wo sind die anderen?*

»Welche anderen?«, fragte Amélie, nachdem er aufgelegt hatte.

»Hm?«, machte er.

Sie nahm den Eisbeutel weg und sah zu ihm hin. »Welche anderen hast du gemeint? Die anderen Schüler? … Wer hat Liv umgebracht? Was hat sie denn getan?« Plötzlich sprudelten die Fragen nur so aus ihr heraus.

Matteo kam und setzte sich an ihre Seite. »Psch … bald wirst du alles verstehen. Beruhige dich jetzt. Du bist hier in …«

»Welche anderen?«, fuhr sie ihm ins Wort.

Er seufzte schwer. »O'Leary wird bald hier sein«, sagte er und zog die Mundwinkel hoch.

Amélie erschrak zuerst, als sie den Namen hörte. O'Leary … Professor O'Leary? Ausgerechnet er? Sie erinnerte sich noch gut an seinen vollgeramschten Raum unter dem Dach des Castello Farini. Und an seinen wunderbaren Unterricht …

Beim Gedanken an ihn wurde ihr leichter. Keinem anderen Menschen hätte sie mehr vertrauen können als ihm, dem besten Lehrer auf der Welt. Sie wusste instinktiv, dass er ihr niemals ein Haar krümmen würde.

Sie war tatsächlich in Sicherheit.

Genau wie Matteo es ihr versprochen hatte.

66

DEN HAAG

Inga Björk

Sie waren wieder zurück in Brüssel, in jenem Verhörraum der Police Fédérale, in dem Björk in den Morgenstunden noch Stern und dem belgischen Kriminalbeamten gegenübergesessen hatte.

Nun waren die Vorzeichen verdreht. Stern war neben ihr, und ihnen gegenüber saß Claire Weidemann und beantwortete keine einzige der vielen Fragen, die Stern und Björk ihr stellten.

»Warum sind Sie verschwunden?«

»Was wollten Sie in Holland?«

»Kennen Sie Christian Brand?«

»Warum mussten Ihre ehemaligen Schüler sterben?«

»Wollten Sie Christian Brand ebenfalls töten?«

»Wieso ist seine Verbindung zur Schule ein Geheimnis?«

»Wo sind die restlichen Schüler?«

»Was sollten die Zitate?«

Egal, wie sie es versuchten, alles perlte an Weidemann ab wie an einem Regenschirm. Björk hatte schon oft mit Psychopathen zu tun gehabt und glaubte fast, vor einem zu sitzen. Sollte Weidemann doch Empathie besitzen, so musste sie ihre Gefühle unglaublich gut kontrollieren können. Sie machte das perfekte Pokerface und verlangte nicht einmal nach einem Anwalt.

Björk, die mit jeder Minute des Schweigens mehr an die Schuld Weidemanns glaubte, hätte die weiteren Erhebungen am liebsten von ihren Kollegen bei Europol erledigen lassen. Der Gedanke an ihre vier Wände in Den Haag und vor allem an ihr Bett wurde mit jedem unterdrückten Gähnen verführerischer. Aber um sich Ruhe gönnen zu können, musste sie sich zuerst ganz sicher sein – am besten durch ein Geständnis Weidemanns.

»Wieso haben Sie sie umgebracht?«, probierte Björk es wieder, lauter und unfreundlicher als bisher – aber mit dem gleichen Ergebnis.

Da klingelte ihr Handy. Sie kramte es hervor, sah aufs Display – und war plötzlich nervöser, als sie zugegeben hätte.

Es war Brand.

»Ja?«, ging sie dran, noch bevor sie draußen auf dem Gang war. Sie fürchtete, zu aufgeregt zu klingen, weshalb sie ein launiges »Was gibt's?« nachschickte.

Brand hielt sich nicht mit Begrüßungen auf. Er sprach schnell und ausführlich. Er erzählte von einer geplanten Ausstellung seiner Werke, von J. R. R. Tolkiens Zitat und von John Ronald, seinem Aussteller, der mit Sicherheit einen Deckname benutzte. Ebendieser John Ronald habe schon zuvor ein Frühwerk von Brand im Schloss in Bologna platziert, was Brand an sein Gymnasium in Salzburg geführt hatte, wo er draufkam, dass er ans Institut für Hochbegabung hätte wechseln sollen – was aber einer seiner damaligen Lehrer verhindert hatte …

Björk war von der Fülle an Informationen überfordert. Also beschränkte sie sich auf das Wesentliche. »Sie haben eines Ihrer Bilder im Castello Farini entdeckt? Während wir dort waren? Warum haben Sie nichts gesagt?«

»Hören Sie, Björk, es tut mir leid, dass ich Sie nicht eingeweiht habe, aber nachdem der Täter sich bisher immer nur an mich …«

»Okay, okay«, unterbrach sie ihn und schloss die Augen. In Gedanken reiste sie in Weidemanns Wohnzimmer zurück. Sie sah Brands Bild an der Wand.

Ein Bild in Bologna, eines in Brüssel … und Weidemann als Bindeglied?

»Wir müssen herausfinden, wo meine Ausstellung stattfinden sollte«, drängte Brand.

»Sie wissen nicht, wo Ihre eigene Ausstellung stattfindet?«

Brand rechtfertigte sich mit einem Pop-up-Event und spontaner Kunst, was Björk unwillkürlich die Augen verdrehen ließ. Dann nannte er ihr noch einen Namen. Björk konnte ihn zuordnen, noch bevor sie irgendetwas Näheres von der Frau wusste. Weil sie den Anblick ihres nackten Körpers in Brands Wohnung noch lebhaft vor Augen hatte.

Die junge Frau mit den asiatischen Zügen und der makellosen Gestalt hieß also Mailin Ho.

»Wo sind Sie jetzt?«, fragte Björk, die sich verbot, über die Gefühle nachzudenken, die hochkamen.

»Schon unterwegs.«

»Hören Sie zu, ich bin in Brüssel.«

»Was? Dann fahren Sie sofort nach Den Haag zurück und …«

»Beruhigen Sie sich, Brand«, unterbrach sie ihn wieder. »Ihrer Freundin passiert schon nichts. Ich denke, ich weiß bereits, wer Ihr John Ronald ist.«

Brand wollte mehr erfahren, doch Björk vertröstete ihn und beendete das Gespräch. In Gedanken hatte sie aus Brands Bildern, die in Bologna und Brüssel aufgetaucht waren, längst die Indizienkette geknüpft, die Weidemann dingfest machen sollte.

Sofort kehrte sie in den Vernehmungsraum zurück, setzte sich aber nicht hin, sondern blieb seitlich am Tisch stehen.

»Wie war eigentlich Ihr Verhältnis zueinander?«, fragte sie beide zugleich.

Stern sah zu ihr auf wie ein geprügelter Hund. Björk wusste, dass der Grat zwischen schuldbewusster Ergebenheit und blinder Wut ein schmaler sein konnte. Sie durfte den Bogen nicht überspannen. Sie glaubte kaum, dass Stern mit Weidemann unter einer Decke steckte, was die Mordfälle betraf. Doch sie musste endlich wissen, was die beiden verband.

Stern zögerte noch ein paar Sekunden länger, bevor er seinen Blick abwandte und zur Wand sagte: »Wir arbeiten … arbeiteten vor einer Weile zusammen.«

Björk staunte. »Für den Nachrichtendienst?«

»Wir sollten das nicht hier ausführen«, entgegnete Stern und deutete zum großen Spiegel hin, hinter dem sonstwer stehen und mithören konnte.

»Dann geben Sie mir irgendwas, was mich Ihre Rolle verstehen lässt«, forderte Björk.

Stern nickte. »Wir waren auf der Suche nach Florentin Heintz und stolperten über seine Vergangenheit in Bologna. So kamen wir unter anderem auf Claire … und auf Christian Brand, der bereits in dem Fall ermittelte.«

»Seit wann kennen Sie Christian Brand, Frau Weidemann?«, fragte Björk.

Die ehemalige Schulleiterin blieb bei ihrer Schweigetaktik und sah nicht einmal zu Björk auf.

»Hallo? Hören Sie mich? Christian Brand!«

»Das bringt nichts«, raunte Stern.

»Sag mir nicht, was etwas bringt … Was hat sein Bild in Ihrem Wohnzimmer zu suchen, Frau Weidemann? Oder sollte ich lieber John sagen? … John Ronald?«

Erstmals zeigte Weidemann eine Regung. Ihre Mundwinkel zuckten. Stern, der natürlich bloß Bahnhof verstehen konnte, blieb still.

»Sie sind John Ronald«, sagte Björk ihr auf den Kopf zu. »Sie haben Brand in diesen Fall hineingezogen und uns als Sündenbock präsentiert, bevor Sie nach Den Haag wollten. Warum? Und wo steckt Mailin Ho? Reden Sie endlich!«

Weidemann schnaubte bloß.

»Wie Sie wollen«, sagte Björk und holte ihren Laptop. Sie klappte ihn vor Weidemann auf und öffnete einen Ordner – jenen mit den Bildern der Toten und den Namen, die auf ihren Hüllen hinterlassen wurden.

»Ihre Schüler mussten sterben, einer nach dem anderen. Maarja Lubarska, Reto Schuler, Liv Persson – und Florentin Heintz beinahe. Sehen Sie genau hin. Hier, die Signaturen auf den Skulpturen: Albert, Magnus, Stephen. Für Heintz sollte es wohl J. R. R. Tolkien sein, oder *John Ronald*? Was wollten Sie Brand damit sagen? Und womit haben Ihre Schüler dieses Schicksal verdient?«

Weidemann blieb still. Aber Björk glaubte zu erkennen, dass sie mit den Schülern auf dem richtigen Pfad war.

»Was ist mit Amélie Leclerc?«, fuhr Björk fort, »wo steckt sie? Wieso ist sie verschwunden? Wer sonst steht noch auf Ihrer Liste? Mailin Ho?«

Plötzlich regte sich Weidemann doch. Sie beugte sich vor und legte den Zeigefinger der rechten Hand auf die Tastatur, um zu einem der Bilder zurückzugehen – jenem, das den Briefumschlag des Schachkönigs zeigte. »Das ist nicht möglich.« Sie zog die Hand zurück und legte sie vor ihren Mund, als könnte sie etwas nicht fassen.

»Was hat es mit diesem Umschlag auf sich? Erkennen Sie ihn?«

Es schien fast so, als würde Weidemann zittern.

Björk beschloss, aufs Ganze zu gehen. »Wie fühlt es sich an, die Toten noch mal zu sehen, Frau Weidemann? Regt sich doch noch ein Gefühl in Ihnen? ... Sie haben sie getötet! Sie sind ...«

»Halten Sie endlich den Mund«, fuhr Weidemann sie an, bevor sie ihre Hände wieder ausstreckte und auf die Tastatur legte. Doch sie zögerte neuerlich und schien angestrengt zu grübeln. Dann nahm sie ihre Hände wieder weg.

»Ich weiß, mit wem Sie reden sollten ... Aber ich werde nicht öffentlich aussagen«, sagte sie. »Ich will, dass mein Name rausgehalten wird und auch in keine Akte kommt.«

Björk glaubte, nicht recht zu hören. »Da draußen sterben Ihre Schüler, und Sie interessiert bloß Ihr öffentlicher Ruf?«

»Ich werde dafür sorgen«, sagte Stern ruhiger. »Aber dafür musst du uns den Namen geben. Und zwar jetzt, Claire.«

Weidemann zögerte noch mehrere Sekunden, bevor sie etwas in Björks Laptop eintippte.

Ganz oben auf der Suchergebnisseite erschien ein Foto. Björk sagte es nichts. Jedenfalls nicht beim ersten Hinsehen.

Oder doch, grübelte sie und konnte die Augen nicht davon abwenden. Irgendetwas Vertrautes lag in diesen Zügen …

Björk wusste, dass ihre Spezialfähigkeit oft zu Täuschungen führte. Weil es eben nur so und so viele Typen von Menschen und Gesichtszügen gab. So unverwechselbar sie in ihrer Kombination auch sein mochten, ordnete man sie im Einzelnen doch immer wieder den falschen Personen zu. Wie bei diesem Mann hier …

Und doch war es mehr als nur eine Ähnlichkeit, die sie an eine andere Person erinnerte. Zeile für Zeile baute sich das Bild dieses Menschen vor ihrem inneren Auge auf, wie bei einem alten Computerdrucker – bis Björk plötzlich wusste, an wen sie dieses Gesicht denken ließ.

Ihre Arme kribbelten vor Erregung, als sie den Laptop zu sich zog und das Foto einer weiteren Person aufrief, das sie neben das Bild in der Suchmaschine zog.

»Din jävla jävel!«, fluchte sie.

Sie hatte den *verdammten Mistkerl* gefunden, und sein Motiv gleich dazu.

67

LISSABON – vor drei Jahren

Maarja Lubarska

Seite an Seite betraten sie das brandneue Forschungsinstitut. Maarja hatte es sich nicht nehmen lassen, *Albert* persönlich vom Flughafen abzuholen. Er hatte sie sofort entdeckt und mit einem breiten Lächeln empfangen. Er nahm sie in die Arme, fern jeglicher Distanz, die er zu Schulzeiten in Bologna immer gewahrt hatte.

Die Fahrt hierher war dann reservierter verlaufen. Maarja wusste nicht, womit sie anfangen sollte. Und vielleicht war es umgekehrt genauso, weil auch er sich auf Small Talk beschränkte.

Dann war der neue Prunkbau vor ihnen aufgetaucht und hatte ihm ein erstauntes »Jetzt sieh dir das an!« entlockt, was sie zum Lachen gebracht und die Anspannung gelöst hatte.

Maarja führte ihren Gast durch die Einlasskontrollen des Instituts und half ihm dabei, den Besucherausweis an sein Jackett zu heften. Dann gingen sie zu den Labors, die durch die Sichtfenster im Besucherbereich beobachtet werden konnten.

»Hier ist unsere neue Versuchsstraße für individuelle Messenger-Therapieansätze.«

Er sah eine Weile interessiert zu, bevor er Maarja fragte: »Krebs?«

Sie nickte. »Genau. Leider gibt es keine Standards. Jeder Patient …«

»Hat seine eigenen Tumorzellen, die erkannt und markiert

werden wollen«, vervollständigte er. »Ich habe sehr viel darüber gelesen.«

»Natürlich«, sagte sie. Klar wusste er Bescheid. Schließlich hatte er ihr in seinen Briefen die Rutsche zu allem hier gelegt.

»Aber käme diese Technik nicht um Jahre früher als erwartet?«, sprach er weiter. Kurz zuckte sein Gesicht, was Maarja nicht einordnen konnte. Weil es fast bitter wirkte und nicht zu der Bewunderung passte, die in seinen Worten mitschwang.

»Die Anpassung an den Einzelnen bleibt die große Herausforderung der Onkologie«, sagte sie. »Woran wir also arbeiten, sind Standardprozesse für nichtstandardisierbare Lösungen.«

»Der Maßanzug von der Stange?«

»So könnte man es sagen.«

Immer wenn Maarja über ihr wichtigstes Projekt sprach, wurde ihr die Bedeutung ihrer Arbeit so gegenwärtig, dass sie davon Gänsehaut bekam. Schon in wenigen Jahren konnten Lungenkarzinome, Prostatakrebs und andere Formen der heimtückischen Krankheit eine zwar lästige, aber keinesfalls tödliche Diagnose bedeuten.

»Ein paar Jahre wird es wohl trotzdem noch dauern«, sagte sie.

»Tja, wer will schon ewig leben?«

Verwirrt sah sie ihn an. Er lächelte – und sie spiegelte seinen Ausdruck. Natürlich hatte er den Satz nicht ernst gemeint. Wie früher war ihm nur daran gelegen, sie herauszufordern. Die Dinge zu Ende zu denken und Maarja trotzdem zu Höchstleistungen anzuspornen.

»Wer ewig leben will, der soll es können«, entgegnete sie, und er nickte zufrieden.

Auch wenn sich die Fältchen um seine Augen deutlicher abzeichneten, sah er immer noch genau so aus, wie sie ihn in Erinnerung hatte. Manchen Menschen schien die Klugheit ins Gesicht geschrieben zu sein, anderen die Freundlichkeit und wieder anderen die Verantwortung, die auf ihren Schultern lastete. All das sah sie bei ihm vereint.

»Die Aktionäre werden begeistert sein«, sagte er.

Jetzt musste sie wieder lachen. »Da täuschen Sie sich. Wenn die Abläufe erst einmal stimmen, lässt sich das Verfahren beliebig skalieren. Mit der Zahl der Anwendungen sinkt auch der Preis. Die Patente, die wir hier entwickeln, gehören der Europäischen Union – und damit uns allen.«

»Wir werden sehen«, sagte er. Eine weitere Pause entstand. Vor ihren Augen hantierten die Mitarbeiter im Labor mit Geräten, die teils Hunderttausende Euro kosteten. Maarja wusste, dass alles hier ein Preisschild trug. Aber sie hatte sich fest vorgenommen, ihr Talent zum Wohle aller einzusetzen und darauf zu achten, dass die Forschungseinrichtung ihrer Gründungserklärung gerecht wurde: der Menschheit zu dienen. Insgeheim wünschte sie sich, dass die Patente für die ganze Welt freigegeben würden. Doch sie war abgeklärt genug, um zu verstehen, dass die Welt noch nicht so weit war.

»Du wolltest mir etwas erzählen?«, kam er ansatzlos zum Thema.

Maarjas Puls schnellte in die Höhe. Ihre Beine kribbelten, als sie daran dachte, was sie ihm angekündigt hatte. Nun war es also so weit.

»Gehen wir doch in mein Büro«, sagte sie und schritt mit wackeligen Beinen voran.

Nachdem sie dort angekommen waren und die erwartbaren Floskeln und Höflichkeiten ausgetauscht hatten – er bewunderte den Raum und wollte weder Kaffee noch etwas anderes zu trinken –, saßen sie sich gegenüber.

»Danke für Ihre Briefe«, begann sie. »Ich weiß, dass ich nicht die Einzige bin, die sie bekommt. Sie helfen uns allen weit über die ehemalige Schule hinaus. Sie sind für uns wie ein … ein Engel.«

Er hörte aufmerksam zu. Dann schüttelte er unmerklich den Kopf.

»Doch, so ist es!«, bestand sie darauf. »Ohne Ihre Hilfe hätte ich niemals geschafft, was Sie hier …«

»Schon gut«, unterbrach er sie. Wieder zuckte sein Gesicht. Hatte er Schmerzen? »Du sagtest, dir laste etwas auf der Seele. Ein Schatten?«

Er sah sie erwartungsvoll an.

Maarja suchte nach einem Ausweg, nach etwas, das sie hätte vorschieben können. Doch da gab es nichts mehr.

Leise fing sie an: »Damals, bevor das Institut geschlossen wurde, gab es dieses … Ereignis.«

»Den Mord an Serena Philips«, sagte er fest. »Eine tragische Sache. Aber niemand kann ändern, was damals geschehen ist.«

Das war so typisch für ihn. Er versuchte stets, sein Gegenüber leben zu lassen. Aber Maarja wollte keinen Ausweg mehr. Jeder Versuch, die Sache zu umschiffen, hatte die Last auf ihren Schultern bloß anwachsen lassen.

»Das stimmt so nicht«, sagte sie und starrte durch die gläserne Schreibtischplatte auf den edlen Steinboden. Die Szenen von damals tauchten wieder vor ihrem inneren Auge auf.

»Was stimmt nicht?«, fragte er.

Maarja hatte sich die Worte tausendmal zurechtgelegt. Doch nun schienen sie ihr im Hals stecken zu bleiben. Tränen stiegen ihr in die Augen.

»Was stimmt nicht?«, wiederholte er und klang dabei härter.

»Amélie«, sagte sie und stockte wieder.

»Was ist mit Amélie? … Maarja, Amélie hat für den Mord gebüßt. Das Gericht hat ihre Schuld festgestellt – welchen Grund soll es geben, daran zu zweifeln?«

Sie schämte sich so sehr, dass es wehtat. »Wir waren alle noch so jung«, erklärte sie. »Ich war verliebt … und dumm.«

»Was soll das heißen? Willst du mir etwa sagen, dass du Serena …«

»Nein, nein!«, wiegelte sie ab. »Ganz bestimmt nicht!« Sie verzog das Gesicht und weinte offen, hoffend, gleich seine Hand zu spüren, die er tröstend auf ihren Rücken legte. Doch sie wartete vergeblich.

Als sie schniefend wieder aufsah, saß er mit unverändertem Gesichtsausdruck da und wartete.

Dann begann sie zu erzählen, was sie von jener verhängnisvollen Nacht wusste, und rechtfertigte ihren Anteil daran mit ihrer grenzenlosen Naivität.

Er hörte aufmerksam zu. Stellte Rückfragen. Zeigte Verständnis für die Sorgen und Nöte ihres jüngeren Selbst.

Dann, als alles gebeichtet war, erwartete sie still ihre Buße. Die Last war von ihren Schultern. Endlich gab es nichts mehr, was zwischen ihnen stand. Doch was würde er jetzt von ihr verlangen? Würde er wollen, dass sie aussagte? Dass der ganze Fall nochmals aufgerollt wurde? Dass noch mehr Leben zerstört wurden für etwas, was ein gefühltes Menschenleben weit zurücklag?

Maarja nahm ihren Mut zusammen, sah auf – und war überrascht: Die Härte war aus seinem Gesicht gewichen, und die Fältchen um seine Augen herum hatten sich wieder vertieft. »Danke, dass du so offen warst, Maarja«, sagte er. »Du hast mich nie enttäuscht. Ich wusste immer, es würde der Tag kommen, an dem du dein Gewissen erleichtern würdest.«

»Sie … Sie wussten davon?«, staunte sie.

»Natürlich wusste ich davon. So wie jeder gute Lehrer weiß, was seine Schüler bewegt. Doch niemand kann ungeschehen machen, was damals passiert ist.«

»Warum haben Sie denn nie etwas gesagt?«

Er machte eine längere Pause, verzog kurz das Gesicht und drückte sich in den Bauch, bevor er sagte: »Würde es die Welt besser machen, wenn man ihr das Talent entzieht?«

Sie schüttelte den Kopf. Seine Abgeklärtheit war erstaunlich, und sein moralisches Urteil gab ihr augenblicklich Halt. »Wie geht es jetzt weiter?«, fragte sie.

»Jetzt, Maarja«, sagte Professor Dorian O'Leary auf seine unverwechselbare Art, »wollen wir die Menschen da draußen unsterblich machen.«

68 KURZ VOR DEN HAAG

Inga Björk

Schnell fuhren sie auf Den Haag zu, eskortiert von einem Einsatzwagen der belgischen Polizei. An der Grenze hatten die Kollegen bereits gewartet und das niederländische Begleitfahrzeug abgelöst – was so ziemlich das Einzige gewesen sein dürfte, was in diesem Fall bisher reibungslos funktionierte. Mit dem Dauerblaulicht vor ihnen und den Pferdestärken des Audi A8 erreichten sie eine Fahrzeit, die Normalsterblichen niemals möglich gewesen wäre – und doch ging es Björk viel zu langsam. Sie musste schnellstmöglich zur Adresse, an der ihre Zielperson gemeldet war. Außerdem musste sie mit Brand sprechen und konnte nicht. Aus irgendwelchen Gründen war sein Handy wieder aus oder in einem Gebiet ohne Mobilfunkempfang. Dabei musste sie ihm unbedingt sagen, wer hinter dem Pseudonym seines Veranstalters steckte – und ihn fragen, ob er diese Person vielleicht kannte.

Vorne auf dem Beifahrersitz saß Stern und versuchte, irgendwen bei Europol in die Leitung zu kriegen. Es schien, als wäre es wesentlich leichter gewesen, Brand und sie unter falschem Verdacht vom Fall abzuziehen, als ihnen den Fall wieder zurückzugeben. Björk war nur recht, dass er jetzt gegen die Windmühlenflügel kämpfte, mit denen sie es in ihrer täglichen Arbeit immer wieder zu tun hatte. Dabei war das Einzige, was jetzt noch zählte, den Täter zu stoppen.

»Was war mit diesem Brief?«, fragte sie Weidemann.

»Welchem Brief?«

»Sie haben eindeutig auf das Foto mit dem Briefumschlag aus Salzburg reagiert. Sie sagten sinngemäß, dass das nicht sein könnte. Sie haben den Brief erkannt, nicht wahr? Oder ging es um den Namen, der drauf stand? Magnus?«

Weidemann schwieg.

Björk dachte an die Zitate und ihre berühmten Urheber. An Albert. Magnus. Stephen. Und John Ronald …

»Wie können Sie von Magnus oder diesem Brief wissen und dabei nicht John Ronald sein?«

Auch Gustav Stern wandte sich nun um und sah Weidemann erwartungsvoll an.

Weidemann starrte in die Landschaft hinaus.

»Haben Sie diesen Briefumschlag beschriftet?«, drängte Björk.

»Blödsinn.«

»Dann erklären Sie mir, was Sie sich sonst gedacht haben, als Sie diese Aufnahme gesehen haben.«

Weidemann verschränkte die Arme und fiel in ihre Verweigerungshaltung zurück.

Björk ahnte, dass sie den Bogen nicht überspannen durfte – andererseits drängte die Zeit, und es gab noch tausend andere Dinge zu klären. »Was von dieser Geschichte wohl alles in den sozialen Medien landen wird?«, fragte Björk rhetorisch und ließ keinen Zweifel daran, dass sie notfalls nachhelfen würde, Weidemann ins Gespräch zu bringen.

»Das wagen Sie nicht!«, zeterte diese und starrte Björk wütend an. Nun setzte Björk ihr Pokerface auf, während Weidemann die Selbstkontrolle verlor. Ihr guter Ruf schien ihr über alles zu gehen.

Aber da war noch mehr. Es wirkte fast, als hätte sie panische Angst vor jeder Öffentlichkeit. Aber warum? Was konnte so schlimm sein, dass man so paranoid wurde?

»Sie kennen entweder diesen Umschlag oder den Namen Magnus – oder beides«, sagte Björk ruhiger. »Ich weiß es, Stern weiß es, unser Fahrer weiß es. Ihre Entscheidung, was weiter mit diesem Wissen geschieht.«

Weidemann starrte Björk noch ein paar Momente länger wütend an. Dann senkte sie ihren Blick und richtete ihn auf ihre Hände. Sie rieb sie langsam, als müsste sie sich diesen Moment der Zärtlichkeit gönnen, bevor sie etwas sagen konnte.

»Es stimmt ... ich habe die Briefe geschrieben«, fing Weidemann an, »an meine ehemaligen Schüler. Ich habe Pseudonyme benutzt.«

»Warum Pseudonyme?«

»Weil ich nicht wollte ... ich musste vermeiden, dass jemand ...«, stammelte sie.

»Dass es jemand weiß?«

»Ja.«

»Warum?«

Sie schwieg.

Björk machte anders weiter. »Dann sind Sie also Albert, Magnus, Stephen ... und John Ronald?«

»Nicht John Ronald«, blieb sie dabei. »Ich habe weder etwas mit John Ronald noch mit den Statuen zu tun.«

»Sondern?«

Wieder sagte Weidemann nichts.

Björk dachte an das Ereignis zurück, von dem alle Fäden auszugehen schienen. »Was ist damals wirklich passiert, Frau Weidemann?«

»Was meinen Sie?«

»Den Mord an Serena Philips.«

»Das wissen Sie doch. Amélie Leclerc wurde dafür ...«

»Und was ist *wirklich* passiert?«, fiel Björk ihr ins Wort. »Wieso musste das Institut danach schließen? Weshalb verstecken Sie sich seither vor der Öffentlichkeit? Und wieso schreiben Sie anonyme Briefe an Ihre ehemaligen Schüler?«

Im selben Moment bremste der A8 scharf ab und kam nur wenige Zentimeter vor der Stoßstange des Polizeiautos vor ihnen zum Stehen.

»Wir sind da«, sagte der Fahrer.

»Du bleibst hier«, gab Stern zu Weidemann zurück und befahl dem Mann am Lenkrad, auf sie aufzupassen. Dieser nickte.

Björk stieg aus und legte den Kopf in den Nacken. Am Gebäude gab es kein Schild mit der Straßennummer, doch sie hatte es sich vorhin schon in der 3D-Ansicht von Google Maps angesehen.

Unterstützung war keine zu erwarten. Sie hatten darauf verzichtet, welche anzufordern. Wer eine Serientat wie diese plante, rechnete mit allem und würde auf einen großen Bahnhof mit noch größeren Maßnahmen reagieren. Die Bombe in dem Pariser Vorort war Warnung genug gewesen.

Das Viertel, in dem sie sich nun befanden, erinnerte Björk an diesen Vorort. Sie kannte Den Haag mittlerweile gut, war aber noch nie hier gewesen. Es war untypisch, so knapp am Stadtzentrum frei stehende Gebäude zu sehen. Üblicherweise wurden die Wohnhäuser hier in schier endlosen Zeilen aneinandergebaut.

Kinder spielten in der Nähe. Björk konnte sie bloß hören.

Das Haus wirkte schlicht und vernachlässigt. Wie üblich war es aus Klinkersteinen gemauert, die nicht verputzt waren. Die Fenster waren schmutzig, und die Farbe blätterte ab. Verwittertes Laub lag auf dem Rasen und deutete darauf hin, dass sich seit einigen Monaten niemand mehr um die Erhaltung des Objekts gekümmert hatte.

»Sie bleiben hier«, gab Björk den Polizisten zu verstehen, die sie eskortiert hatten. »Sorgen Sie dafür, dass es keine Überraschungen gibt. Los, Gustav!«, sagte sie zu Stern, während sie noch schnell ihr Handy auf *Lautlos* stellte. Der Geheimdienstmann zog seine Waffe und duckte sich, was ihn wie einen Amok laufenden Familienvater wirken ließ.

Zielstrebig schritt Björk die Einfahrt hoch und behielt dabei die leeren Fenster im Blick. Nichts rührte sich, bis sie an der massiven Eingangstür waren. Björk klingelte und stellte sich seitlich an den Rahmen, genau wie Stern.

»Probier es noch mal«, sagte er ein paar Momente später.

»Das bringt nichts. Versuchen wir es hinten«, entgegnete Björk.

Stern besah die Tür, die nicht wirkte, als wäre sie mit einfachen Mitteln zu öffnen – und nickte.

Hinten am angebauten Garagengebäude waren sie vor neugierigen Blicken geschützt. Es gab hier einen kleinen gepflasterten Hof, aber leider keine Zugangstür zum Wohngebäude. In einem schmalen Streifen Wiese lag altes, verwittertes Gerümpel.

»Vielleicht schaffen wir's durch die Garage rein«, sagte Stern, fasste an den Torgriff und rüttelte und zog daran, bevor Björk ihn zur Vorsicht mahnen konnte. »Verschlossen«, kommentierte er und rückte wieder vom Garagentor ab.

Björk entdeckte ein Fenster an der Seite des Anbaus. Die Verglasung ließ zwar Licht durch, aber keine neugierigen Blicke, wie bei den Glasmauern, die man früher oft in Innenräumen sah. Der Rahmen wirkte schwach und verzogen. Ein tiefer Riss zog sich durch das Holz, eine Ecke hatte sich nach außen gebogen. Björk legte ihre Finger in den Spalt und zog, woraufhin es knackte. Aber nichts gab nach. Sie vergrößerte den Krafteinsatz und schaffte es, den Rahmen einen Zentimeter weiter aufzuziehen – doch dann war Schluss.

»Lass es uns damit versuchen«, sagte Stern und zeigte ihr eine Eisenstange, die er von verwittertem Gras und Erde befreite.

Er musste sie unter dem Gerümpel gefunden haben, das in der Wiese lag.

Björk trat einen Schritt zurück und ließ ihn machen. Stern schob die Stange in den Spalt und probierte eine Weile, bis er endlich einen Ansatzpunkt fand und den Fensterrahmen mit Leichtigkeit zum Bersten brachte. Das Glas fiel heraus und zersprang auf den Betonsteinen zu ihren Füßen, womit auch der letzte Rest von Heimlichkeit dahin war. Aber das war jetzt egal.

Björk leuchtete mit der Handytaschenlampe ins Innere. Ein dunkler, schmutziger Transporter stand in der Garage. Sonst sah sie das, was man in Gebäuden dieser Art erwarten konnte: Fahrräder, Werkzeug, Gartenschlauch, Ölkannen und Sachen, für die im Wohnhaus kein Platz mehr war. *Na dann*, dachte sie, stemmte sich hoch und mühte sich als Erste durchs Fenster.

Sie ging zur Beifahrertür des Fahrzeugs. Es war einer von Millionen Kastenwägen, die nur vorne Fenster hatten und vorwiegend von Handwerksbetrieben eingesetzt wurden. Sie griff an die Motorhaube, die kalt war. Dann besah sie die Vorderseite.

»Ein Italiener?«, fragte Stern, der es inzwischen auch hereingeschafft hatte und hinten am Wagen war.

Ein Italiener, dachte Björk, die im selben Moment das Kennzeichen sah. Sofort fielen ihr die Reifenspuren vor dem Castello Farini ein.

»Kann noch nicht lange hier stehen«, sagte sie, als sie die Öllache entdeckte. Es tropfte munter aus dem Motorraum. Sie hielt die Hand hin und merkte, dass das Öl eine Restwärme hatte, die über der Umgebungstemperatur lag. Womit sich ihre Vermutung bestätigte: Wem auch immer dieser Transporter gehörte, konnte ihn erst vor wenigen Stunden hier abgestellt haben.

»Kannst du was über das Kennzeichen herausfinden?«, rief Björk nach hinten.

»Schon dabei.«

»Dann sehen wir uns jetzt das Haus an«, sagte sie, zwängte sich vorne zwischen Fahrzeug und Abstellregal durch und drückte vorsichtig die Zugangstür zum Wohnhaus auf.

69

IM LUFTRAUM ÜBER DEUTSCHLAND

Christian Brand

Brand und Mathias Lackner saßen im Businessjet der Flying Bulls, irgendwo hoch über Deutschland. Obwohl sie mit dem zulässigen Höchsttempo unterwegs waren, würden noch einige Minuten vergehen, bevor sie in den Sinkflug nach Rotterdam übergehen konnten.

Brand merkte, wie ihm die Zeit zwischen den Fingern zerrann. Dabei konnte er noch froh über die kurzfristige Hilfsbereitschaft der Flying Bulls sein, die im Hangar-7 am Salzburger Flughafen untergebracht waren. Der Europol-Jet war als Transportmittel ausgeschieden – schließlich war Brand nicht offiziell im Einsatz. Für Linienflüge oder die Bahn hatte die Zeit nicht gereicht. Also hatte Brand schon befürchtet, niemals rechtzeitig in Den Haag anzukommen und bloß aus der Ferne zur Klärung des Falls beitragen zu können.

Doch Mathias Lackner kannte nicht nur die Flying Bulls, sondern auch deren Chefpiloten, der sich spontan für einen Einsatz im Dienste der Gerechtigkeit begeistern ließ. Einen Anruf im Hauptquartier von Red Bull später hatten sie das Okay, und nur kurz darauf waren sie schon in der Luft. Obwohl die Maschine schneller war als jene von Europol, ging es Brand viel zu langsam. Er machte sich riesige Sorgen um Mailin, die er vor dem Abflug nicht erreichen konnte. Er hatte es zahlreiche Male probiert und ihr auf die Mailbox gesprochen – ohne Erfolg.

Brand hätte sich ohrfeigen können. Er hatte Mailin direkt in die Höhle des Löwen geschickt, mit seinen dämlichen Bildern im Gepäck. Sein Gegenspieler hatte von Anfang an gewusst, welche Knöpfe er drücken musste, um Brand nach seiner Pfeife tanzen zu lassen – und mit der Kunstausstellung vor der Nase hatte Brand nur allzu gerne mitgemacht. »Idiot!«, schimpfte er sich selbst mit zusammengebissenen Zähnen. Wäre er doch bloß schon in Den Haag!

Er hörte Lackner mit den Piloten schäkern, von denen er sich gerade das Cockpit zeigen ließ. Der Fall schien den Salzburger Kollegen kaum zu interessieren. Bestimmt freute er sich darauf, mit Björk den nächsten Abend zu verbringen, gefolgt von der nächsten Nacht …

Aber Brand wusste, dass er sich in Wahrheit nicht über Lackner oder Björk, sondern vor allem über sich selbst ärgerte. Er hätte sich in Bologna nicht von Björk trennen sollen. Er hätte ihr einfach von seinem Bild erzählen können, das er im Keller des Schlosses gefunden hatte.

Jeder einzelne Schritt in diesem verdammten Fall kam ihm langsam wie ein Fehler vor.

70

DEN HAAG

Inga Björk

Ein Schwall abgestandener Luft strömte ihnen entgegen. Das Innere des Wohnhauses war dunkel, weshalb Björk mit der Handylampe in den Gang hineinleuchtete. Sie zuckte zurück, als sie glaubte, die Umrisse einer Gestalt zu sehen. Dabei war es bloß eine mittelgroße Statue, die ihren Schatten an die Wand dahinter warf.

Björk schlich daran vorbei, Stern ihr hinterher. Sie staunte über das viele Zeug, das sich überall stapelte. Bücher, die offensichtlich in kein Regal mehr passten, allerlei Kartons und Krempel, der sorgsam zu beiden Seiten des Ganges aufgeschichtet war, sodass nur noch ein schmaler Spalt übrig blieb, durch den man gehen konnte.

»Ein Messie«, flüsterte Stern.

Björk sah das anders. Alles war zu viel, schien aber eine Ordnung zu besitzen und für den Bewohner von großem Wert zu sein. Bestimmt hätte so mancher Flohmarktspezialist bei diesem Anblick leuchtende Augen bekommen. Wie etwa beim Globus, der in den Gang hineinragte – er musste alt sein, war aufwendig gefasst und ließ sich in keiner Weise mit dem billigen Krempel vergleichen, den man heutzutage in Spielwarengeschäften bekam.

»Los, weiter«, drängte Stern.

Sie wandte sich um, legte ihren rechten Zeigefinger an den Mund und schüttelte ärgerlich den Kopf.

»Hier ist doch niemand«, blaffte der Geheimdienstmann und drängte sich einfach an ihr vorbei. Dabei fiel etwas von einem der Stapel. Es war ein altes Buch in einer Sprache, die Björk nicht kannte, ja nicht einmal zuordnen konnte.

»Und wem gehört dann der italienische Wagen draußen?«, zischte sie Stern nach, der schon an der nächsten Tür war und sie aufdrückte. Brand wäre niemals so unvorsichtig gewesen.

Doch Stern hatte erneut Glück: Nichts passierte, und sie blieben allein.

»Jetzt seh sich einer dieses Durcheinander an!«, kommentierte er den Anblick des ersten Raums, denn sie betraten. Es war das Wohnzimmer. Die Regalböden einer Bücherwand bogen sich unter dem Gewicht. Nicht einmal ein schmales Heftchen hätte noch zwischen all die Wälzer gepasst. In einer Ecke stapelten sich lange Rollen, Landkarten vielleicht. Couch und Couchtisch wirkten, als wären sie einem altenglischen Herrenclub gestohlen worden. Eine britische Zeitung lag herum. Björk sah auf das Datum – die Ausgabe war schon mehr als ein halbes Jahr alt.

»Viel Spaß, hier irgendwas zu finden«, plapperte Stern munter weiter und verließ kopfschüttelnd das Zimmer. Björk ärgerte sich erneut über ihn, ahnte aber, dass sie hier drin auf die Schnelle nichts finden würden. Was sie brauchten, war ein Hinweis, wo der Täter steckte.

Also folgte sie Stern.

Er nahm das nächste Zimmer auf der linken Seite. Björk ging rechts in die Küche, wo es nach exotischen Gewürzen roch. Auch hier wirkte nichts, als wäre kürzlich jemand da gewesen.

Was ist mit dem Wagen draußen?, ging ihr wieder durch den Kopf. Er war erst vor wenigen Stunden in die Garage gestellt worden. Vom Täter? Aber wo steckte dieser dann?

Björk trat an den Kühlschrank heran und zog die Tür auf. Das Licht war schwach und der Geruch faulig. Angewidert griff Björk nach einem Joghurtbecher, rechnete mit einem ähnlichen Datum wie auf der Zeitung im Wohnzimmer – und wurde eines Besseren belehrt: Er war erst wenige Tage drüber.

Björk hörte, wie Stern die Treppen nach oben ging. Sie zog ein paar der Schubladen auf und wühlte darin herum, fand aber nichts, was nicht in jeder Allerweltsküche gestanden haben könnte.

Sie wandte sich um, wollte den Raum verlassen – und sah das Foto. Es hing gerahmt an der Wand über dem Esstisch, in einem Winkel, den man nur von dort aus sehen konnte, wo sie gerade stand. Noch bevor sie an die Aufnahme herantreten und sie näher betrachten konnte, wusste sie schon, woher sie stammte und wen sie zeigte. Es war ein Gruppenbild aus Bologna, ähnlich jenem, das Brand und sie in Liv Perssons Sachen in Schweden gefunden hatten. Die Aufnahme hier zeigte aber nicht nur Schüler, sondern auch Erwachsene. Sofort erkannte Björk die inzwischen Verstorbenen wieder: Maarja Lubarska, Reto Schuler, Liv Persson und natürlich die grazile Schönheit Serena Philips. Flankiert wurden sie von Schlossbesitzer Enzo Farini und vermutlich seiner Frau.

Björk erkannte auch Amélie Leclerc, die wieder als Einzige nicht in die Kamera schaute. Sie hatte Serena Philips im Blick, die in der Reihe vor ihr stand, an der Seite des attraktiven Jungen mit Lederjacke und Lockenkopf.

Einem spontanen Impuls folgend nahm Björk das Bild von der Wand. Sie hoffte, etwas auf der Rückseite zu finden und staunte umso mehr, als sich hinter der Aufnahme ein Fach in der Wand verbarg, das einst vielleicht zur Unterbringung von Gewürzen gedacht war.

Darin stapelten sich diverse Schriftstücke, Unterlagen – und Medikamentenpackungen. Ein Blick reichte ihr, um die starken Schmerzmittel zu erkennen, die man nicht mal eben so vom Hausarzt verschrieben bekam.

»Inga!«, rief Stern aufgeregt. Björk legte den Fotorahmen auf dem Esstisch ab und lief los.

»Was hast d…«, unterbrach sie sich selbst, als sie den Raum im oberen Stockwerk betrat. Es sah aus, als hätte Stern gerade eine Art Einsatzzentrale gefunden, mit gleich fünf aneinandergereihten Computermonitoren. Einer davon lief und verlangte nach dem Passwort.

»Irgendwelche Ideen?«, fragte Stern, der die Tastatur an den Rand des Tisches herangezogen und sich leicht nach vorne gebückt hatte.

Björk schüttelte den Kopf und sah sich näher um. Das Zimmer wirkte viel aufgeräumter als der Rest des Hauses. An einer Wand stand eine Couch mit Bettfunktion. Laken, Decke und Polster waren nicht bezogen. Darüber gab es eine große Pinnwand, an der jedoch nichts hing.

»Mist«, schimpfte Stern und versuchte es mit dem nächsten Passwort.

Björk trat ans Fenster heran und zwängte mit zwei Fingern die Metalllamellen weiter auf. Sie sah zum A8 und dem Begleitfahrzeug der Polizei hinunter, bemerkte aber nichts Auffälliges. Sie zog an der Kordel der Innenjalousien, um mehr Licht in den Raum zu lassen und sich besser umsehen zu können. Doch ihr Eindruck bestätigte sich bloß weiter: Jemand hatte hier aufgeräumt. Hastig, aber dennoch gründlich.

»Vergiss es«, sagte sie zu Stern. Doch dieser gab sich nicht geschlagen und versuchte es mit immer neuen Kombinationen. Björk wusste, dass das aussichtslos war – Zufallstreffer dieser Art gab es nur im Kino.

Sie verließ das Zimmer und sah sich weiter um. Auch das Bad wirkte verglichen mit dem Rest des Hauses erstaunlich aufgeräumt. *Ausgeräumt*, verbesserte sie sich in Gedanken.

Sie leuchtete zur Tür des letzten Raumes – und sah, dass sie versiegelt war. Mit einer dunklen Vorahnung im Bauch näherte sich Björk dem Zimmer, leuchtete den Türrahmen ab und prüfte das gummiartige Material, mit dem jede Fuge zugekleistert worden war. Es handelte sich um dunkles, ausgehärtetes Silikon. Björk drückte ein paarmal gegen das Holz und merkte, dass sie ohne Gewalt nicht reinkommen würde.

Wozu diese Mühe?, fragte sie sich.

Da bemerkte sie noch etwas. Eine Ausdünstung. Den Hauch einer süßlichen Duftnote, mehr Ahnung als konkrete Wahrnehmung und dabei jedem erfahrenen Polizisten vertraut.

Björk bückte sich zum Türgriff, zum Schlüsselloch – und roch es jetzt überdeutlich.

»Gustav, hier ist was!«, rief sie.

Drei Minuten später hatten sie das Silikon mithilfe scharfer Messer aus der Küche durchtrennt. Ein kräftiger Fußtritt von Stern reichte, um die Tür aufzustoßen, die zum Tor zur Hölle wurde.

Bestialischer Gestank raubte ihnen den Atem. Björk hielt eine Armbeuge vor die Nase und leuchtete mit der anderen Hand ins Zimmer.

Kleine, dunkle Punkte krabbelten über Wände oder flogen herum.

Im Bett lag ein halb verwester Menschenkörper.

Stern lief an Björk vorbei und wollte vielleicht ins Bad, schaffte es aber nicht mehr und erbrach sich in den Gang.

Björk hingegen wurde ruhig.

Sie zwängte die Augen zusammen, hielt die Luft an und trat an den Körper heran. Wer es war, ließ sich unmöglich sagen – vom Gesicht war längst nichts mehr übrig, und auch der Rest des Körpers gab keine schnelle Auskunft. Nicht mal, was das Geschlecht betraf.

Die auf dem offenen Brustkorb verschränkten Fingerknochen

hielten einen Briefumschlag. Obwohl er durchweicht und befleckt war, erkannte Björk das Material sofort. Es war das gleiche Papier, das sie in Salzburg aus der Statue des Schachkönigs gezogen hatten.

Sie nahm den Umschlag an sich, vergaß Geruch und Fliegen und Beweismittelsicherung und alles um sie herum. Noch an Ort und Stelle zog sie das Papier aus dem Kuvert, öffnete es und las.

Es war eine Adresse. Hier in Den Haag.

Darunter ein Datum.

Heute.

71 DEN HAAG

Christian Brand

Ein Taxi hatte sie in Windeseile vom Flughafen Rotterdam nach Den Haag gebracht, genauer gesagt, in die Nieuwe Molstraat in Chinatown, die eine Parallelstraße von Brands Adresse war. Der Wagen stand noch gar nicht still, als Brand schon heraussprang und in den Waschsalon eilte.

»Wo ist Mailin?«, fragte er die erstbeste Frau auf Englisch.

»Hoe kan ik u helpen?«, antwortete die Bedienstete in breitem Holländisch.

»Mailin?«, drängte Brand. »Mailin Ho? Weet jij ... waar zij is?«, strapazierte er die spärlichen Sprachkenntnisse, die er sich seit seinem Umzug hierher angeeignet hatte.

Die Frau schüttelte den Kopf. Also fragte Brand einen Mann, der weiter hinten an der Kasse stand. Doch auch er wusste nichts mit dem Namen anzufangen.

Brand glaubte zu spüren, wie die Erde unter ihm zu beben begann. Dabei waren es seine eigenen Beine, die zitterten und laufen wollten, egal, wohin, während er im Kopf noch damit beschäftigt war, die Zusammenhänge zu begreifen.

Mailin arbeitete nicht hier.

Er hatte sie auch niemals in diesem Salon gesehen. Sie hatte es ihm bloß erzählt und dabei zum Laden hingezeigt. Und er hatte es ihr abgekauft. Er wusste nicht mal, wo sie wohnte. Sie waren stets bei ihm gewesen.

Der nächste Fehler, dachte Brand.

»Christian, was ist los mit dir?«, fragte Lackner.

Brand war wie gelähmt. Fühlte sich ohnmächtig. Wie gut kannte er diese Frau, abgesehen von jedem Quadratzentimeter ihrer Haut?

»Ich bin so ein Idiot«, murmelte er und ballte seine Fäuste.

»Hey, Christian!«, sagte Lackner, legte eine Hand an Brands Oberarm und rüttelte daran.

Brand riss sich weg. »Lass mich!«, tobte er und rannte aus dem Laden.

Als er eine Straße weiter zu seiner Wohnung lief, versuchte er, Björk zu erreichen. Doch sie ging nicht an ihr Telefon.

Er erreichte sein Wohnhaus und rannte die Treppen nach oben.

Brand rechnete damit, dass der Täter genau wusste, wo Brand war und was er tat. Mehr noch: Dass der Täter hier gewesen war. Doch das war Brand egal. Er wollte die Sache jetzt zu Ende bringen, egal, was passierte.

Kaum war er durch die unverschlossene, offen stehende Wohnungstür getreten, piepte sein Handy. Instinktiv suchte er nach einer Überwachungskamera wie in Paris, über die man sein Eintreffen bemerken könnte, fand aber keine.

Er sah aufs Display. Tatsächlich stammte die Nachricht erneut von einer unterdrückten Nummer. Es war ein Bild.

»Was ist hier oben?«, fragte Lackner, der es nun auch heraufgeschafft hatte.

Brand beachtete ihn nicht. Seine Welt drehte sich nur noch um dieses eine Foto. Er erkannte die Gemälde im Hintergrund. Weil es seine Gemälde waren.

Und auch die Person im Vordergrund hatte er schon mal gesehen.

Eine weitere Nachricht schob das Bild am Handy nach oben. Eine Adresse, ganz in der Nähe.

72 DEN HAAG

Amélie Leclerc

Amélie schreckte auf. Irgendwo rasselte etwas. Sie brauchte ein paar Momente, um zu begreifen, dass sie eingeschlafen war, und noch etwas länger, um auf eine Haustürklingel als Quelle des Geräuschs zu kommen.

Professor O'Leary, erinnerte sie sich. War er endlich da?

Amélie sah zu Matteo, der gerade quer durch den Raum ging. Sie musste die Augen ganz aufzwängen, um überhaupt etwas erkennen zu können – ihr Sichtfeld hatte sich nochmals verengt, was hieß, dass die Schwellung trotz des Eisbeutels noch schlimmer geworden war.

»Ist er hier?«, fragte sie.

»Bin gleich wieder da. Du bleibst, wo du bist, hörst du?« Ohne ihre Antwort abzuwarten, verließ Matteo den Raum.

Natürlich blieb sie hier. Wo sollte sie auch hin?

Sie ließ den Kopf wieder auf das Polster sinken. Ihr schmerzender Nacken machte es ihr unmöglich, den Kopf länger als ein paar Sekunden lang hochzuhalten. Sie konzentrierte sich ganz auf ihr Gehör.

Da waren Matteos Schritte. Es folgten einige Momente der Stille, bevor er mit jemandem redete. Es klang nicht so, als würde ein Schüler seinen ehemaligen Lehrer begrüßen. Es war irgendwie vertrauter. Außerdem hatte sie keine Tür gehört, die sich geöffnet hätte …

Dann schrillte es wieder.

Amélie konnte es kaum erwarten, Professor O'Leary zu sehen. Bestimmt würde er all ihre Fragen beantworten können. Er war der klügste Mensch auf der Welt. Er würde wissen, was das alles sollte und was man am besten tat, jetzt, wo Liv tot war und irgendjemand hinter ihnen her und die Polizei obendrein …

Vielleicht wusste er sogar mehr darüber, warum sie unschuldig sein sollte. Und wer derjenige war, der das behauptete.

Da kam sie auf eine verwegene Idee. Könnte es sein, dass der unbekannte Briefeschreiber – der, der sich Amadeus nannte – in Wahrheit O'Leary war? Schließlich hatte er sich stets für seine Schüler eingesetzt. Amélie hatte niemals ein böses Wort über ihn gehört. Er war wie ein … ein …

Wie heißt dein Engel, Amélie?, hatte Matteo sie in der U-Bahn gefragt.

… mein Engel, dachte sie jetzt. Wenn nicht Maestro Arturo diesen Brief an sie geschrieben hatte, dann war es womöglich Professor O'Leary?

Matteo hatte ihr erzählt, Livs Briefeschreiber hätte Stephen geheißen. Ihrer nannte sich Amadeus.

Was, wenn er bloß andere Absendernamen benutzte? Was, wenn es nur einen einzigen Engel gab – Professor O'Leary?

Es war so logisch, dass sie sich erneut wunderte, jemals auf Maestro Arturo gekommen zu sein. Jetzt, wo sie es erkannt hatte, freute sie sich umso mehr auf das Wiedersehen mit O'Leary.

Du bist unschuldig, Amélie, hatte er geschrieben. *Du wurdest zu Unrecht bestraft.*

Gerade als sie spürte, wie ungeahnte Emotionen in ihr hochkamen, Emotionen der Vorfreude und Dankbarkeit – hörte sie einen Mann etwas sagen. *Nicht Matteo*, dachte sie, bevor auch eine Frau etwas Aufgeregtes zischte, das Amélie aber genauso wenig verstand.

Dann zerriss ein Knall die Stille, gefolgt von Gebrüll und einem neuerlichen Knall.

Schüsse?

Amélie mühte sich auf, allen Schmerzen zum Trotz. Sie durfte hier nicht liegen bleiben. Sie sah sich nach einem Versteck um. Davon gab es eine ganze Menge.

Sie zwang sich, aufzustehen. Ihre Beine zitterten so sehr, dass sie wegzuknicken drohten. Ihr Herz hämmerte bis zur Schädeldecke hoch.

Amélie machte, so schnell sie konnte. Sie kam an einem Bild auf einer Staffelei vorbei, dann an einer Skulptur aus weißem Stein. Beides ungeeignet als Versteck. Dafür sah der Stapel Kartons vielversprechend aus.

Da hörte sie Schritte, irgendwo draußen.

Sie hastete weiter, erreichte endlich den Kartonstapel und zwängte sich zwischen Kartons und Betonwand, an der sie nach unten glitt und am Boden zusammenkauerte. Dann zog sie die Kartons ganz nahe an sich heran und bemühte sich, keinen Mucks zu machen. Sie fürchtete, dass ihr Herzschlag sie verraten könnte, so laut kam er ihr vor.

Erst dann überlegte sie, was sie eigentlich tat. Sich zu verstecken, war vielleicht die schlechteste Lösung von allen. Sie war schrecklich darin. Ihre Schwester Marie war erst wenige Jahre alt gewesen, als sie Amélie in Windeseile finden konnte – egal, wie viel Mühe sie sich bei der Auswahl ihres Verstecks gegeben hatte.

Hier würde es genauso sein. Man würde sie eher früher als später hinter den Kartons entdecken. Und dann? Würde jemand mit einer Waffe auf sie zielen?

Abdrücken?

Was war mit Professor O'Leary und mit Matteo? Und wer war diese Frau, die Amélie gehört hatte?

Ein gewaltiges Zittern erfasste sie und ließ sie nicht mehr los.

Sie hörte, wie die Schritte draußen lauter wurden. Mehrere Menschen kamen.

Als sich die Tür öffnete, hielt sie die Luft an, schaffte es aber keine zehn Sekunden lang. Zu ihrem Glück machten die anderen genügend Krach, was ihr Keuchen überdeckte.

Dann hörte Amélie einen dumpfen Schlag.

»Wo ist sie?«, fragte eine Frau auf Englisch und sprach gleich weiter. »Sieh zu, dass du sie findest.«

»Er stirbt«, sagte eine andere Frau.

Amélie sog unwillkürlich die Luft ein. Es wurde immer schlimmer. Wer starb? Sie hatte riesige Angst um Matteo. Oder ging es um den Professor? Hatte ihn eine der Kugeln getroffen?

»Hinsetzen!«, befahl die eine Frau. Etwas knarzte, gleich darauf klickte es metallisch.

Amélie legte ihre Hände ans geschwollene Gesicht. Sie wollte sich in diesen Händen verkriechen, durch sie abtauchen in eine Welt, in der es kein Licht mehr gab und keine Geräusche, eine Welt, in der sie keinen Körper mehr hatte und kein Herz, das Paukenschläge trommelte.

Etwas schleifte über den Boden. Jemand stöhnte. Was sie an Serenas Stöhnen erinnerte, damals im Steinhaus …

Und plötzlich tauchten weitere Bilder in ihrer Erinnerung auf …

Amélie betrat das Steinhaus. Sie leuchtete das Innere mit ihrer Taschenlampe aus.

Sie fand Serena am Boden.

Sah all das Blut …

Sie fiel auf die Knie und versuchte, Serena zu helfen.

Doch es war zu spät.

Sie griff nach dem Messer, das in einer Lache neben Serena lag.

Fühlte das Blut an ihren Fingern.

Kauerte sich an die Wand.

Und dann betrat Matteo das Steinhaus …

Er beugte sich zu ihr und der toten Serena herunter.

»Was hast du getan?«, schrie er sie an.

All die Wut in seinen Augen. Die geballten Fäuste, als wollte er jeden Moment zuschlagen.

Dann war da plötzlich Blaulicht, das sich pulsierend an seiner Wange spiegelte.

Er riss den Kopf herum, erhob sich und verschwand. Und tausend andere Leute kamen ins Steinhaus und zu Serena und ihr und stellten tausend Fragen, auf die Amélie keine Antwort hatte, nicht an diesem Tag und schon gar nicht an den folgenden, an denen das Erlebte längst tief in ihr begraben lag.

Doch nun erinnerte sie sich wieder.

Ich war es nicht. Aber Matteo war es auch nicht. Er hat mich bloß gefunden. So wie ich Serena gefunden habe. Seine tote Freundin …

… meine tote Freundin?

Sie hob die Finger zu ihren Lippen und strich darüber. Erinnerte sich an Serenas Kuss.

»Komm, Amélie.«

Amélie zwängte die Augen auf und sah hoch.

Es war Matteo, im Hier und Jetzt und dabei fast genau so wie damals.

Nur da, wo sich einst das Blaulicht gespiegelt hatte, war jetzt ein sanftes Lächeln, und statt der geballten Faust seine ausgestreckte Hand.

73

DEN HAAG

Inga Björk

Gustav Stern bewegte sich wieder. Björk sah es aus dem Augenwinkel und musste sich zwingen, den Kopf nicht zu ihm zu drehen. Niemand sonst schien ihn zu beachten.

Björk verfluchte den Geheimdienstmann und seine Fahrlässigkeit. Wie schon im Wohnhaus hatte er sich vorhin erneut an ihr vorbeigedrängt und mit dem Lauf seiner Waffe die Klingel gedrückt, an der Adresse aus dem Brief, den die Leiche in Händen gehalten hatte. »Keine Lust mehr auf den Scheiß«, hatte er gesagt und war einfach reinspaziert, als der Türsummer ertönte.

»Gustav, verdammt!«, hatte sie ihm nachgezischt, doch nichts hätte ihn mehr aufhalten können. Das Nächste, was Björk mitbekommen hatte, war schon der Schuss gewesen, den er abgab, bevor er im Dunkel verschwand, herumbrüllte und gleich noch mal schoss.

Björk wusste, dass sie besser draußen hätte bleiben sollen, genau wie Claire Weidemann, der Björk aufgetragen hatte, im Auto zu warten. Björk wusste auch, dass es die bessere Option gewesen wäre, Verstärkung zu rufen. Doch es hätte viel zu lange gedauert, bis sie hier gewesen wären, geschweige denn ihnen klarzumachen, wo sie in dem Fall standen und weshalb das Gebäude unbedingt gestürmt werden musste.

Deshalb war Björk Gustav Stern ins Innere gefolgt. Sie hatte noch versucht, ihn zu bremsen – als sie den Schlag und das Poltern hörte, gefolgt von etwas Hartem, das auf den Boden fiel.

Seine Waffe, hatte sie gewusst und Stern reglos auf dem Boden gefunden, bevor es auch schon zu spät war, um zu türmen. »Ganz ruhig«, hatte eine zweite Person gesagt, direkt hinter ihr. Björk hatte die Stimme sofort erkannt. Es war dieselbe, die Brand vor ein paar Tagen »Ich brauche dich« ins Ohr gesäuselt hatte, splitterfasernackt und im vollen Bewusstsein, dass Björk sie sehen konnte. *Mailin Ho.* Brands Freundin, um die er sich ach so große Sorgen machte.

Mailin Ho hatte Björk hinterrücks Handschellen angelegt, ihr das Handy abgenommen und sie hier an ein Rohr fixiert. Auch Weidemann war mittlerweile bei ihnen. Sie hatte sich nicht an Björks Aufforderung gehalten, im Auto zu bleiben. Möglicherweise war sie aber auch herausgeholt worden.

Während Björk und Stern mehr oder weniger sich selbst überlassen blieben, war Weidemann von wesentlich zentralerem Interesse. Sie saß auf einem Stuhl in der Mitte des Raums, in dem Björk neben unzähligen anderen Gegenständen auch Christian Brands Bilder erkannte, die ihr die Sicht verstellten. Sie musste sich hin und her winden, um an den Staffeleien vorbei zu Weidemann sehen zu können, hinter der Mailin Ho stand und ein Messer in der Hand hatte.

Aber es gab noch zwei weitere Personen hier. Zum einen den Mann, den Björk von den Gruppenbildern des Instituts und den Zeitungsfotos des *Giornale di Bologna* kannte. Er hatte denselben Lockenkopf wie früher, nur die Lederjacke fehlte. Die zweite Person war Amélie Leclerc. Björk erkannte sie trotz der fehlenden Brille und ihres geschwollenen und teils bläulich verfärbten Gesichts sofort wieder.

Der Lockenkopf führte Leclerc an der Hand zu Weidemann. Leclerc wirkte, als würde sie das nicht wollen, doch sie setzte sich nicht aktiv zur Wehr. Ihre Bewegungen waren so langsam, als hätte sie Drogen genommen. *Die eiskalte Bestie*, fiel Björk sofort wieder ein. Die für den Mord an Serena Philips verurteilt worden war.

Serena Philips, die heimliche Tochter von Dorian O'Leary.

Er war der Mann, den sie suchten. Claire Weidemann hatte ihnen beim Verhör den Namen verraten. Björk hatte sein Foto gereicht, um das Motiv zu erkennen. Denn die Ähnlichkeit zwischen dem Mordopfer von Bologna und dem ehemaligen Lehrer für Allgemeinbildung war auffällig. Nicht für jeden, aber jedenfalls für Björk. Für sie sahen die zwei wie Vater und Tochter aus. Auch wenn das erst noch bestätigt werden musste, wettete Björk, dass es genau so war.

Doch wo steckte O'Leary jetzt? Alles war angerichtet, aber von ihm fehlte jede Spur …

Außer …

Da beschlich Björk eine Ahnung. Eine, die sogar ziemlich wahrscheinlich war. Dass es sich nämlich bei der Leiche, die sie in Dorian O'Learys Wohnhaus gefunden hatten, um ihn selbst handelte.

Aber wie passte das alles zusammen, und was hatte Mailin Ho damit zu tun? Sie war zu jung, um ebenfalls auf dieser Schule gewesen zu sein. Tat sie es aus Liebe zu dem Lockenkopf, der die große Abrechnung suchte?

Und weshalb richtete sich der letzte Akt der beiden ausgerechnet gegen Claire Weidemann?

Björk hätte gerne etwas nach vorne gerufen, was die anderen in ein Gespräch verwickeln und ihr Zeit hätte verschaffen können. Doch sie durfte weiterhin nicht riskieren, dass jemand in ihre Richtung sah. Stern robbte an ihr vorbei und weiter nach vorne, auf eine Staffelei zu, die ihm Sichtschutz gab. In seiner Rechten hielt er jetzt eine kleine Schusswaffe. Björk bemerkte auch das Holster, das unter dem Saum seiner Hose hervorschaute. Die Platzwunde an seiner Schläfe blutete stark und hinterließ eine verschmierte Spur auf dem Boden.

Vorne sagte der Lockenkopf etwas zu Amélie Leclerc. Es war zu leise, um es verstehen zu können, doch sie schüttelte den Kopf und wollte weg. Er ließ sie nicht.

»Du warst nicht schuld, Amélie«, begann Mailin Ho plötzlich. »Du bist nie schuld gewesen.«

»Sie haben dich reingelegt«, gab der Lockenkopf dazu. »Reto, Liv und Florentin.« Dann trat er näher an Leclerc heran und redete auf sie ein – zu leise für Björk, um mithören zu können.

74 BOLOGNA – Herbst 2008

Es war eine ungewöhnlich stille Nacht. Wolken verharrten reglos über der Stadt, und dreiundzwanzig Grad Lufttemperatur versprachen einen erholsamen Schlaf. Die Vorhänge in den überall offen stehenden Fenstern bewegten sich nicht. In den Straßen hörte man keine aufheulenden Motoren, kein Partyvolk und kein Hundegebell. Es war, als hätte sich ganz Bologna auf eine Nacht der Ruhe verständigt.

Auch im Castello Farini war es schon lange vor Mitternacht friedlich geworden. Der Duft von frisch gemähtem Gras lag über allem, und der Erdboden strahlte die Wärme des Tages ab. Ein paar Wochen lang würde der Nachhall eines heißen Sommers noch zu spüren sein, bevor Kälte und Nebel übernahmen und tief liegende Wolken den Winterregen mit sich brachten.

Noch aber war es nicht so weit. Oben im herrschaftlichen Schloss war eben erst die Schule wieder losgegangen und mit ihr die Betriebsamkeit und manches Treiben, das mit dem Erwachsenwerden junger Leute einherging.

Was genau sich in jener Nacht auf dem Gelände des Instituts für Hochbegabung abspielte, hätte nur mitbekommen, wer sich irgendwo in der Nähe auf die Lauer legte, mit einem Fernglas vielleicht, und die abschüssige Wiese im Blick behielt, an deren Fuß ein kleiner Steinbau lag. Einst war darin eine Olivenpresse gestanden, doch seit vielen Jahren schon diente das Gebäude anderen Zwecken. Eine Zeit lang fanden Obdachlose darin Zuflucht, manchmal auch Liebende – in letzter Zeit aber vor allem Schüler des Instituts.

In dieser Nacht waren es vier junge Menschen, die gemeinsam vom Schloss hinunterschlichen. Zwei Jungen, zwei Mädchen. Eine von ihnen war ungewöhnlich blond, sodass ihre Haare aufblitzten, als sie kurz von hinten von einer Taschenlampe angestrahlt wurden. Die andere bewegte sich so grazil, als wäre die Wiese ihre Bühne. Unten am Steinbau angekommen, hob einer der Jungen die Tür an, zog sie auf und ließ alle eintreten.

Drinnen zündeten sie eine große Kerze an, die auf dem Boden stand, mitten im Raum. Einer zog eine Weinflasche hervor, drückte den Korken rein und nahm einen großen Schluck.

»Wo hast du die her, Reto?«, fragte der andere.

»Na, woher wohl?«

»Glaubst du nicht, Enzo merkt das?«

»Und wenn schon. Was habt ihr mitgebracht? Zeigt mal!«

»Das da«, sagte das Mädchen mit den hellen Haaren und hielt ihre Hand ins Kerzenlicht, in der sich vier längliche, halb durchsichtige Pillen abzeichneten. »Eine für jeden … und zwei für uns beide«, sagte sie, nahm zwei der Tabletten in den Mund und küsste den Jungen mit der Weinflasche.

»Kann ich sie auch so haben, Liv?«, fragte der andere.

»In deinen Träumen, Flo.«

Pillen und Weinflasche machten die Runde und entfalteten bald schon ihre Wirkung. Die Küsse der Liebenden wurden leidenschaftlicher, während die Gespräche der anderen ins Belanglose abdrifteten und zu Gekicher wurden.

Irgendwann knallte Reto ein Buch auf den Boden, das er mitgebracht hatte. Es war alt und dick und hatte eine Messingschnalle, mit der man es verschließen konnte. Er öffnete es und blätterte zu einer Seite, die seltsame Symbole und Schriftzeichen enthielt, und alle starrten darauf, als könnte sich gleich ein Ungeheuer aus ihnen erheben.

»Wir sind heute hier zusammengekommen«, sprach Reto mit kehliger Stimme, »um ein neues Mitglied in unsere Runde aufzunehmen. Serena Philips, bist du bereit?«

Die Angesprochene zögerte einen Moment, bevor sie nickte.

»Sag es«, forderte Reto.

»Ich bin bereit.«

»Dann erheben wir uns zum heiligen Ritual.«

»Muss das sein?«, fragte Liv. »Es war doch gerade so gemütlich.«

»Mach schon!«, wurde Reto laut. Als er stand, hielt er plötzlich ein Messer und streckte es nach vorne.

Der andere Junge legte seine Hand in Retos Hand. Wie bei einem brüderlichen Gruß verschränkten sie sie ineinander. Dann forderten sie ihre Begleiterinnen dazu auf, es ihnen gleichzutun.

»Das ist so albern«, protestierte Liv und bekam einen wütenden Zischlaut zurück, worauf sie ihre Hand auf Retos Handrücken dazulegte.

»Jetzt du, Serena«, forderte dieser, und das Mädchen, das alle anderen um mindestens einen halben Kopf überragte, umschloss Florentins Handrücken mit ihren langen Fingern. Vier Hände lagen nun aneinander, und die Messerklinge ragte aus der Mitte heraus.

»Schließt eure Augen«, forderte Reto, um feierlich zu sprechen: »Großer Meister, führe uns nun und zeige, wer sich deines Vertrauens als würdig erweist. Urteile du …«

»Können wir das nicht einfach lassen?«, redete Liv ihm dazwischen.

»Ruhig jetzt! … Großer Meister, führe unsere Hand und zeige uns, wer dieser Runde würdig ist.«

Stille legte sich um alle. Nicht einmal ihr Atmen war zu hören.

Die Kerze flackerte und malte Schattenbilder an die Wand, die niemand sah. Weiter passierte nichts.

Bis das Messer in ihren Händen zu wandern begann.

Zuerst steuerte es auf Reto zu, um direkt vor seinem Gesicht anzuhalten. Er wich keinen Millimeter zurück, wendete keine Gegenkraft auf, hatte sich ganz dem Ritual ausgeliefert. Dann entfernte es sich, sank nach unten und steuerte schnell zu Liv. Auf Höhe ihres Herzens blieb es erneut stehen.

Liv zitterte am ganzen Körper. Sie öffnete die Augen und starrte das Messer an. Die Adern an ihrer Hand zeichneten sich ab, als wollte sie das Messer mit großer Kraft von sich fortschieben – doch es blieb.

»Du darfst dich nicht dagegen wehren!«, sagte Florentin. Er sah sie direkt an.

Liv machte ein genervtes Gesicht, konnte die Angst aber nicht verbergen. Sie versuchte noch ein paar Momente länger, das Messer von sich wegzubringen – und gab schließlich nach, in ganz kleinen Schritten nur, bis sie merkte, dass das Messer nicht näher kam.

»Gut so«, sagte Reto.

Die Hände wanderten in die Mitte zurück, direkt über die brennende Kerze. Alle hatten ihre Augen wieder geschlossen, und alle schienen entspannt zu sein.

Es wirkte schon, als sei das Ritual vorbei, als das Messer unvermittelt weiterwanderte, direkt auf Serena Philips zu. Keine Gegenkraft hielt es auf, als es immer schneller wurde und dabei zu Serenas Hals hoch ging, mit der Spitze voraus eindrang und die Halsschlagader durchbohrte.

75

DEN HAAG

Inga Björk

»Sie haben alles auf dich geschoben«, redete der Lockenkopf auf Amélie Leclerc ein, jetzt wieder lauter. Diese wirkte, als ginge sie hier nichts etwas an. »Hörst du mir überhaupt zu? Verstehst du mich nicht? Reto, Liv und Florentin haben dich reingelegt, Amélie!«

Björks Aufmerksamkeit galt nun Gustav Stern, der es bis zum Fuß einer Staffelei geschafft hatte. Dort blieb er liegen. Sie fürchtete, dass er wieder das Bewusstsein verloren hatte, wie schon nach dem Schlag auf seinen Kopf – als er aufsah und die Schusshand hob, wie in Zeitlupe und dabei so zitternd, dass er jede der drei Personen in der Mitte des Raumes hätte treffen können …

Mailin Ho redete jetzt auf Leclerc ein. »Maarja hat von ihrem Fenster aus gesehen, wie sie zu viert zum Steinhaus gingen, aber nur zu dritt zurückkehrten. Später hat Maarja dann dich durch die Wiese hinunterlaufen sehen, nur knapp vor der Polizei.« Sie pausierte kurz und sah verächtlich auf Weidemann herab. »Maarja hätte dich entlasten können. Sie hat es deiner Direktorin hier am nächsten Tag erzählt. Und jetzt rate mal, was die für dich unternommen hat?«

Leclerc schwieg weiter. Doch jetzt wanderten ihre Augen langsam hin und her, als erinnerte sie sich an etwas.

»Nichts hat sie getan«, antwortete der Lockenkopf für Leclerc. »Weidemann hat Maarja gezwungen, dichtzuhalten. Sie hat alle Welt glauben lassen, du seist Serenas Mörderin gewesen. So wie ich es glaubte, als ich dich und Serena im Steinhaus gefunden habe. Gott vergebe mir, aber ich wollte dich damals erschlagen, Amélie ... dabei war alles eine ...«

Ein Schuss ließ den Mann mitten im Satz verstummen. Stern hatte seine Waffe abgefeuert.

Jemand fiel hin – es war der Lockenkopf, der sich verwirrt den Bauch hielt.

Björk musste etwas tun. Sie riss an den Handschellen, doch das Rohr in ihrem Rücken gab keinen Millimeter nach.

Björk sah zu Stern vor. Sie hoffte, dass er die Situation in den Griff bekam. Doch er rührte sich nicht mehr. Außerdem war da eine dunkle Pfütze, die sich um seinen Kopf ausbreitete ...

Da sah Björk erst das Messer, das aus seinem Nacken ragte, und neben ihm Mailin Ho, die halb verdeckt von einer Staffelei bei ihm kniete. Einen Augenblick später zog sie das Messer heraus, richtete sich auf und lief Leclerc hinterher, die türmen wollte. Blitzschnell holte sie sie ein und brachte sie zu Fall. »Sieht so deine Dankbarkeit aus?«, brüllte Mailin Ho, half ihr hoch und schob sie zu Weidemann zurück.

Der Lockenkopf, an dem sie vorbeikamen, starrte ungläubig auf seine bluttriefende Hand und legte sie dann wieder auf seinen Bauch. Er versuchte, sich auf die Beine zu raffen, und fiel auf den Boden zurück.

Mailin Ho beachtete ihn nicht. »Weidemann hat gewusst, was wirklich passiert ist, Amélie. Aber sie hat es vorgezogen, dich zu opfern statt der anderen drei.«

»Das stimmt nicht!«, schrie Weidemann mit ungeahnter Energie. »So war es nicht!«

»Du wolltest es nicht wissen!«, schrie Mailin Ho zurück. »Maarja Lubarska hat dir erzählt, was sie beobachtet hat. Du hättest nur die Augen öffnen müssen. Oder sie aussagen lassen.

Aber du hast es ihr verboten! Du wolltest nicht, dass die wahren Schuldigen gefasst werden. Du wolltest, dass sie damit durchkommen. Aber damit nicht genug, hast du ihnen später auch noch Briefe geschrieben und dafür gesorgt, dass alle schön ihre Karriere machten, während Amélie in der Anstalt verrottet ist … Wieso?«, fragte sie, und es klang, als ob es die letzte Frage wäre, die sie noch stellen wollte.

Björk war überrascht, eine Träne auf Weidemanns Wange zu sehen. »Weil ich Angst hatte«, sagte diese noch. »Ich wollte das nicht. Aber wäre herausgekommen, dass die drei … mitten in der Nacht …«

»Dann lieber jemanden belasten, der nichts damit zu tun hatte?«, konterte Mailin Ho.

»Ich habe niemanden belastet! Aber … es durfte nicht zu Ende gehen, ohne Sinn gemacht zu haben. Ich wollte nicht wissen, was im Steinhaus war, und das bereue ich jeden Tag meines Lebens. Bitte verzeih mir, Amélie … ich schwöre, ich wollte es wiedergutmachen!«

»Indem du denen auch noch hilfst und ihnen Briefe schreibst?«

Energisch schüttelte Weidemann den Kopf. »Indem ich die Welt durch sie besser mache!«

Die Worte hallten nach, ohne Björk zu überzeugen. Konnte man die Welt besser machen, indem man ihre Talente wie Werkzeuge benutzte, ungeachtet der Schuld, die auf ihnen lastete? War alles, was Weidemann nach dem Mord an Serena Philips und Amélie Leclercs Verurteilung unternommen hatte, der Versuch einer Wiedergutmachung? Aber wann wäre dieses Ziel erreicht gewesen? Und hätte Weidemann die wahren Schuldigen eines Tages doch noch zur Rede gestellt? Irgendwie klang das alles nach einer großen Lebenslüge, nach schlechtem Gewissen vielleicht – für einen Fehler, den man sich nicht mehr eingestehen konnte, weil seine Folgen zu groß geworden waren.

Plötzlich lachte Mailin Ho, und in diesem Lachen lag so viel Hass, dass Björk erschauderte. »Die Welt besser machen?«, schrie sie. »Weißt du, was besser gewesen wäre? Gerechtigkeit für Amélie … und Gerechtigkeit für Dorian.«

O'Leary, begriff Björk.

»Du hast sie beide krank gemacht!«

Weidemann schüttelte langsam den Kopf.

Björk erinnerte sich an die starken Schmerzmittel in O'Learys Haus. Hatte er Krebs oder ein anderes Leiden? Wurde seine Krankheit schlimmer, als er die Wahrheit über den Mord an seiner offensichtlichen Tochter Serena Philips erfuhr, für den die Falsche büßen musste? Aber was kümmerte das alles Mailin Ho?

Wer war diese Frau?

»Töte sie«, sagte Mailin Ho und fasste Leclercs rechte Hand. Die versuchte, sich zu wehren, doch Mailin Ho war stärker. Sie zwängte den Messergriff in Leclercs Faust und umschloss sie mit ihrer. Dann führte sie sie zu Weidemanns Hals und legte das Messer an. »Töte sie und sorge für Gerechtigkeit.«

»Nein, Mailin, hör auf! Das darfst du nicht tun!«, schrie der Lockenkopf.

Mailin Ho war nur noch auf ihren Plan fixiert. »Beende das Unrecht jetzt und für immer! Los!«

»Messer fallen lassen!«, rief jemand auf Englisch.

Björk riss den Kopf herum.

Es war Christian Brand.

76

DEN HAAG

Christian Brand

»Messer fallen lassen!«, rief er und zielte mit Lackners Waffe auf Mailin. Lackner wartete draußen und würde Verstärkung holen, wenn er in zehn Minuten nichts von Brand hörte.

Brand keuchte. Es war nicht leicht gewesen, in das Bauwerk zu kommen, ohne die Vordertür zu benutzen. Lackner hatte ihm an einer Seitenwand Räuberleiter gemacht, bis er eine Regenrinne erreichen und daran hochklettern konnte. Er war durch ein Dachfenster eingestiegen und hatte sich dann von Raum zu Raum vorgearbeitet, so leise er konnte – bis er einen Schuss hörte und die darauffolgende Hektik nutzte, um durch eine Seitentür hereinzukommen, hinter der sich allerlei Gerümpel verbarg.

Mailin sah ihn an – und zog die Mundwinkel hoch.

»Messer fallen lassen und zurücktreten! Jetzt!«

Sie tat nichts dergleichen. »Wo warst du denn so lange?«, fragte sie stattdessen, als käme Brand nach einem überlangen Tag im Büro nach Hause. Sie wirkte so anders, als er sie in Erinnerung hatte …

Mailin umfasste weiterhin die Hand von Amélie Leclerc, mit der sie ein Messer an den Hals einer blonden Frau legte, die Brand schon mal irgendwo gesehen hatte. Leclerc hatte er sofort identifizieren können – fehlender Brille und offensichtlichen Verletzungen zum Trotz war sie eindeutig ihren Fahndungsfotos zuzuordnen.

Mailin starrte ihn mit weit aufgerissenen Augen an – offensichtlich wollte sie eine Antwort hören.

»Ich war in Salzburg.«

»Salzburg, richtig … dann weißt du also bereits, was dir vorenthalten wurde.«

»Lass die beiden in Ruhe. Wir können über alles reden.«

Mailin lachte. »Hältst du mich wirklich für so naiv?«

»Was willst du?«

»Gerechtigkeit.«

»Für wen? Leclerc? Glaubst du, es wäre gerecht, die Frau da zu töten?«

»Das ist Claire Weidemann«, sprach Björk von der Seite. »Die Direktorin von Bologna.«

»Sie wäre auch deine Direktorin gewesen«, erklärte Mailin, die wirkte, als stünde sie unter Drogen.

»Was willst du?«, wiederholte Brand lauter.

Da wandelte sich Mailins Gesicht – weg vom Grinsen, hin zur Trauer. »Dorian hat dich geliebt! Dich und deine Bilder. Sieh nur!«

Brand hatte längst gemerkt, dass seine Malereien das Geschehen umrahmten, was ihm ähnlich irre vorkam wie Mailins Verhalten. »Ich kenne keinen Dorian«, sagte er.

Mailins Ausdruck wandelte sich ein weiteres Mal und zeigte nun Abscheu. »Er wollte dich nach Bologna holen. So wie er Serena nach Bologna geholt hat.«

»Seine Tochter«, warf Björk ein.

Mailin sah zu ihr hinüber. »So ist es«, bestätigte sie und nickte, während Brand bloß Bahnhof verstand.

»Und welche Rolle spielen dann Sie?«, machte Björk gleich weiter.

Mailin blieb still.

»O'Learys Tochter können Sie nicht sein … Waren Sie seine Geliebte?«

Mailin schnaubte. »Falsch!«

»Was dann?«

Mailin sah wieder zu Brand. »Es hätte ihn so glücklich gemacht, dich unterrichten zu können. Nun bist du wenigstens dabei, wenn alles zu Ende geht.«

»Was alles?«, fragte er sofort. Mailin durfte keine Zeit zum Handeln haben. Dass sie skrupellos zustechen würde, hatte sie bereits mit dem Mann auf dem Boden bewiesen, der aus dem Nacken blutete. Das einzige Messer hier befand sich in Mailins und Leclercs Händen.

»Er war nicht Ihr Vater … aber er war wie ein Vater für Sie, oder?«, fragte Björk. »Er war für Sie da!«

»So wie ich für ihn, als er krank wurde. Es hat ihn krank gemacht. Ihr habt ihn krank gemacht!«, rief sie zu Weidemann hinunter, die weinend ihren Hals zur Seite streckte, weg von der Messerklinge.

Leclerc schien in einen Bewusstseinszustand abgetaucht zu sein, in dem sie nichts mehr etwas anging. Sie stand neben Mailin, die immer noch ihre Hand mit dem Messer führte, und starrte ins Nichts.

»Er hat das mit Serena herausgefunden, oder?«, fragte Björk weiter.

Mailin Ho nickte. »Er wusste alles.«

»Von wem?«

»Was spielt das noch für eine Rolle?«

»Reto? … Oder Liv?«

Mailin schüttelte den Kopf. »Maarja«, sagte sie und lachte spöttisch. »Maarja wollte ihr Gewissen erleichtern. Sie dachte, die Briefe seien von Dorian. So hat er erfahren, was damals passiert ist.«

»Maarja hat nicht gewusst, dass Serena seine Tochter war, oder?«

»Als er aus Lissabon zurückgekommen ist, war er wie ein anderer Mensch. Von da an war er wie besessen davon, das Unrecht aus der Welt zu schaffen. Darüber hat er seine Gesundheit vergessen.«

»Wieso ist er nicht zur Polizei gegangen?«

»Als ob ihr ihm geglaubt hättet!«

»Wollte er Rache?«, fragte Brand.

Mailin sah weg.

»Hat er sich alles ausgedacht? Die Statuen? Die Namen?«

»Er hätte das niemals gewollt«, sagte nun Weidemann. »Gewalt wäre nie eine Lösung für ihn gewesen.«

»Sei still!«

Von den zehn Minuten, die Lackner draußen warten sollte, konnte kaum noch etwas übrig sein ... »Was wollte er dann?«, fragte Brand weiter.

Mailin sagte kopfschüttelnd: »Er hatte gehofft, dass sie sich stellen! Dass sie alles zugeben und ihre Strafe akzeptieren.«

»Was sie nicht getan haben.«

»Sie hätten es doch niemals getan! Dorian war so naiv. Bis zum Ende hat er an das Gute in ihnen geglaubt. Aber da war nichts Gutes mehr in ihnen. Sie mussten bestraft werden, und die ganze Welt sollte es sehen!«

Irgendwo klirrte etwas. Brand hoffte, dass niemand sonst es mitbekam, doch Mailin sah bereits in die Richtung, aus der das Geräusch gekommen war.

»Bringen wir es zu Ende!«, rief Mailin und zog an Amélie Leclercs Hand.

»Ich will das nicht!«, schrie Leclerc plötzlich und riss sich mit ungeahnter Kraft los. Sie lief ein paar Schritte, verlor dabei das Gleichgewicht und stürzte.

Mailin blieb bei Weidemann stehen. Sie griff ihr ins Haar, riss den Kopf zurück, legte das Messer an ihre Kehle und sah nach oben. »Für dich, Dorian! Alles für dich!«

Im selben Moment, als Mailin das Messer anzusetzen begann, schoss Brand, zweimal kurz hintereinander.

Mailin erstarrte und sah ihn an.

Brand wusste, dass er getroffen hatte.

Weidemann blutete am Hals und stöhnte, schien aber nur oberflächlich verletzt zu sein.

»Ich dachte, du würdest es verstehen«, sagte Mailin tonlos, scheinbar mit letzter Kraft.

»Wie sollte ich?«, gab Brand trocken zurück. Er fühlte nichts. Keinen Zweifel, keinen Schmerz, keine Trauer. Die Aufgabe, die er zu erfüllen hatte, schob alles andere zur Seite.

Mailin Ho fiel auf die Knie. Sie versuchte noch, sich an Weidemanns Stuhl festzuhalten, doch ihre Hand rutschte ab. Mit einem dumpfen, kaum wahrnehmbaren Schlag kam sie auf dem Boden auf und blieb regungslos liegen.

DREI WOCHEN SPÄTER

77 DEN HAAG

Inga Björk

Björk ließ den Wagen auf einem leeren Parkplatz stehen, ein paar Kilometer nordöstlich von Den Haag und unweit der Koordinaten, die Brand vor einer Stunde geschickt hatte. Er hatte ihr bloß die Position mitgeteilt, ohne weiteren Kommentar oder Hinweis, was sie damit machen sollte. Sie mochte diese Geheimniskrämerei nicht – und trotzdem war sie gekommen.

Björk nannte die Gegend *Niemandsland*. Abseits der langen Sandstrände gab es hier flache Dünen, spärliche Vegetation und idyllische Binnengewässer. Rückzugsorte für Mensch und Tier. Viele Abschnitte waren Naturschutzgebiete. Andere eigneten sich hervorragend für Tagesaktivitäten oder nächtliche Romanzen …

Björk ahnte, dass Brand nicht auf der Suche nach einer Romanze war. Nach Mailin Hos Tod schien sein Bedarf an zwischenmenschlichen Beziehungen gedeckt. Seit gut zehn Tagen hatte sie nichts mehr von ihm gehört. Obwohl ihnen der Fall von Europol wieder übertragen worden war, hatte er sich nur wenig für die Nacharbeiten interessiert. Sobald es ging, hatte er sich in den Urlaub verabschiedet, was sie denken ließ, er sei in Österreich. Umso rätselhafter war es, was er ausgerechnet hier und jetzt von ihr wollen könnte …

Sie nahm ihr Handy zur Hand und ließ sich die direkte Route zur genannten Position anzeigen. Sie stieg die erste flache Düne hinauf, wo sie hoffte, bereits etwas sehen zu können. Doch da war nichts außer Wind, Wolken – und Grau in Grau. Selbst das Grün war seltsam farblos an diesem nichtssagenden Tag, und kaum eine Menschenseele ließ sich blicken. Sie sah prüfend auf ihr Handy, korrigierte die Richtung und stapfte weiter.

Björk hoffte, dass der Fall bei Brand keine allzu großen Nachwehen auslösen würde. Dass er Mailin Ho erschossen hatte, schien er besser wegzustecken als die Tatsache, dass sie ihn gleich mehrfach getäuscht hatte. Doch wer kam schon auf die Idee, sich das Strafregister eines Menschen anzusehen, bevor man sich mit ihm einließ?

Hätte Brand es getan, hätte er gesehen, dass Mailin Ho zwischen 2013 und 2016 für diverse Vergehen bestraft worden war, hauptsächlich Diebstähle und Drogendelikte. Björk maßte sich kein moralisches Urteil darüber an – ihre eigene Vergangenheit war jener Mailin Hos nicht unähnlich. Doch während Björk sich selbst aus dem Schlamassel hatte holen müssen, war in Mailin Hos Leben ein Engel getreten: Dorian O'Leary, Frührentner und ehemaliger Lehrer an der Europäischen Schule in Den Haag – und davor, bis zur Schließung, auch Lehrer am Institut für Hochbegabung in Bologna. Soweit sich rekonstruieren ließ, war Mailin Ho zu einer Art Ersatztochter für O'Leary geworden. Wobei klassische Rollenbilder wie Tochter, Geliebte oder Gefährtin nicht so recht zu der Frau passen wollten.

Mailin Ho hatte es nicht nur auf eine beachtliche Strafakte, sondern auch auf eine lange Reihe gescheiterter psychiatrischer Behandlungsversuche gebracht. Björk hatte inzwischen mit einem ihrer damaligen Ärzte sprechen können. Er sah in Mailin Ho eine Psychopathin. Er war sich sicher, dass ihr Elternhaus schuld an ihrer Auffälligkeit war, und schilderte Björk die übliche toxische Mischung aus physischer und psychischer Gewalt, an der früher oder später jede Kinderseele zerbrach. Was Mailin Hos Taten in keiner Weise rechtfertigte.

Björk erreichte die nächste Erhebung in der Landschaft. Sie drehte die Nase in den Wind und roch das Meer. Aber da war noch etwas. Ein Hauch von Lagerfeuer, vielleicht nur noch kalte Asche. Björk ließ den Blick über die Landschaft gleiten. Sie entdeckte keinen Rauch, hätte auch unmöglich welchen sehen können in diesem tristen Einerlei.

Noch einmal prüfte sie die genaue Position. Es konnten keine hundert Meter mehr sein …

»*Helvete!*«, schimpfte sie, als ein Windstoß Sand in ihre Augen trug. Sie hielt sich die eine Hand vor und rieb ihr Gesicht mit der anderen. Sie dachte daran, umzudrehen. Es war eine Schnapsidee, bei diesen Bedingungen hier draußen zu sein. Wenn Brand mit ihr reden wollte, sollte er das wie jeder normale Mensch in einem Lokal in der Innenstadt tun.

Erneut nahm sie Brandgeruch wahr, jetzt deutlicher. Blinzelnd sah sie nach vorne. Ja, da war etwas. In der nächsten Senke, zwischen zwei Dünen, stieg tatsächlich Rauch auf. Sie glaubte sogar, eine unnatürlich weiße Ecke hinter der Kuppe hervorragen zu sehen. Also ging sie weiter, die Augen zum Schutz so weit zusammengekniffen, dass sie gerade noch den Boden vor ihren Füßen sehen konnte.

In den letzten Wochen hatte Björk oft über die Ironie des Schicksals nachgedacht. Ausgerechnet Claire Weidemanns Heimlichtuerei hatte am Ende dazu geführt, dass alles aufgeflogen war. Weil Maarja Lubarska glaubte, ihr heimlicher Briefeschreiber und Mentor sei Dorian O'Leary, hatte sie sich an ihn gewandt und ihm gebeichtet, was sie damals gesehen hatte.

Aus O'Learys Unterlagen, die im Wohnhaus gefunden wurden, ließ sich der Ablauf rekonstruieren. Bei einem jugendlich-naiven, im Rausch entgleisten Ritual hatte einer der Beteiligten in Serena Philips' Hals gestochen. Wer, wusste wohl niemand so genau. Was sie aber wussten, war, dass sie alle zusammen die

Schuld dafür tragen müssten – es sei denn, sie schoben die Tat jemand anderem in die Schuhe.

Maarja Lubarska hatte noch am wenigsten mit der Sache zu tun gehabt. Es war ihr großes Pech, Zeugin von etwas geworden zu sein, was sie im Auftrag ihrer Direktorin verschweigen musste. Bis es sich eines Tages nicht mehr mit ihrem Gewissen vereinbaren ließ …

Die akribische Recherche und die Erkenntnisse daraus mussten Dorian O'Learys Gesundheitszustand schnell verschlimmert haben. Sein Krebs, an dem er bereits zum Zeitpunkt des Treffens mit Lubarska gelitten hatte, war nicht richtig behandelt worden und führte zu einem langsamen, qualvollen Tod zu Hause in seinem Wohnhaus, gepflegt von Mailin Ho. Vermutlich hatten sie viel Zeit gehabt, über alles zu reden, weshalb es so wirkte, als sei Mailin Ho damals selbst in Bologna gewesen. Am Ende hatte sie miterleben müssen, wie die Sache – die Vertuschung eines Mordes und die Verschwörung gegen Amélie Leclerc – ihr jenen Menschen raubte, der sie von der Straße geholt hatte und sehr wahrscheinlich zu ihrer wichtigsten Bezugsperson geworden war.

Doch während O'Leary die Schuldigen offenbar dazu hatte drängen wollen, die Verantwortung zu übernehmen, schmiedete Mailin Ho nach seinem Tod andere Pläne. Pläne, die mit ihrer psychiatrischen Krankengeschichte zusammenpassten. Pläne, die so ausgefeilt waren, dass sie auch Christian Brand mit einbezogen. Pläne, für deren Ausführung sie in Matteo Bianchi einen kongenialen Partner mit einem ebenso starken Motiv fand. Denn Serena Philips war seiner Aussage nach die Liebe seines Lebens gewesen.

»Björk!«, rief Christian Brand, noch bevor sie ihn entdeckte. Er war umringt von Bildern, die er in eine Senke gebracht hatte. In deren Mitte brannte ein Lagerfeuer. Björk war ziemlich sicher, dass das verboten war – aber wer sollte das an diesem Tag hier draußen schon bemerken?

»Hallo, Brand. Wie läuft der Urlaub?«

Er saß im Sand, verzog kurz das Gesicht und streckte ihr eine halbvolle Flasche Jack Daniel's entgegen.

Sie schüttelte den Kopf. »Schön hier.«

»Ist es das?«

Ja, sie fand es tatsächlich schön, und das überraschte sie selbst. Sie war kein Naturmensch, der rauen Landschaften und trübem Klima etwas abgewinnen konnte. Aber die Kombination hier – die *Komposition*, wenn man es in der Sprache der Kunst ausdrücken wollte, war seltsam stimmig und hatte etwas Zeitloses. Die windstille Senke, über die der Wind fegte, das Lagerfeuer, der Sand. Die allem trotzende Vegetation und dazu noch die Ahnung von Meer …

»Holen Sie hier Ihre Ausstellung nach?«, fragte sie neckisch.

Anscheinend hatte Brand einen Großteil seiner Werke zusammengetragen – auch abstrakte Porträts von Mailin Ho und sogar jenes Gemälde, das sie in Claire Weidemanns Wohnung in Brüssel gesehen hatte. Die Frau am Abgrund, umringt von einem Häusermeer …

»Die Kunst hat ihm kein Glück gebracht«, sagte er.

»Wem?«

Er nickte zu einem Bild, das neueren Datums sein musste, denn es zeigte Matteo Bianchi, wie er damals in Bologna war, mit Lockenkopf und Lederjacke – der Rockstar unter den Schülern. Das Bild war realistisch gemalt, als eines von ganz wenigen.

»Er ist statt mir an die Schule gekommen. Er war so etwas wie mein Ersatzmann«, sprach er weiter. »Was wäre gewesen, wenn ich …«

»Der Konjunktiv sollte verboten werden«, entgegnete sie trocken. Sie wusste nicht, woher er das mit dem Ersatzmann wissen wollte, und es interessierte sie auch gar nicht.

»Die Kunst bringt niemandem Glück. Nicht ihm, nicht mir.«

Björk unterdrückte den Impuls, ihre Augen nach oben zu rollen. Sie starrte weiterhin auf Matteo Bianchis Bild. Dieser hatte ein paar Tage lang im Koma gelegen. Es war unsicher gewesen, ob er durchkommen würde. Erst vor wenigen Tagen hatte Björk ihn befragen können – und er hatte geredet. Zusammen mit Mailin Ho, die sich alles ausgedacht und ihn massiv unter Druck gesetzt hatte, hatte er seine ehemaligen Mitschüler entführt, getötet und als Statuen drapiert, einen nach dem anderen, um damit auch Claire Weidemann ein Talent nach dem anderen zu nehmen. Das große Ziel in Mailin Hos Racheplan war es gewesen, den letzten Racheakt – jenen an Claire Weidemann – Amélie Leclerc zu überlassen. Doch was als Tatplan noch logisch geklungen haben mochte, hatte an Amélie Leclercs persönlicher Hemmschwelle sein Ende gefunden. Übrig blieb ein Blutrausch, der um nichts weniger verwerflich war als der Mord an Serena Philips und die darauffolgende Verschwörung gegen Amélie Leclerc.

Dass Bianchi behauptete, von Mailin Ho zum Mitmachen gezwungen worden zu sein, würde er kaum beweisen können. Obwohl Björk sich durchaus vorstellen konnte, dass er die Wahrheit sagte. Mailin Ho war äußerst talentiert darin gewesen, Menschen zu manipulieren. Was sich auch an Christian Brand gezeigt hatte.

»Es gibt nur Verlierer«, sagte dieser, starrte geradeaus und nahm einen weiteren Schluck aus der Flasche.

Björk folgte seinem Blick. Ein Vogel eilte rastlos von einem Punkt zum anderen und wieder zurück, die Beine zu flink, als dass man sie noch hätte sehen können.

»Und was ist mit Weidemann?«, fragte sie ironisch und brachte ihn zum Lachen.

Claire Weidemann war wieder abgetaucht. Der einzige Mensch, den sie beide hatten retten können, hatte nicht mal ein Wort des Dankes für sie übrig gehabt. Auch die weiteren Überlebenden, Amélie Leclerc und Florentin Heintz, konnte man kaum als Gewinner bezeichnen. Die eine war vom Leben gezeichnet, der andere vom Shitstorm, der seine politische Karriere binnen Tagen zerstört hatte.

»Und … was ist mit uns?«, fragte Björk weiter.

»Uns?«

Sie ließ es so stehen. Eine Minute verging, dann zwei. Über Björk und Brand strich der Wind, doch hier unten konnte er ihnen nichts anhaben.

Dann setzte sie sich neben ihn. »Was jetzt?«, fragte sie.

»Jetzt … wird es langsam kühler«, antwortete er, zog ein Bild an sich heran und warf es ins Feuer.

Die Leinwand dunkelte ab, und die Farben darauf wurden intensiver, sie leuchteten …

Als wollten sie vor Schmerzen schreien, dachte Björk und sah zu, wie das Feuer sie verschlang.

78 PARIS

Der Sommer in Paris ging langsam zur Neige, doch noch waren die Blätter auf den Bäumen grün und die milderen Temperaturen weit davon entfernt, ein Vorbote der kalten Jahreszeit zu sein.

Im Arrondissement du Palais Bourbon war an diesem Tag deutlich zu spüren, dass das Leben nach den heißen Monaten wieder anzog, und mit ihm die Energie, Hektik und Betriebsamkeit. Die Menschen kleideten sich für den Herbst ein, dekorierten ihre vier Wände neu, schlossen bedeutsame Geschäfte ab, stritten sich vor Gericht, heirateten oder ließen sich scheiden, traten neue Arbeitsstellen an oder taten generell das, wofür weder der Sommer noch der Winter die richtige Zeit zu sein schienen.

Abseits der touristischen Fixpunkte des 7. Arrondissements, zu denen der Eiffelturm und der Parc du Champ de Mars gehörten, gab es zahlreiche grüne Inseln, prächtige Straßen und altehrwürdige Bauten, die wirkten, als wollten sie sich in ihrer Noblesse gegenseitig überbieten.

So auch entlang des Boulevard Saint-Germain, des längsten Boulevards der Stadt. Eine Baumallee, die zu beiden Seiten der Fahrbahn wuchs, spendete Schatten und verlieh dem Straßenzug seinen unverwechselbaren Charakter. Die ockerfarbenen Bauten, manchmal vier, gelegentlich auch fünf oder mehr Stockwerke hoch, hatten schmiedeeiserne Balkone und Brüstungen aus Stein, die mindestens so sehr ästhetischen wie funktionalen Zwecken dienten. Ebenerdig gab es Buchläden, Cafés, Boutiquen und Geschäfte für alles, was teuer genug war, um die Mieten hier finanzieren zu können.

Die junge Frau, die zögerlich aus der Rue du Bac kam und den Boulevard betrat, schien sich nicht für die Umgebung zu interessieren. Ihre Augen blieben auf den Boden gerichtet, und ihre Lippen bewegten sich, als würde sie ein Gedicht aufsagen oder mit einem Unbekannten sprechen. Die Finger ihrer linken Hand tippten gegen den Daumen, einmal pro Schritt. Anders als die meisten hier schien sie keinen besonderen Wert auf ihr Äußeres zu legen. Ihre Kleidung war einfach, fast ärmlich, und konnte ihre überflüssigen Pfunde kaum verstecken. Mit dem wirren Haar und der dicken Brille erinnerte sie an einen Computernerd, der die reale Welt bloß als ein notwendiges Übel betrachtete, um in ihrem virtuellen Gegenstück strahlen zu können.

Als die Frau den Boulevard Saint-Germain überquerte, direkt auf ein Geschäft auf der anderen Straßenseite zu, lief sie beinahe in einen Paketboten hinein, der seine Fracht mit einem E-Lastenrad auslieferte und viel zu schnell unterwegs war. Mit einem beherzten Bremsmanöver konnte er den Zusammenstoß gerade noch vermeiden und schimpfte wild drauflos, was die junge Frau dazu veranlasste, ihre Hände an die Ohren zu legen und schneller zu machen. Direkt gegenüber zog sie die Tür eines Ladens auf und schlüpfte hinein. Drinnen sah sie durch die Scheibe auf die Straße zurück, doch der Paketbote war längst weiter und pöbelte womöglich schon den nächsten Passanten an.

Sie zog an ihrem Haar, drehte sich langsam um – und merkte, dass sie von zwei Männern angestarrt wurde. Der eine trug einen edlen Anzug und stand unnatürlich aufrecht. Sein Kopf war leicht nach hinten gestreckt, sodass er die Augen senken musste, um die Frau mustern zu können.

Sie stand in der Pariser Repräsentanz eines weltbekannten

Herstellers von Konzertflügeln. Hier war es noch bedeutender als in anderen Läden, dass man sich das Angebotene auch leisten konnte. Doch obwohl die junge Frau offensichtlich deplatziert war, blieb sie – und begann dann auch noch, sich umzusehen.

»Kann ich Ihnen helfen, Mademoiselle?«, fragte der Mann im Anzug, und es klang so, als meinte er das genaue Gegenteil.

Sie reagierte nicht, sondern schlich einfach weiter und wirkte wie in Trance gefallen.

Der Anzugträger schüttelte den Kopf und flüsterte dem anderen Herrn etwas zu, worauf beide kurz lachten und sich dann wieder ihrem Gespräch zuwandten.

Der Laden war so nobel wie die Boutique eines Luxusmodelabels. Alles war hell, schien zweimal täglich geputzt zu werden, und jeder Einrichtungsgegenstand, jede Deko und Beleuchtung schien dem Gesamtkonzept eines Innenarchitekten zu entstammen. Alles hier ordnete sich den Konzertflügeln unter, von denen jeder einzelne den Preis eines Supersportwagens hatte und gelegentlich auch die Millionengrenze überschritt – was aber nur erfuhr, wer danach fragte und so wirkte, als könnte er mit der Information auch etwas Ehrbares anfangen.

Die beiden Männer überließen die junge Frau sich selbst. Nachdem diese eine Runde durchs Erdgeschoss gedreht hatte, stieg sie leise die elegant geschwungene Holztreppe hoch, den Blick nach vorne gerichtet. Als sie oben war, näherte sie sich zielsicher dem teuersten Flügel, den es im Laden gab. Sie strich über die Abdeckung der Tasten und hob diese hoch. Die Frau konnte sich nicht setzen, weil es hier keine Sitzbänke gab – diese wurden erst zum Instrument gebracht, wenn man einen Interessenten für potent genug hielt.

Sie legte ihre Finger auf die Tasten, schloss die Augen – und begann zu spielen. Es war ein Stück, das man in den Pianoläden dieser Welt ähnlich oft hörte wie Led Zeppelins *Stairway to*

Heaven überall dort, wo Gitarren verkauft wurden: Schumanns Kinderszenen, Opus 15, Nummer eins – *Von fremden Ländern und Menschen.*

Die ersten Takte klangen noch hölzern und stotterten wie ein Motor, der nach Jahren in der Scheune wieder zu laufen begann. Doch schnell wurden die Anschläge geschmeidiger und Tempo und Rhythmus so, wie Robert Schumann es 1838 festgelegt hatte. Noch bevor der erste Teil in die Wiederholung ging, hätte man glauben können, einem berühmten Pianisten zuzuhören – hätten nicht wütende Schritte auf der Holztreppe jede Feinheit des Spiels übertönt und zunichtegemacht.

»Mademoiselle, Sie dürfen hier nicht spielen!«, rief der Mann im Anzug, noch bevor er bei ihr war. »Treten Sie sofort zurück, oder ich rufe die Polizei!«

Seine Worte schienen ihr seltsam gleichgültig zu sein. Sie machte weiter, fast so, als hätte sie ihn gar nicht gehört, bis auch die letzten Takte des Stücks in Perfektion verklangen. Sie blieb stehen, mit geschlossenen Augen, und hielt die Luft an.

Der Mann wollte gerade zu noch drastischeren Worten greifen und hatte bereits Luft geholt, als der andere, der ihm nachgekommen war, beschwichtigend eine Hand an dessen Oberarm legte und ihm etwas zuflüsterte, was zu leise war, als dass die junge Frau es verstehen konnte. Der Angestellte machte die Augen groß und sah dann zum Eindringling, dessen bloße Anwesenheit ihn zu beleidigen schien, ganz zu schweigen vom Spiel auf dem teuersten Flügel. Mit einem ausgespuckten Laut entfernte er sich und brachte kurz darauf eine Sitzbank, die er der Frau hinstellte. Der andere Mann bedankte sich und nickte ihm ermutigend zu, doch der Anzugträger war zu pikiert, weswegen er sie allein ließ und in den Verkaufsraum hinunterging.

»Setz dich doch«, sagte der ältere Herr, dessen Jackett an den Ellenbogen Lederschoner hatte. Den weißen Bart, der vereinzelt noch dunkle Stellen aufwies, schien er mehr aus Nachlässigkeit denn aus einem Darstellungsdrang heraus zu tragen. Die Lachfältchen um seine Augen waren tief, und wenn er sprach, merkte sein Gegenüber schnell, dass sein Atem nach Mentholbonbons roch.

Die junge Frau sah ihn verwirrt an und wirkte, als könnte sie sich selbst nicht erklären, wie sie hierhergekommen war, und noch viel weniger, was sie hier suchte. Doch der Mann blieb ruhig, sprach sanft auf sie ein und wartete geduldig, bis sie sich setzte. »Spiel doch weiter«, sagte er. Und als sie es tatsächlich tat, scheinbar frei improvisierend, trat er an die hohen Fenster, öffnete sie und zog sich in eine Ecke zurück, wo er dem Spiel lauschte, mit einem verschmitzten Lächeln im Gesicht.

Viele Menschen, die das Glück hatten, zu jener Stunde an dem Laden vorbeizukommen, hielten an, unterbrachen ihre Gespräche und hörten aufmerksam zu. Je mehr Passanten sich einfanden, umso mehr machten sie wiederum andere neugierig, bis schließlich mehrere Dutzend auf dem Gehsteig waren. Die meisten von ihnen schauten nach oben, zu den Fenstern, aus denen die Musik kam. Als könnten sie nicht glauben, was ihr Gehör ihnen gerade weiszumachen versuchte, und müssten es daher mit eigenen Augen sehen.

Lesen Sie weiter >>

LESEPROBE

Sie jagen dich.
Sie töten dich.

Als Mavie während einer Party auf ihr cooles, im Dunkeln leuchtendes Tattoo angesprochen wird, hält sie das für einen Scherz. Doch dann sieht sie es im Lichtstrahl der Tanzfläche mit eigenen Augen und gerät in Panik: Woher kommt der Skorpion auf ihrer Haut? Mavie ahnt nicht, dass das Zeichen sie zur Zielscheibe eines perfiden Spiels macht. Zur gleichen Zeit übernehmen die Ermittler Inga Björk und Christian Brand den Fall einer brutal im Wald ermordeten Joggerin. Noch wissen sie nicht, dass dies erst der Anfang einer grausamen Mordserie ist. Und dass sie nur eine Chance haben, diese zu stoppen: Sie müssen die Seiten wechseln – und das tödliche Spiel mitspielen …

PENGUIN VERLAG

1 Im Wald

Sie lief und wollte ihr Glück in alle Welt hinausschreien. Sie hatte es geschafft. Endlich war es vorbei.

Endlich war sie frei.

Nie wieder würde sie den Menschen gegenübertreten müssen, die ihr die letzten Jahre zur Hölle gemacht hatten. Diese Scheusale. Aber am Ende hatten sie bezahlen müssen. Und zwar teuer.

Man erntet, was man sät.

Sie lief schneller.

Die Genugtuung, die sie empfand, brannte stark wie ein Feuer in ihr. Vor wenigen Stunden erst war das Urteil im Prozess gegen ihren Arbeitgeber verkündet worden. Aufhebung der Kündigung und volle Wiedergutmachung des ihr entstandenen Schadens. Ersatz aller Behandlungskosten und Nachzahlung des Gehalts seit ihrem Rauswurf. Und: Strafanzeige gegen unbekannt.

Sie würde das Gesicht ihres Chefs niemals vergessen.

Ich habe gewonnen.

Sie bog in die große Waldschleife ab.

Das Gericht sieht es als erwiesen an, dass die Klägerin an ihrem Arbeitsplatz erheblichem, systematischem Druck ausgesetzt war. Als dies nicht zu ihrem freiwilligen Ausscheiden führte, wurde ihre Arbeit nachweislich manipuliert, um eine außerordentliche Kün-

digung aus wichtigen Gründen zu rechtfertigen. Da diese Gründe nicht vorlagen, war der Klage stattzugeben.

Sie lief und lief. Wie jeden Abend würde sie erst anhalten, wenn sie keine Kraft mehr hatte. Aber gerade fühlte sie sich, als könnte sie die ganze Welt umrunden.

Sie wollen Krieg? Den können Sie haben!

Und wie sie Krieg bekommen hatte. Nach allen Regeln hatte die Firma Krieg gegen sie geführt. Tarnen und Täuschen inklusive. Man wusste erst, was systematisches Mobbing hieß, wenn man es am eigenen Leib erlebte. Wenn sich jeder distanzierte, wenn das Opfer zum Täter gemacht wurde, zum Störfaktor, zum Spinner, der sich das alles nur einbildete, bis sogar die eigene Familie sich abwandte. Aber sie hatte durchgehalten. Hatte sich von niemandem unterkriegen lassen. Und hatte diesen Krieg, den sie nie wollte, am Ende gewonnen.

Ohne Mark hätte ich das nie geschafft.

Mark hatte vor Glück geweint, als sie ihn vorhin am Telefon erreicht und ihm alles erzählt hatte. Er kam erst am nächsten Tag aus London zurück. Sie hätte ihn so gerne bei der Urteilsverkündung an ihrer Seite gehabt. Damit er höchstpersönlich mitbekam, dass sein Vertrauen in sie gerechtfertigt war.

Ich war nicht verrückt. Die waren es. Und du hast immer an mich geglaubt. Ich liebe dich, Mark!

Tränen stiegen ihr in die Augen, als ihr klar wurde, dass für sie nun ein neues Leben begann. Mit der Entschädigung konnten sie eine Weltreise machen, wenn sie wollten. Oder eine riesige Hochzeit feiern. Vorausgesetzt, Mark fragte sie endlich. Sogar Kinder konnte sie sich jetzt vorstellen, ein Gedanke, der in den letzten Wochen und Monaten ganz weit in die Ferne gerückt war.

Warmer Sommerwind umstrich ihre Beine. Wie lange hatte sie nicht mehr so befreit laufen können? Wie lange hatte sie sich selbst jede Freude verboten, hatte das Ritual der täglichen Joggingrunde mit verbissener Disziplin durchgezogen, den Blick starr nach vorne gerichtet, aus der irrationalen Überlegung heraus, jeder Genuss vor der Urteilsverkündung könnte böses Karma geben? Wie lange hatte sie sich tief im Innern schuldig gefühlt und fast schon selbst zu glauben begonnen, was die anderen behaupteten? Der eigene Kopf spielte einem die schlimmsten Streiche.

Vorbei, vorbei.

Sie erreichte die Lichtung mit dem kleinen Waldsee. Über ihr leuchteten die Sterne. Die Vorhersage behielt recht: Es würde eine klare Nacht werden. Das war auch nicht schwer zu erraten. Seit Wochen brachte ein riesiges Hochdruckgebiet ganz Europa zum Schwitzen, nur die Nachtstunden waren halbwegs erträglich. Aber sie würde sich niemals darüber beklagen. Kalt wurde es noch früh genug.

In ein paar Tagen war Vollmond. Schon jetzt leuchtete er hell, spiegelte sich im Wasser und tauchte die ganze Umgebung in weißbläuliches Licht. Sie schaltete ihre Stirnlampe aus und konnte trotzdem jede Unebenheit des Weges erkennen. Sie fühlte sich, als würde sie schweben.

Dann blieb sie stehen. Einfach so. Weil sie konnte. Weil sie durfte. Sie war frei. Nichts hielt sie mehr davon ab, ihr Leben zu genießen. Ihr Kopf war leer. Sie atmete ein, sie atmete aus. Was jetzt folgte, war ihre Entscheidung, nicht mehr die eines Anwalts oder eines Richters. Sie bestimmte wieder selbst über sich und ihre Zukunft.

Da kam ihr ein Gedanke.

Soll ich es wagen? Einfach … reinspringen? Nackt?

Es war zu verrückt. Und gerade deshalb perfekt. Perfekt wie dieser ganze Tag. Sie lächelte, zog sich das Top über den Kopf und spürte, wie sie dabei die Stirnlampe abstreifte. Achtlos ließ sie beides ins hohe Gras fallen und schlüpfte aus den Joggingschuhen.

Plötzlich hörte sie etwas und hielt inne. Ein kurzes Rascheln nur, aus der Richtung, aus der sie gekommen war. Sie horchte. Angst hatte sie keine. Im Wald gab es die verschiedensten Geräusche, und sie kannte sie alle. War es ein Vogel, der durchs Unterholz streifte? Zu leise. Außerdem zu dunkel. Ein Reh? Zu laut für das, was sie gehört hatte. Vermutlich war ein Eichhörnchen von einem Baum zum anderen gesprungen.

Sie kannte diesen Wald wie ihre Westentasche. Sie war hier aufgewachsen und hatte einen guten Teil ihrer Kindheit unter den Bäumen verbracht. »Eine Halbwilde« hatten ihre Eltern sie scherzhaft genannt, wenn Leute zu Besuch waren. Es hatte ihr stets ein tierisches Vergnügen bereitet, Kindern aus der Stadt den »dunklen, bösen« Wald zu zeigen.

Der Wald ist mein Freund.

Eine Weile blieb sie ganz ruhig stehen und lauschte, aber das Geräusch wiederholte sich nicht. Schließlich zog sie sich aus, zögerte noch einmal kurz, dann gab sie sich einen Ruck und rannte nackt ins Wasser hinein. Der Kies am Ufer bohrte sich schmerzhaft in ihre Fußsohlen. Das Wasser war kalt, aber angenehm, und wurde schnell tiefer. Eine Sekunde später stürzte sie sich vornüber ins kühle Nass.

Als sie wieder auftauchte, musste sie lachen vor Glück. Was für ein tolles Geschenk, das die Natur ihr da machte! Alles war Sommer, alles war Leben.

Mit ein paar Zügen gelangte sie in die Mitte des Sees, ließ die Füße sinken und bewegte ihre Arme gerade genug, um ihren Kopf über Wasser zu halten. Sie staunte über das Konzert der Grillen um sie herum. Die Vögel waren schon seit Einbruch der Dunkelheit still, aber die Klangwolke, die über der Lichtung aufstieg, aus allen Richtungen zugleich, suchte ihresgleichen. Außer dem Zirpen hörte sie nur ihren Atem und die Geräusche, die ihre Schwimmbewegungen auslösten: weiches, sanftes Wasserplätschern.

Sie atmete tief ein, brachte ihre Beine an die Wasseroberfläche und streckte sich. Ließ sich mit offenen Augen auf dem Rücken treiben. Wieder sah sie Sterne, Sterne, Sterne. Der Mond war zu hell, als dass sie die Milchstraße hätte erkennen können, und doch waren da oben mehr Lichtpunkte, als sie zählen konnte.

Nach einer Minute völliger Harmonie zwischen sich und dem Universum beschloss sie, dass sie Frieden schließen wollte mit der Welt und allem, was war.

»Ich vergebe euch«, sagte sie laut. »Alles ist wieder gut.«

Dann drehte sie sich auf den Bauch zurück und schwamm ans andere Ufer. Dort setzte sie sich auf, vom Bauchnabel abwärts im Wasser, mit den Händen im Kies abgestützt. Immer noch war ihr nicht kalt.

Plötzlich sah sie aus dem Augenwinkel ein Licht aufblitzen. Ganz kurz nur, in etwa dort, wo sie in den See gelaufen war. Vielleicht ein Glühwürmchen.

Zu hell für ein Glühwürmchen.

Sie kniff die Augenlider zusammen. Ihre leichte Kurzsichtigkeit war bei dem schlechten Licht doch hinderlich. Nein, da war nichts. Bestimmt hatte sie sich getäuscht. Vielleicht hatte eine Welle den Mond im Wasser reflektiert.

Welche Welle? Der See war spiegelglatt.

Sie ging in die Hocke, stieß sich vom Ufer ab und schwamm zurück, schneller, als sie ursprünglich wollte. Auch wenn sie es sich niemals eingestanden hätte, war da jetzt noch etwas anderes als Glück und Harmonie in ihr.

Angsthase.

Das mit dem Schwimmen war wohl doch zu verrückt gewesen. Selbst als Kind – als *Halbwilde* – hätte sie sich das nie getraut. Ihre Mutter hatte sie immer vor dem See gewarnt. Und nun war sie mittendrin, und ihre Sinne spielten ihr Streiche. Zum Beispiel, dass da eine Gestalt im Gras kauerte, keine fünf Meter von ihr entfernt.

Sie spürte den Uferkies an ihren Fingerspitzen. Kniete sich hinein. Kniff die Lider noch schmaler zusammen.

Doch, da war etwas. Aber was? Ein Reh? Ein Hund? Jedenfalls etwas, das vorhin nicht dort gewesen war. Etwas Lebendiges. Sie kannte jeden Wurzelstock und jeden größeren Stein in der Gegend. Das da kannte sie nicht.

»Hey!«, rief sie.

Nichts passierte. Sie griff sich eine Handvoll Kies und warf ihn ans Ufer. Die Gestalt wuchs in die Höhe.

Die Silhouette eines Menschen.

Ihr Herz fing an zu rasen, adrenalinbefeuert. »Hau ab, du verdammter Spanner!«, schrie sie mit sich überschlagender Stimme, nahm eine neue Ladung Kies vom Grund und schleuderte ihn der Gestalt mit aller Kraft entgegen. Dann zog sie sich rückwärts ins Wasser zurück, den Blick starr nach vorn gerichtet.

Die Gestalt ließ sich weder von ihrem Geschrei noch dem Kies aus der Ruhe bringen. Im Gegenteil, jetzt kam sie auf sie zu, ganz langsam.

»Hau ab! Hau ab!«

Konnte das ein Scherz sein? Nichts hätte sie lieber geglaubt. Aber sie kannte niemanden, der sich Späße dieser Art erlaubte. Und wenn doch, dann konnte er was erleben. Sie mochte keine unheimlichen Scherze.

Sie glitt ins tiefere Wasser zurück, schwamm vom Ufer weg und überlegte panisch, was sie tun konnte. Rundum lag dichter

Wald. Nur vorne gab es diesen einen Trampelpfad, überall sonst wuchsen dichtes Gras und stacheliges Strauchwerk, auch am anderen Ufer gab es viele Pflanzen, denen man besser nicht mit nackten Beinen begegnete.

Sie paddelte im tiefen Wasser auf der Stelle, drehte sich um sich selbst und suchte einen Ausweg, fand aber keinen. Wollte sie entkommen, musste sie direkt an der Gestalt vorbei.

Wie lange kann ich hier durchhalten?

Langsam wurde ihr nun doch kalt. Sie überlegte, laut um Hilfe zu rufen, aber es wäre reines Glück gewesen, hätte sie jemand gehört. Hier war schon tagsüber kaum etwas los und um diese Uhrzeit gar nichts mehr. Das Zirpen rundum klang jetzt fast spöttisch.

Stark sein, erinnerte sie sich an die Empfehlung im Selbstverteidigungskurs. Die meisten Vergewaltiger wurden von Frauen, die in die Opferrolle verfielen, nur noch angespornt. Man sollte sich stattdessen so ordinär wie möglich verhalten. Nichts törnte einen Vergewaltiger mehr ab als eine Frau, die so tat, als wollte sie es.

Das sagt sich so leicht.

Die Gestalt stand da, am Ufer des Sees, und konnte noch stundenlang durchhalten. Sie selbst würde definitiv früher aufgeben müssen. Und was dann?

Sie zitterte, hatte Gänsehaut am ganzen Körper, klapperte mit den Zähnen. Aber innerlich loderte die nackte Angst.

Eine weitere Minute verging. Dann, von einem Moment auf den anderen, drehte sich die Gestalt um und entfernte sich in aller Seelenruhe, bog links ab und nahm den Weg, der weiter in den Wald hineinführte.

Der Rückweg war frei. Aber wie lange? Jetzt musste sie schnell sein. Mit wenigen kräftigen Zügen schwamm sie ans Ufer und eilte mit großen Schritten aus dem Wasser. Zweimal verlor sie fast die Balance im feinen Kies, aber dann hatte sie Gras unter den Füßen und lief zu der Stelle, an der sie sich ausgezogen hatte. Ihr Blick schweifte über den Boden auf der Suche nach ihren Sachen, sie überlegte, suchte weiter – aber ihr Zeug war weg. Ihre Kleidung, die Stirnlampe, das Täschchen mit dem Handy …

Nichts, was sich nicht ersetzen ließ.

Der Schlüsselbund. Verdammt!

Wenn der Dieb wusste, wo sie wohnte, hatte er jetzt freien Zutritt zu ihrem Haus. Sie musste sofort einen Schlosser rufen, wenn sie zu Hause war.

Und wie komm ich ohne Schlüssel rein? Sie hatte keine Ersatzschlüssel deponiert, da sie das für ein Sicherheitsrisiko hielt.

Zu den Nachbarn. Notfalls nackt.

Sie lief los. Ohne ihre Joggingschuhe wurde jeder Schritt zur Qual. Aber sie konnte, sie durfte nicht zögern. Tempo war das Einzige, was jetzt zählte. Sie lief zum Weg und rechts weiter auf den Joggingpfad, der aus dem Wald herausführte.

Da raschelte etwas hinter ihr. Ein winziges Ästchen brach. Rhythmische Schritte ertönten. Die andere Person folgte ihr. Sie war getäuscht worden!

Sie öffnete den Mund zu einem Schrei, doch sie brachte keinen Ton heraus. *Schneller, lauf schneller!* Sie ignorierte alles – Steine, Wurzeln, Dornen, Brennnesseln –, nichts war wichtig, außer dass sie rannte. Noch konnte sie entkommen. Sie war gut im Laufen. Wochen- und monatelang war sie wie eine Besessene gelaufen. Ihre Kondition war besser denn je, ihre Muskulatur gestählt.

Wenn ich nur meine Schuhe hätte …

Sie streckte die Hand aus, als sie den dicken Zweig eines Strauchs erkannte, der in den Pfad hereinragte. Sie kannte ihn, wie so viele Details dieser Strecke. Wieso machte sich eigentlich niemand die Mühe, ihn abzuschneiden? Sie bog ihn von sich weg und ließ ihn zurückpeitschen, lief weiter, so schnell sie konnte.

Gleich darauf hörte sie, wie der Zweig ihren Verfolger traf, der einen erstickten Fluch ausstieß. Die Schritte wurden langsamer, aber höchstens für eine Sekunde. Von einem Zweig würde er sich nicht aufhalten lassen.

Sie erreichte dichter bewachsenes Gelände. Hinter ihr leuchtete etwas auf. Eine Taschenlampe. Ihr Verfolger gab sich also keine Mühe mehr, unentdeckt zu bleiben. Der Lichtkegel zitterte aufgeregt. Sie sah, wie sich ihre Silhouette auf dem Waldboden vor ihr abzeichnete. Die Schritte hinter ihr wurden lauter.

Er holt auf.

Aber noch konnte sie entkommen. Gleich gelangte sie an einen ihrer vielen Geheimplätze. Wenn sie nur schnell genug hinter der nächsten Biegung verschwand, sich fallen ließ und dann gleich links im Dickicht verkroch, würde er sie niemals finden. In der Kindheit war das ihr bestes Versteck gewesen.

Ob ich überhaupt noch reinpasse? Vielleicht ist es längst zugewachsen!

Sie verbot sich jeden Zweifel und lief, so schnell sie konnte. Noch zehn Meter … noch fünf …

Geschafft!, dachte sie noch.

Und dann ging alles ganz schnell. Sie wusste, dass sie eben noch gerannt war und jetzt ausgestreckt dalag, dass sie mit dem Gesicht voran auf dem Waldboden aufgeschlagen war, ohne sich mit den Händen schützen zu können. Nur das Dazwischen fehlte. War sie gestolpert? Aber worüber? Hier gab es keine hohen Wurzeln. Was konnte sonst noch so scharf, so unnachgiebig, so unvorhersehbar gemein sein?

Ein gespannter Draht?

Was immer es gewesen war, es hatte sie ihrem Verfolger ausgeliefert. Sie wurde gepackt und brutal in die Höhe gerissen, schmeckte das Blut, das warm über ihr Gesicht lief. Sie wollte es mit der Hand abwischen, aber ihre Hände gehorchten ihr nicht. Völlig benommen spürte sie, wie sie ins Unterholz gezerrt wurde, weiter und weiter. Gestrüpp streifte an ihrem nackten Körper entlang. Der Wald war hier so dicht, dass man selbst bei Tageslicht kaum zwei Meter weit sehen konnte, das wusste sie. Ein Dornenzweig verhakte sich in ihrer Seite und riss ihr die Haut auf. Sie stöhnte.

»Hier!«, zischte jemand.

Sie spürte die spröde Rinde eines Baums an ihrem Rücken. Ihre Arme wurden nach hinten gezogen und mit schnellen, kräftigen Bewegungen zusammengebunden.

»Bitte nicht«, flehte sie. Die eigenen Worte klangen merkwürdig verwaschen. Da war Blut in ihrem Mund. Etwas stimmte nicht mit ihren Zähnen. Sie fuhr mit der Zunge darüber. Mehrere Schneidezähne waren ausgeschlagen. Sie hatte es gar nicht gespürt.

»Bitte nicht«, wiederholte sie, schloss die Augen und fing an zu weinen. Was mochte ihr Verfolger wollen? War er ein Sexualstraftäter, ein Perverser, der sie beim Nacktbaden beobachtet hatte? Und warum war da noch jemand? Wollten sie etwa gemeinsam über sie herfallen? Aber so zugerichtet, wie sie war, musste ihnen doch jede Lust vergehen.

Als sie eine Hand an ihrer Schulter fühlte, beschloss sie, dass sie sich nicht wehren würde. Sollten sie ihren Körper nehmen. Ihren Geist bekämen sie nicht. Sie würde das hier überleben, so schlimm es auch werden mochte. Und eines Tages würde sie die Gelegenheit haben, sich an ihnen zu rächen. Ja, das würde sie. Sie würde sie finden und sich rächen. Der Gedanke gab ihr Kraft.

»Da ist es«, hörte sie eine Männerstimme mit italienischem Akzent sagen. »Das Mal. Siehst du?«

Das Mal?

»Ja!«, antwortete eine Frau.

Die beiden gaben sich keine Mühe, ihre Stimmen zu verstellen. Sie ahnte, dass das kein gutes Zeichen war.

Sie zwang sich, die Augen zu öffnen. Blut und Tränen machten es ihr fast unmöglich, etwas zu erkennen. Dennoch sah sie die Umrisse zweier Gestalten, direkt vor ihr, in bläuliches Licht getaucht, anders als das der Taschenlampe, beinahe violett. Oder spielten ihr die Sinne einen Streich?

»Also, was sollen wir tun?«, fragte die Frau nahezu gleichgültig.

»Warte …«

Sie fühlte eine Hand an ihrem Bauch. Die Finger drückten und zogen, fuhren über die Haut rund um ihren Nabel.

»In der Mitte durch.«

»Quer durch? Lass sehen … Mist, du hast recht.«

Sie verstand nicht, wovon die zwei sprachen. Als sie den Kopf senkte, sah sie nichts als das seltsame blaue Licht. Und dann noch etwas: ein Leuchten. An ihrem Bauch. Sie erkannte nicht, was es darstellen sollte.

Malen die mich gerade an? Ist das vielleicht doch alles nur ein … ein verdammt schlechter Scherz?

Sie durfte sich nicht wehren. Musste das, was auch immer da passierte, über sich ergehen lassen. Konnte sich später rächen.

»Los jetzt!«

Eine rasiermesserscharfe Klinge drang in ihren Bauch ein. Der Schmerz raubte ihr den Atem. Sofort rann warmes Blut aus der Wunde, über den Unterbauch, über ihre Scham, die Beine hinunter.

Die wollen mich schlachten.

Die Erkenntnis traf sie wie ein Hammerschlag. Sich nicht zu wehren, würde ihren sicheren Tod bedeuten. Sie riss an ihren Fesseln, scheuerte daran, wehrte sich, zog ein Bein in die Höhe und trat aus, traf jemanden, wiederholte die Bewegung, aber dieses Mal fuhr ihr Fuß ins Leere.

»Dämliche Bitch!«, hörte sie die Frau schreien.

Jemand riss an ihren Haaren und drückte ihren Kopf mit Gewalt gegen den Baum.

Sie spürte das Messer, links an ihrem Hals, spürte, wie es gegen ihre Haut drückte, bevor es tief durch ihre Kehle schnitt.

Mark, dachte sie noch.

Er kennt dein dunkelstes Geheimnis. Und er wird dir alles nehmen …

Eine Frau steht an einer der meistbefahrenen Straßen Kölns – offensichtlich tief verstört. Dann macht sie einen Schritt in den fließenden Verkehr … Sie ist augenblicklich tot. Zur gleichen Zeit taucht im Internet ein Livestream auf, der einen Mann in seinem sorglosen Alltag zeigt. Nicht ahnend, dass er gefilmt wird. Auch er wird kurz darauf ermordet aufgefunden. Menschen, die scheinbar nichts miteinander verbindet, sterben vor den Augen Europols. Topermittler Inga Björk und Christian Brand sollen dem grausamen Spektakel ein Ende bereiten – dabei gibt es nur ein Problem: Die neue Chefetage von Europol, die ihre beiden Star-Ermittler öffentlichkeitswirksam inszenieren will …

PENGUIN VERLAG